终端操作系统破晓之路　方兴东　徐玮　著

中信出版集团｜北京

图书在版编目（CIP）数据

鸿蒙开物：终端操作系统破晓之路 / 方兴东，徐玮
著 . -- 北京：中信出版社, 2025. 5. -- ISBN 978-7
-5217-7430-6

Ⅰ . F632.765.3

中国国家版本馆 CIP 数据核字第 2025FM0657 号

鸿蒙开物——终端操作系统破晓之路

著者：方兴东　徐玮
出版发行：中信出版集团股份有限公司
　　　　　（北京市朝阳区东三环北路 27 号嘉铭中心　邮编 100020）
承印者：　北京通州皇家印刷厂

开本：787mm×1092mm　1/16　印张：23　　　字数：248 千字
版次：2025 年 5 月第 1 版　　　印次：2025 年 5 月第 1 次印刷
书号：ISBN 978-7-5217-7430-6
定价：79.00 元

版权所有·侵权必究
如有印刷、装订问题，本公司负责调换。
服务热线：400-600-8099
投稿邮箱：author@citicpub.com

历经 5 年访谈和写作，讲述不平凡的鸿蒙之路，
为你全景式展示全球 IT 史上最为波澜壮阔的征程！
2025 年，鸿蒙时代全面开启！

目录

序 一　　华为轮值董事长 / 徐直军　　V
序 二　　共建鸿蒙原生生态，共创产业星辰大海　　IX
前 言　　鸿蒙的历史是一部创新史、奋斗史　　XV

"开车"阶段（2019年以前）：
未雨绸缪，积极备胎

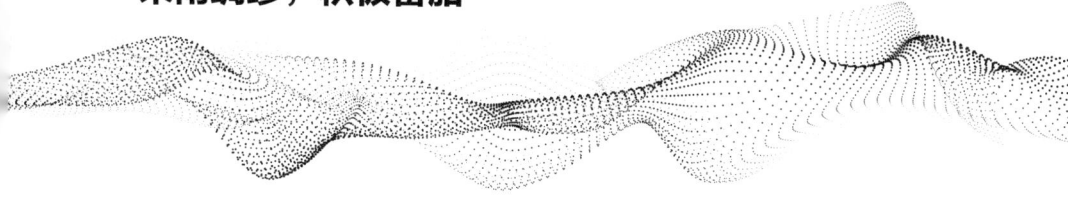

第一章　　三片树叶：激活逃生计划　　003
第二章　　战略反攻：冲刺高端手机　　012
第三章　　软件乱象：安卓打工仔的心事　　024
第四章　　自救脱困：鸿蒙操作系统的意识萌芽　　032
第五章　　换道超车：打造鸿蒙内核　　050
第六章　　保驾护航：全方位构筑安全　　061
第七章　　生态围剿：终端全面崛起的代价　　075

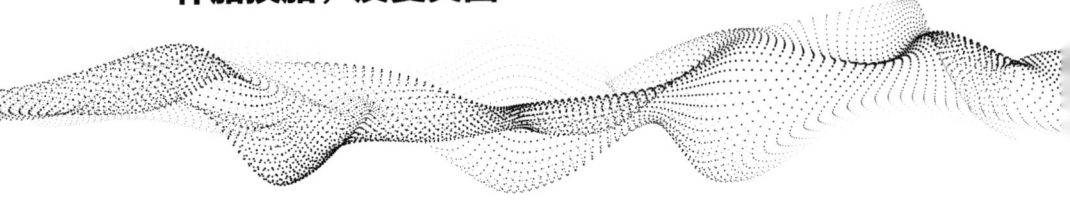

"修车"阶段(2019—2022年):
补胎换胎,反复突围

第八章	松湖会战:在手机陨落中求生	087
第九章	仓促应战:EMUI被拉上战车	099
第十章	备胎主用:鸿蒙在"谣言"中诞生	107
第十一章	仓颉语言:工具箱里的撒手锏	115
第十二章	开源生态:耕耘中国的开源沃土	124
第十三章	开放公平:OpenHarmony为全社会贡献	133
第十四章	路线困境:双框架还是单框架	148

"造车"阶段（2022年开始）：别无选择，决战生态

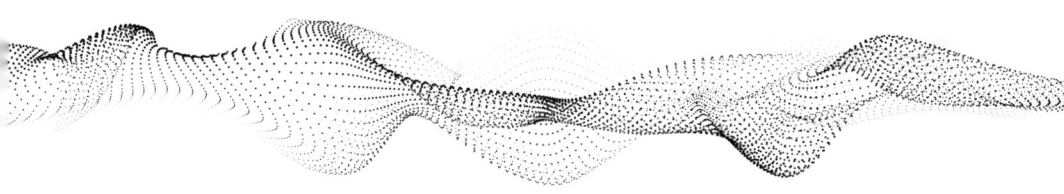

第十五章	背水一战：深耕单框架	161
第十六章	绝密543：王者如期归来	177
第十七章	脱胎换骨：HarmonyOS NEXT	190
第十八章	Top225：突击头部应用	204
第十九章	千帆会战：把不可能变为可能	225
第二十章	共同意志：鸿蒙是用出来，而非做出来的	238
第二十一章	走出丛林：生态就是规则	269

第二十二章	誓师九月：一场盛大的开业	279
第二十三章	智能鸿蒙：让 AI 引领变革	289
第二十四章	三分天下有其一：NEXT 之后的 next	299

附　录	鸿蒙日记：我和 HarmonyOS NEXT	313
后　记	忠实记录与感同身受	337
致　谢	341	

序 一

华为轮值董事长　徐直军

　　方兴东教授请我为《鸿蒙开物》一书写序，一直很难下笔，每次想到鸿蒙操作系统的发展历程，都难免会流下辛酸泪。要打造一个终端操作系统太难了。就是到了今天，如果没有广大消费者、政府与友商的持续支持，很难说鸿蒙操作系统就一定能成功。

　　鸿蒙操作系统起于我们的"备胎计划"。当苹果 iOS、谷歌安卓移动终端操作系统快速发展之时，华为的智能终端业务也在快速发展。但是，安卓操作系统有一天会不让用的阴影一直存在。于是，基于"备胎计划"的逻辑，2012 实验室组建了一个团队，开始打造一个移动操作系统。ITMT（集成技术管理团队）主任李英涛将之取名为 Atelier OS，简称 AOS。其中 A 是指 Atelier，是画板、画室的意思，寓意为任你"图画"，意味着应用开发者能在 AOS 上随意开发应用。但是，要不要打造一个移动操作系统，公司内是有分歧的，早期公司也无法投入太多。

幸运的是，这个团队被保留下来了，通过大家的努力，华为也打造出了一个可用的操作系统。最早，这个新的操作系统通过鼎桥通信技术有限公司用在了部分政府客户的双操作系统安全手机上。这时的双操作系统，一个是安卓，另一个就是AOS，但毕竟规模有限。

随着对用户体验的追求越来越高，华为逐步发现安卓操作系统的部分模块并不是很好，于是AOS团队就承担了替换安卓操作系统部分模块的任务，并通过替换与优化，使华为手机上使用的EMUI[①]体验更好。也正因此，2018年，AOS团队并入EMUI团队，以共同提升EMUI的体验。

AOS团队并入EMUI团队后，打造一个自研移动操作系统的梦想并没有改变，公司还启动了代号"齐达内"的项目，希望开发面向万物互联的技术，如分布式软总线、原子化服务等，并逐步把EMUI优化成了双框架鸿蒙操作系统，也就是华为自研操作系统HarmonyOS NEXT（鸿蒙星河版）的前身HarmonyOS（鸿蒙操作系统）版本。事实上，从AOS到打造真正独立的鸿蒙操作系统，甚至一直以来都不是我们的初衷。直到华为被制裁，消费者都关注华为手机何去何从时，陈海波才主导开发了一个低时延、高安全操作系统内核，并且申请了华为鸿蒙商标。媒体发现后，纷纷报道华为在开发鸿蒙操作系统。一时，鸿蒙操作系统成了热搜和全民讨论的话题。鸿蒙知名度太高了，当终端BG[②]准备重新给自研操作系统取名字时，

---

① EMUI是华为基于安卓开发的情感化操作系统。——编者注
② BG是华为的产业经营单元，2021年消费者业务部已更名为终端BG。——编者注

已没有其他选择了，只能叫鸿蒙操作系统了。因此，我一直说，鸿蒙操作系统这个名字不是华为取的，而是媒体赋予的。当然，今天的鸿蒙内核也不完全是 2019 年的鸿蒙内核了。但是，源头就是这样的。

2019 年 5 月 16 日开始，华为先后受到美国多轮制裁，导致华为只能基于国内生产的芯片来生产手机，而国内先进工艺芯片制造设备也受美国管制，无法买到。因此，我们面对的现实就是，很长时间内，芯片制造工艺落后的局面无法改变。这种局面使得华为手机要基于落后工艺芯片继续保持市场竞争力，这就非常具有挑战性。唯一的出路在于将芯片、操作系统、软件、云协同优化，彻底摆脱 Linux 内核。打造与麒麟芯片高效协同的自研操作系统内核以及自研操作系统就成了必然选择，全新单框架的鸿蒙因此诞生。2022 年 4 月项目立项，2024 年 10 月华为自研操作系统 HarmonyOS NEXT 发布，如今开始规模化应用。

2020 年，我和方兴东教授在深圳万象天地星巴克见面，确定了撰写鸿蒙图书的计划，一晃已经五年。方兴东访谈了 100 多位从事鸿蒙操作系统决策、开发、开源、营销和生态建设的员工、主管与合作伙伴。基于第一手素材，完成《鸿蒙开物》一书。这本书完整地记录和见证了鸿蒙操作系统酝酿、诞生、发展的整个历程，客观呈现了华为一路攻坚克难的痛楚和欣喜，也如实反映了华为开发鸿蒙一路经历的挑战、波折和内部争论。

期望读者能够通过这本书更好地了解鸿蒙的成长过程和不平

凡的经历，期望产业界和社会能够更多、更广泛地参与鸿蒙事业。每一位用户的参与和使用，都是鸿蒙茁壮成长的根本动力。只有鸿蒙操作系统成长起来了，中国IT（信息技术）业才能告别"缺芯少魂"的历史阶段。

序 二

共建鸿蒙原生生态，共创产业星辰大海[①]

2025 年是鸿蒙原生应用生态构建的关键之年。这里，我想分享一下我们对鸿蒙生态的理解、思考和实践。

什么是鸿蒙生态？

当提到鸿蒙时，大家可能有很多种理解和特指。

有的是指华为发布的操作系统——HarmonyOS NEXT，这是 HarmonyOS 诞生以来的最大升级，是基于 OpenHarmony（开源鸿蒙）5.0 开发的华为终端设备专用的操作系统，也是基于 OpenHarmony5.0 的发行版。它期望为用户带来精致、互联、智能、安全、流畅的高品质体验，同时装载该系统的终端将全

[①] 本篇内容为华为轮值董事长徐直军于 2024 年鸿蒙生态大会上的致辞，略有删改。——编者注

面依赖鸿蒙原生应用和元服务。

有的是指开放原子开源基金会的OpenHarmony项目。OpenHarmony项目是鸿蒙操作系统的开源项目,由开放原子开源基金会运作,华为是OpenHarmony项目的主要贡献者,也是项目的支持者和使用者。

还有的是指各行业的设备操作系统。比如国家能源集团的"矿鸿"、中国移动的"移鸿"、中国南方电网的"电鸿"等,这些各种各样的"鸿"实际上是开源鸿蒙在千行百业的具体应用,也是人们基于OpenHarmony开发并经开源鸿蒙测试认证的行业设备操作系统的发行版。

那什么是鸿蒙生态呢？我认为鸿蒙生态是所有基于开源鸿蒙系统社区版本开发,并通过开放原子开源基金会的开源鸿蒙认证,打标"Powered by OpenHarmony"（由开源鸿蒙提供技术支持）的设备和操作系统,以及运行在这些设备和操作系统之上的应用的总称。所以,鸿蒙生态就是基于开源鸿蒙共建、共享的生态。

为什么要发展鸿蒙生态？

大家都清楚,操作系统通常可以分为三大类：桌面操作系统［主要运行在PC（个人计算机）上］、移动终端操作系统（主要运行在智能手机等智能设备上）和服务器操作系统（主要运行在各类服务器设备上）。开源鸿蒙既覆盖桌面和移动终端,又覆盖各类物联网终端，是能运行于万物互联智能时代所有端上的操作系统。随着万物智联时代的到来，各类设备之间的互联、互通、互操作是为用户提供智能化体验的核心能力，特定场景下的智能将成为设备智能化的重要标志，这对操作系统的跨设备、实时性、可扩展性等提出了更高的要求。鸿蒙操作系统的分布式架构设计和微内核架构，与"AI（人工智能）+全场景"的产业趋势高度契合，是实现多设备协同的全新模式。简单来说，就是设备的互联、互通已经标准化并高安全地在操作系统内实现，互操作和设备协同只需通过软件定义便可实现，因此，可以说鸿蒙分布式架构设计和微内核架构是符合产业发展方向的新一代操作系统技术，并可广泛使用于智能手机、平板电脑、PC、电视、智能座舱等各类智能设备，且能实现应用生态的共享。

由于美国的制裁，华为于2019年8月被迫加速打造智能终端操作系统的进程，并决定将鸿蒙操作系统的源代码捐献给开放原子开源基金会。这几年，华为持续攻坚克难，现在鸿蒙操作系统已经实现了从系统内核、文件系统、编程语言、编译器、编程框架、设计系统、集成开发环境，到AI框架和大模型的全栈技术全面推出，向下扎到根，成为信息产业坚实的底座。

大家知道，开发一个先进的操作系统并不那么难，但有没有大量应用和设备使用此操作系统才至关重要。没有人用，再先进的操作系统也没有价值，因此操作系统的成败关键在于能否建立起丰富的应用生态。为此，华为经过几年的准备，于2023年9月25日正式启动鸿蒙生态共建，并得到社会各界，特别是各大互联网头部企业的积极响应和支持。

我们深知,"行百里者半九十"。鸿蒙生态虽然已经有满足消费者日常生活所需的主要应用,但相比业界成熟的操作系统生态,鸿蒙生态还需要有满足消费者个性化需要的应用和各类精品应用。据我们分析,10万个应用是鸿蒙生态满足消费者需求的成熟标志,这就是鸿蒙生态2025年的关键目标。2025年也是鸿蒙应用上架的冲刺阶段,因此需要社会各界力量的关心和支持,需要千行百业伙伴同心聚力,需要更多开发者汇集智慧不断创新。只有这样,我们才能很好地满足消费者的需求,基础软件创新之路才能越走越开阔,越走越坚实。

怎么发展鸿蒙生态?

发展鸿蒙生态,我认为需要从以下几个方面发力。

第一,全力推动鸿蒙原生应用进一步丰富和成熟。目前,用户量大、影响面广的头部应用已完成鸿蒙化,生态已基本可用,但需要继续完善功能,打磨体验,做出创新。另外,大量的小众、低频但刚需的应用还有很多没有鸿蒙化,需要更多的开发者、更多的伙伴、更多的社会力量共建,把鸿蒙系统深入推广到"毛细血管",让更多的应用开发鸿蒙版,因此期望有应用但还没有开发鸿蒙版App(应用程序)的伙伴尽快开发适配鸿蒙版并上架。

第二,期望政企内部办公应用开发鸿蒙版并上架。除了日常生活领域，手机还是重要的工作和作业工具，政府机构、企事业单位内部的工作应用也需要开发鸿蒙版，以满足政企工作人员在工作方面的需求。希望更多政企社团组织能够关注，并加快内部应用系统适配鸿蒙的过程。

第三，呼吁更多的消费者接受、包容鸿蒙生态的不成熟，帮助完善鸿蒙生态。消费者对鸿蒙的缺点、应用不足的发现，是鸿蒙快速前进的原动力，也是对鸿蒙生态发展的重要贡献。操作系统和生态是用出来的，越多人使用，系统和生态就成熟得越快。只有越来越多的消费者接受鸿蒙、使用鸿蒙，系统和应用的体验才能快速迭代完善，鸿蒙生态才能走向正循环。

第四，期望更多的行业和伙伴基于开源鸿蒙开发鸿蒙生态设备，持续扩大搭载鸿蒙操作系统的设备种类和规模，从手机、平板电脑、电视、可穿戴设备，到智能座舱、智能家居、工业设备等，形成跨设备、跨场景的智能生态，做出比其他成熟生态更好的体验。

第五，加强产业合作和协同，让更多的伙伴参与鸿蒙生态的共建。各行业需求各异，但总有通用的部分，我们希望这些通用的部分，大家能在 GIIC 联盟（全球智慧物联网联盟）这样的中立平台上开展标准制定和产品认证，形成产业通用的解决方案，共同定义和做强鸿蒙生态。行业客户、产业智库、解决方案伙伴、学术机构等一起共建能力，为鸿蒙生态的发展注入源源不断的活力，助其走向世界。

第六，人才将决定鸿蒙生态的厚度。随着鸿蒙生态的快速发展，产业源源不断地需要人才，包括社区开发者、应用开发者、测试运维工程师、市场推广专才等，还需要学校、研究院所、教培机构、产业等发挥力量，共同培育人才。

感谢与展望

我们深信，"没有退路就是胜利之路"。华为公司将坚定投入发展鸿蒙生态，努力把不可能变为可能。在此，我要感谢已投入鸿蒙原生的开发者和伙伴，跟我们一起开发鸿蒙、催熟鸿蒙；感谢踊跃参加鸿蒙公测的消费者，为我们找问题、提建议，让鸿蒙生态的使用体验以天为单位迅速提升；感谢各级政府、社会各界和媒体朋友，为鸿蒙发展营造了良好的环境，并鞭策我们更快成长。

鸿蒙生态是产业的生态。在此，我也呼吁更多的应用开发者加快开发鸿蒙原生应用，提升用户体验，共同满足用户和产业的需求；呼吁广大的设备开发者和芯片提供商，踊跃加入开源鸿蒙社区，使开源鸿蒙的系统能力更加完善，生态设备的底座更加强大；呼吁各大行业用户、设备和应用生态伙伴、测试机构、产业智库和学术团体踊跃加入 GIIC 联盟，为鸿蒙生态建立清晰、高质量的标准，以及严格的认证机制，让鸿蒙在万物智联的道路上稳健前行。

我们相信，有大家的广泛支持和投入，鸿蒙生态定能山花烂漫，星河璀璨！

前　言

鸿蒙的历史是一部创新史、奋斗史

"鸿蒙的历史不是一部英雄史，而是一部创新史、奋斗史。"当我问徐直军对这本书有何想法的时候，他几乎不假思索，脱口而出。"鸿蒙不是华为的，甚至不仅仅是中国的，鸿蒙是大家的！"他为本书做了关键的定调。

当我跟每一位访谈者转述徐直军这些观点时，这些鸿蒙的开创者和参与者几乎高度认可这一定调。每一位深入鸿蒙的人，都经历了太多的压力、冲突和困难，走了太多弯路，与外人看到的鸿蒙"光彩照人"的一面形成巨大的反差。

鸿蒙是大家的，但是源自华为，首先来自华为求生的需要。"业务连续性是我们对客户服务的基本保障，也是华为生存的基本保障。在这个问题上，我们不能抱有任何侥幸的心理。我们要敢于进行战略性投入，坚持开放创新，吸收外界的成果和力量，在关键技术、基础软件平台、关键芯片、关键器件等各个方面实施战略攻关，实现供应安全，保障业务连续性。"让我最为惊叹的是，徐直军并不是在2019年美国发布行政令之后说的这些话，这是他2013年在华为干部工作会议上的发言。这种非凡的预见力，与鸿蒙这六年的坎坷历程交织在一起，格外发人深省。

历史上的奋斗史和英雄史，往往是相辅相成的。一个好的产品，不但可以改变我们的生活方式，而且可以推动社会变革，改变整个产业的精神面貌，甚至可以定义一个时代的精神与气质。鸿蒙一旦走向成功，将是中国IT史上开天辟地的突破，也将是中国IT业第一次生态级的全面突围与突破。

从底层内核，即编程语言、应用框架、服务与工具，到上层应用，鸿蒙打造了一个全新的完整生态，一套能够跻身市场主流的智能终端操作系统，为众人开辟了一条全新的道路。这一系列事情从来没有在中国发生过，在鸿蒙问世之前，也只发生在美国，称得上传奇和神话的也就是微软、谷歌和苹果这几家。因此，这样一个高投入、高难度、高风险的事情，没有多少企业敢于想象、尝试，更没有中国企业敢于全力挑战。即便是华为，也一直不敢尝试，直到突然陷入了走投无路的境地。

择善而从，避重就轻，本来就是人的天性，甚至是人的一种智慧。但凡有一条生路，没有人会主动选择绝路；但凡有轻松的选择，没有人会去选择最难的路。过去，华为也是这样选择的。华为智能手机，选择了号称开源的安卓系统，这是迄今中国所有主流手机厂商选择的捷径，华为也不例外。即便2019年5月16日美国政府发布制裁令之后，华为也选择了继续兼容安卓，通过所谓双框架鸿蒙的方式，重金突击替代GMS（谷歌移动服务）的HMS（华为移动服务），最大限度地维护业务的连续性。

但是，即便一退再退，华为手机业务最终也是面临退无可退的地步，先进制程受限之后，继续兼容难以为继。华为下定决心，毅然推进单框架鸿蒙系统，期望与安卓操作系统和iOS操作系统形成三足鼎立之势，选择"华山一条路"。

2024年，距离美国全面制裁华为已经过去了5年，距离徐直军2013年干部会议讲话已经过去11年，当年豪迈的话语还在回荡："我们既要抓住未来的发展机遇，又要应对、面临新的挑战和风险。我们没有别的路可走，唯有超越美国，潇洒走一回，成为ICT（信息和通信技术）基础设施的行业领导者。"而真正全面切断与美国操作系统关系，以单框架鸿蒙为默认系统的智能手机，要到2025年3月才出现。

2010年前后，华为就开始在操作系统上布局，持续投入，逐步打造备胎。但是，开发真正作为一个全新操作系统的鸿蒙，依然不算华为富有魄力和高瞻远瞩的战略之举。但凡与美国企业还有继续合作的选择，华为可能还会让自己的智能操作系统作为备胎。这种战略准备，正常时期是为了发展，然后在美国制裁下作为求生存的"后手"。无论如何，一退再退之后，华为最终都走到了今天。"单框架鸿蒙必须成功，没有退路！有退路，就搞不成。再退，就是历史罪人。"2025年2月5日，华为坂田基地机加中心A栋一楼咖啡厅，我和徐直军最后商议鸿蒙的定稿，他以这句话开场。

过去几年中，围绕要不要彻底放弃安卓，华为内部的争论从未平息：是走独立之路还是兼容安卓；华为的系统究竟要不要走开源之路；开源要开到什么程度，全开还是部分开；生态建设究竟是南向先发力还是北向先发力；业务模式是选择类似安卓更开放的"生态派"，还是比拼苹果 iOS 的"体验派"。诸多分歧、矛盾、冲突和争端此起彼伏，延绵不绝，交织和贯穿了整个鸿蒙的开发历程。其背后抉择的痛苦和因此付出的代价，外人难以体会，而且短期内也无法断言。

美国希望从科技入手，举国家之力，并策动整个盟友体系，全面阻击和遏制中国的发展与崛起。整个中国高科技产业如同一副多米诺骨牌，并面临着前所未有的冲击，而华为就像这副多米诺骨牌的第一张牌。一旦华为全面倒下，中国高科技产业乃至整个国家的局势会受到多大影响可想而知。幸好，迄今为止，华为依然顽强挺立着，新的鸿蒙操作系统无疑成为改变局势的新的决定性因素之一。

2019年下半年，我们开始着手"根技术六部曲"系列作品（分别围绕麒麟、鲲鹏和昇腾三款芯片，以及鸿蒙、欧拉和高斯三款软件）的访谈和写作。一开始，我们的写作思路就很明确：主要不是面向从业者，也不是面向技术人员和管理人员，而是希望面向普通大众；主要通过全景式记录，以及第一手的深度访谈，讲好每一款产品背后的真实故事。忠实记录，真实叙事，让行业之外的广大普通大众能够轻松且饶有趣味地读完，并感同身受，共同品味一个时代中的一段非凡历程。

作为口述历史，关于这六款根技术产品，我计划针对每一款深度访谈50位左右的核心人物，总共访谈300人左右。将这些访谈内容作为基础性素材，我可以相对全面、完整地呈现出它们的整个历程和故事。规划项目的初期，我感到十分激动和兴奋。按照当时预估，五年之内，也就是2024年，可以将六本书全部完成并出版。但是，真正实施下去，我才明白其中的工作量和形势变化都远远超出想象。虽然300人左右的深度访谈基本如期完成，但是，整理访谈内容、写作与打磨书稿花费的时间，以及出版周期，都超出了最初的设想。2023年，第一本《欧拉崛起》才得以顺利出版，这本关于鸿蒙的图书是第二本，而时间已经到了2025年。

虽然项目的周期和艰苦程度远远超过当初激情下的设想，但是其中的收获也是远远超过我最初的期望。通过这六本书的写作，我对华为有了一个全新的认识。虽然和华为深度交往20多年，但是也只有通过如此深入的访谈，我才真正得以了解一个更全面、独特的华为。尤其是美国发布制裁令之后的这六年，也是华为自身蜕变和升华的六年。华为这六年，对于华为的意义，对于中国的意义，乃至对于全球高科技产业的意义，都还需要更长的时间慢慢显现出来。华为的故事，可能是这个时代最值得不断挖掘和深读的故事之一。

与"根技术六部曲"相关的工作是一项真正的"重体力活"，需要农民一般埋头苦干的精神和毅力，但收获时也是充满喜悦的。正如开篇所言，鸿蒙的历史是一部奋斗史，而一切真正伟大的故事又何尝不都是一部奋斗史？要记录和再现这段历史，怎么可能轻松？但是，这种艰辛的背后，喜悦也是无与伦比的。

鸿蒙的故事昭示着每一个中国人都可能需要重新理解我们的这个时代，重新评估我们走过的这段历史。鸿蒙开启的，是中国高科技全新发展的可能性，是一个中国企业可以抵达的新高度。

"开车"阶段

（2019年以前）：

未雨绸缪，积极备胎

第一章

三片树叶：激活逃生计划

> 我等了三年，就是要等一个机会，我要争一口气，不是想证明我了不起，我是要告诉人家，我失去的东西一定要拿回来。
>
> ——《英雄本色》

2025年伊始，人们经历了DeepSeek（深度求索）的洗礼，中国高科技产业的全球叙事从此改写，而2025年开启的单框架鸿蒙商用的全新战役，为这一全球叙事提供了强有力的支撑。DeepSeek与华为，一软一硬，率先在昇腾芯片上实现联手与协同。定位于智能终端操作系统的鸿蒙，更将与DeepSeek联手奏响智能时代的中国旋律。

对我而言，这是值得一生铭记的时刻。2024年9月25日下午，我受邀来到位于深圳的华为坂田基地，参加鸿蒙千帆会战誓师大会。华为首席执行官任正非、轮值董事长徐直军、终端BG

董事长余承东等华为高管齐聚一堂，中国高科技产业界代表性企业也悉数到场。现场的氛围令人热血沸腾。

　　一首毛泽东的《卜算子·咏梅》诗意开场，一句"待到山花烂漫时"贯穿誓师大会。这既是华为挺进智能操作系统决心的展示，也是一次中国产业界整体力量的展示。徐直军说："鸿蒙只有拥有自己的生态，才是真正的移动操作系统，也才能把应用、操作系统、芯片进行协同，不断地提升体验和安全。自华为决定构建鸿蒙原生生态以来，受到了应用拥有者、开发者的大力支持，目前曙光在望，我们期待山花烂漫时。"

　　这场誓师大会前夜，微信经历反复商议，终于确认加入鸿蒙生态，这个最大的变量终于确定下来。毕竟对中国用户来说，今天的智能手机，本质上首先是微信终端，其次才是手机。没有微信的强力支持，鸿蒙生态是不可想象的。正如一位参与华为谈判的主管说："围绕鸿蒙与微信的谈判，都足以写一本非常精彩的图书。"当然，一个重量级 App 与新生操作系统之间的关系，涉及一系列高度复杂的利益和边界问题。这种生态之内的协作与博弈，才刚刚开始。这考验着各层次的伙伴，更考验着华为如何取舍，考验着华为在开放与安全、边界与利益等一系列问题上的权衡。当然，最终大家都会心怀大局，携手奋进。

　　2024 年 10 月 8 日，国庆长假之后第一天，HarmonyOS NEXT 正式公测，向所有用户开放。鸿蒙版微信也宣布正式开始邀请内测。2025 年 1 月 9 日，鸿蒙版微信正式上架鸿蒙应用市场，已支持视频号、折叠消息转发、群红包、转账、小程序等功能，与普通版微信功能基本相同。可以说，鸿蒙的推出，是中国 IT 历史上最重要的里程碑,暂时没有之一!人们难以想象,抵达这一里程碑有着多少幕后故事,又有着多少挑战在前方。但是,历史的新篇章已经开启!

历史从来不是无缘无故的,鸿蒙今天的一切显然都有前因后果,一切皆是时代的产物。今天对鸿蒙追根溯源,你会发现其中也充满了历史的偶然和惊奇。

蝴蝶效应有个很形象生动的解释:南美洲亚马孙河流域热带雨林中的一只蝴蝶扇动了几下翅膀,两周以后可能会在美国得克萨斯州引起一场龙卷风。如果今天我们要解析美国针对华为的这场龙卷风,那么引起这场龙卷风的蝴蝶,很可能就是一笔 200 万美元的收购案。

这桩收购案实在太不起眼:因为容错机项目,华为于 2010 年 5 月斥资 200 万美元,欲收购美国旧金山湾区的创业企业——三叶系统(3Leaf System)。华为的目的是购买 x86 服务器 I/O(输入/输出)虚拟化解决方案 V-8000 的产权,华为云的首席技术官张宇昕还记得,当时的三叶系统总共不过几十人,而为了专利,华为接收了 16 名三叶系统的员工。

华为自己也没想到,美国把它上升成了国家安全问题,因为三叶系统的这项核心专利,如果在容错机项目里用于做处理器的互联,有可能让中国拥有实现小型机和大型机的能力——美国要防止这项技术被用于中国国防科技工业等领域。此时的华为依然主营通信业务,但华为想从传统 CT(通信技术)领域进军 IT 业的意图已经被美国政府捕捉到,美国政府嗅觉之灵敏、行动之果断,令人猝不及防。

关于华为进军 IT 业的战略决策，外部公开的材料并不多。2011 年 8 月 11 日，徐直军签发公司投资评审委员会（IRB）函（2011）35 号《关于操作系统、关系型数据库和处理器业务的决议》，这无疑是一份重要的文献。文件中写道："为实现公司十年在 ICT 领域实现超越的战略目标，公司必须具备 IT 基础技术纵向整合能力，必须考虑为构筑这些基础能力提前进行投资。经 IRB 讨论，对操作系统、关系型数据库和处理器业务做出如下决议：……批准中央研发部成立高斯部，聚焦关系型数据库启动探索性研究。"

虽然这场交易金额不大，但由此引发的后续影响却远超交易本身，这"三片树叶"掀起了一场茶杯里的风波，或许也第一次把华为推入了美国政府的射程之内。美国外国投资委员会以国家安全为由，建议双方终止交易。

三叶系统要求华为将所有相关代码、文档、邮件和被污染的代码全部清除。这项工作耗费了华为整整 9 个月的时间。除了清理代码文档，个人计算机里往来的邮件、共享文件服务器、公司电子公告栏、公司的文档系统，甚至公司的邮件系统、备份系统都要进行彻查和清理。部门主管及开发部长会打开所有涉及员工的计算机，拿着工具一个个看、一个个扫，亲自确认和清理。华为公司的 IP（互联网协议）每月实施一次增量备份，每年进行一次全面数据备份，每三年执行三次全量备份，持续滚动的清理工作让技术专家第一次深刻体会到，当你试图以一家企业之力抵挡美国政府的力量时，工作量有多么令人崩溃。

这一次由美国政府牵头的市场阻击，足以为中国企业在海外的投资和并购提供深刻的警示：中企在美投资审查的严格程度，以及中美之间在科技和投资领域的复杂关系，将是中国科技全球化进程中最大的障碍。

收购案告一段落，但是在时代进程下，蝴蝶掀起的风暴已经开始酝酿。更早、更多的阻击信号，让华为意识到这似乎不是一桩孤立的商业事件，因为只要是华为涉足的高端商业竞争，正前方出现的阻击一定缘于国家层面的政治角力。因此，华为的故事，终究是时代宏大进程的一部分，是中美关系跌宕起伏的一部分，中美关系的变化，早在华为收购三叶系统之前就已经开始。

中美关系根本性转变的显性化可以追溯到奥巴马政府重返亚太战略之时。2009年7月，时任美国国务卿希拉里·克林顿在东盟会议上提出"重返亚太"这一概念。2011年，时任美国总统奥巴马在APEC（亚太经济合作组织）峰会上高调提出"转向亚洲"，开始将战略重点转移到亚太。2012年6月，时任美国国防部长莱昂·帕内塔提出"亚太再平衡"战略，明确了一系列战略目标。从"重返亚太"到"亚太再平衡"的几年间，华为率先感受到了这种转变带来的各方面影响。

华为在这几年间锋芒初现，迅速崛起。2009年3月，美国电信运营商考克斯通讯（Cox）选中华为提供端到端的CDMA（码分多址）移动网络解决方案，华为第一次成功打入北美电信运营设备供应市场。8月，华为入选全球最大的WiMax（全球互通微波访问）运营商美国Clearwire公司的设备供应商名单。11月初，华为再次成功为美国最大的有线电视运营商之一竞立媒体（Mediacom）部署了OTN（光传送网）网络。从2009年第二季度开始，华为GSM（全球移动通信系统）发货量便已跃居全球首位。2010年，华为超越诺基业、西门子和阿尔卡特朗讯，成为全球第二大通信设备供应商。2013年，华为超越爱立信，成为全球第一大通信设备供应商。

伴随其锋芒而来的是华为在海外收购上屡屡受挫。2007年，华为曾试图并购3Com公司，这家公司的规模比起当时的思科、阿尔卡特朗讯和北电网络要小得多，但是3Com产品中包含一项入侵检测技术，可以帮助客户抵御黑客的入侵。美国国防部正是3Com的主要客户之一，收购案自然因未通过美国外国投资委员会的审查而被搁置。2010年，华为竞购摩托罗拉无线网络设备业务受阻。同年秋天，在几名美国国会议员和美国商务部的干预下，为Sprint公司4G网络升级的招标被生生搅黄。

华为已经意识到，自己率先进入美国政府视野，并遭受一系列阻击的最根本原因，不是中国企业与美国企业之间的业务冲突，而是中美之间的竞争由隐性转向了显性。

2010年年底，华为召开对未来有着深远影响的"三亚会议"。

老华为人都不会忘记三亚会议这一历史性时刻，那次会议的主题宏大且前所未有：面对美国的阻击，华为要制订自己的"逃生计划"。华为决定深入ICT领域，对芯片、操作系统、数据库等七大基础根技术领域进行战略性投入。

这个决议背后，是长达一年的深思熟虑和调研。2010年年初，时任投资评审委员会主任的徐直军交给张宇昕一个重任：调研国内外操作系统和数据库产业。他提出了明确的调研方向：如果华为的操作系统和数据库被断供，国内能否顶上？如果不行，华为是否有自研的能力？如果要自研，能否收购国内操作系统或数据库作为基础？

张宇昕带领团队深入调研了中国多家操作系统和数据库公司，针对它们的技术进展、人员规模，以及操作系统数据库的基础版本来源等状况，细致地摸了一遍底，并得出结论：国内现有操作系统和数据库还无法独当一面，有些公司甚至只能靠国家项目续命，而国外三大企业用操作系统 SUSE、风河和红帽已在中国得到了广泛普及，占据了国内市场，数据库更是甲骨文公司、IBM Db2 等的天下。

华为由此得出两个结论：国产数据库和操作系统尚不足以应对封锁和断供；华为应该自己干，把命运掌握在自己手里。但华为也可以收购现有的操作系统和数据库团队，以此为基础接着干。

张宇昕不仅摸排了国内主流厂商，还代表华为参加了 Linux 基金会等开源社区的活动，调研了全球首屈一指的开源社区和基金会。他把开源社区的运作方式、欧美厂商与国内厂商的运作方式，以及欧美基于开源社区做商业操作系统、数据库的方法，全部摸清吃透，并初步厘清了华为操作系统的发展方向：华为要做的操作系统是嵌入式操作系统和服务器操作系统，不走桌面操作系统的路。

2010 年年底到 2011 年年初，张宇昕密集地给徐直军做了几轮汇报，并给出决策建议：基于华为丰富的 Linux 经验，操作系统业务应从 Linux 开始。操作系统和数据库团队可以自建，也可以从国内外主流公司招兵买马。

2011 年 2 月 19 日，华为第二次进军北美市场的尝试失败，宣布放弃收购三叶系统。此后，华为开始在内部大刀阔斧地调整，向消费者业务靠拢，整合手机、终端设备、互联网和芯片业务，成立CBG（消费者业务部门）和EBG（企业业务部门），商业模式向B2C（企业对消费者）和B2B（企业对企业）转型。

2011年，华为最引人注目的改革是神秘的2012实验室成立。2012实验室聚焦于下一代技术的研发与储备，用"$n+2$"（n代表当前市场上的成熟技术，$+2$代表对未来两代技术的前沿性探索）的方式勾勒华为技术发展的蓝图。华为要在通信技术、云计算、人工智能等关键领域进行战略性技术储备。

了解华为2007—2011年被美国政府阻击的历史，就足以理解为何华为在2011年会坚定地开始一系列重大战略布局——成立IT产品线，成立2012实验室，部署图灵、欧拉、高斯、诺亚方舟、香农五个实验室，这些实验室分别对应处理器芯片、操作系统、数据库、人工智能、大数据高通量计算这些基础科技研究领域。

这段历史也让人了解了，鸿蒙的诞生是华为当年的逃生计划之一，它的功能被部署在欧拉实验室下，使命是帮助智能机做安卓系统的移植和优化，以及考虑如何保持业务连续性，以防被美国断供。

2012年7月12日，任正非与2012实验室干部和专家召开座谈会。他明确指出："我们做操作系统，和做高端芯片是一样的道理，主要是让别人允许我们用。如果断了我们的粮食，备份系统要能用得上。"然而，并非所有人都能理解任正非的远见。在那个连"根技术"概念都没有的年代，更多高层仅仅将华为视作一家技术公司，难以想象华为与美国的科技巨头直接对决的场景。

担忧慢慢成为现实。2012年10月8日，美国国会发布调查报告，报告结果认定华为、中兴通讯的设备可能危害美国国家安全。2013年6月，斯诺登事件爆发，美国监控全球网络的事实震惊世界，曝光的文件显示，美国对华为进行了广泛的监控和网络攻击，并已持续十多年。

任正非的反应是非常平静、正面的。他在2013年10月的华为年度干部工作会议上发表讲话——"用乌龟精神，追上龙飞船"："我们要正视美国的强大，它先进的制度、灵活的机制、明确明晰的财产权、对个人权利的尊重与保障，这种良好的商业生态环境，吸引了全世界的优秀人才，从而推动亿万人才在美国土地上创新、挤压、井喷。"

华为IT战略操盘手徐直军在这次大会上的主题发言是"超越美国，潇洒走一回"，发言内容坚定、豪迈，他明确提出新的战略目标："超越美国公司，不怕失败，不怕牺牲，只要努力奋斗就能潇洒走一回。华为要敢于领先、超越、驾驭这个时代，成为ICT基础设施领域的领导者。"

华为在这一年真正放弃了幻想，对形势有了更清晰的研判，并确立了坚定的战略意志。今天，无论是麒麟、鲲鹏和昇腾等芯片，还是欧拉、高斯和鸿蒙等基础软件，都源自那时候的居安思危。如果没有那时候放弃幻想的未雨绸缪，今天会是什么局面不堪设想。

第二章

战略反攻：冲刺高端手机

有些路很远，走下去会很累，可是，不走，又会后悔。

——安娜·昆德兰，《不曾走过，怎会懂得》

"西方用数据说服大脑，东方用故事唤醒心灵。"鸿蒙的故事，与华为手机业务成长、崛起、遭到阻击和再度归来的坎坷历程，是一体两面。

刚刚接管终端智能机业务的余承东，在2011年的投资评审委员会的会议上，开始听到各种基础科技的关键词，他敏感地捕捉到，这些都是对智能机"有用的好东西"。于是，他特意问了离自己座位最近的张宇昕：操作系统要做什么，怎么做。他还拜托张宇昕："操作系统很重要，你们做操作系统的时候，一定要考虑考虑我们手机。"在听到公司要布局数据库时，余承东同样会重复自己的需求：数据库也很重要，你们做数据库的时候，记得"考虑考虑我们手机"。

2012年1月,原终端BG战略与Marketing(营销)部总裁邵洋的手机铃声响起。余承东在电话那头问:"你看公司公告牌没有?"

"没看啊。"

"你被任命到我们终端来了!"

邵洋知道,这必然是一个重要的人事任命。因为两年前,余承东在欧洲市场征战时,也是打了一通这样的电话,将邵洋召唤至欧洲。余承东一上来就问:"你看到任命了没有?"紧接着就是:"你给我到欧洲来。"邵洋到欧洲后不久,一个被余承东特别看好的项目——"英国O2"丢标。这是一单大生意。一面是余承东的高要求,另一面是销售部门近乎崩溃。调整邵洋的职责,一方面是因为余承东对销售感到失望,另一方面是因为英国方面把华为的技术排在第三名,第一名是爱立信,第二名是中兴,余承东决定将欧洲市场的突破口从销售转移到技术:"我们投标不就三个标吗?技术标、商务标、服务标,三个标的总分就决定这个标的结果。让你来做,目标就是技术标拿下第一!"

欧洲一役卓有成效,不过两三年时间,华为在通信领域就全面拿下了欧洲市场。当时身兼集团首席营销官、战略与Marketing部总裁、产品行销总裁,又兼任终端Marketing工作的余承东,也敏锐地洞察到了未来科技发展的脉络:智能手机的盛世即将到来。他为自己找到了新的事业方向——向任正非申请,放弃集团公司的岗位,亲自挂帅,主攻终端业务,抢占智能手机赛道。

邵洋知道，这一次的人事任命不同寻常，因为很多原来运营商团队的老同事，都在这一阶段加入了终端团队。

在全新的战略布局下，华为围绕C端（消费者端）智能机的全面行动正式拉开。很多在未来参与鸿蒙开发的人，多半已经不清楚这段历史对鸿蒙究竟有着怎样的影响和意义。但只要以回溯的视角看，就很容易发现，这个本来只是"陪太子读书"的边缘部门，却引发了导致华为被制裁的蝴蝶效应。围绕它展开的鸿蒙故事，开始登上历史的舞台。

当时在业内口碑爆棚的华为，在中国品牌知名度的调研里还排不上号，华为出货的几千万台终端机走的还是低端路线，老百姓根本不知道华为的品牌排名。终端如此底子，让没有品牌经验的邵洋颇感为难，他试探性地问领导："你是不是该找可口可乐、三星、诺基亚或者苹果的人来干这个事？"但是领导让他安心接受，因为了解华为的企业文化基因，这个能力更重要！

华为终端的品牌主张是Make it Possible！让不可能变为可能。

终端，这个曾经被贴上"不可能"标签的低价值领域，一直徘徊在功能机的边缘。终端部门的人缺乏拥有硬实力的产品作为支撑，市场推广总是依赖那些固有的人脉和经验丰富的同事，因此在华为内部，他们总是不受待见。

作为华为最早一批终端研发的探索者，如今已是华为HarmonyOS部部长的陈晓晨，他的亲戚朋友曾将他手中的华为手机误认为办理宽带时的赠品。而终端BG软件UX（用户体验）设计部部长倪元强，对早期终端部门最深的印象就是他们

"随时可能饭碗不保",因为领导层曾与摩托罗拉接洽,考虑出售被视为鸡肋的终端业务。

那时的华为,江湖地位稳固,被誉为"全球通信世界的老大",华为最紧密的战略合作伙伴还是电信运营商。每年,华为总部高朋满座,全是运营商的高管。

然而,有一天,华为发现这些运营商不再热聊网络,取而代之的话题是终端。某位运营商在会上报了一个震撼的数据,说他们90%的利润都被终端给侵蚀了。运营商为了捆绑销售,通过折扣、分期、话费赠送等方式刺激和吸引用户购买手机,但是从苹果、三星那买来手机再发给客户,反而造成运营商90%的利润流向了手机厂商,也就是流向了垄断整个手机行业的苹果和三星这两家公司的口袋里。

最让运营商受到刺激的,是苹果 iPhone 4 和三星 Galaxy S II 发布后的情况。这两家公司一个是绝对的 IT 王者,一个是绝对的半导体王者,两个绝对的江湖霸主在与一众运营商谈合作时,态度强势。一堆和华为关系较好的运营商憋着这口气,纷纷劝华为:"你们华为能不能干这个事儿,全产业链里面,苹果和三星这两家太强了,你们有竞争者这个基因,特适合干这个事儿。"运营商都希望华为加入手机世界,搅乱手机世界。

眼前发生的这一切,都是功能机正在被时代淘汰的强烈征兆。

事实上,这场变革的苗头早已在市场中显露。在苹果掀起智能机狂潮的前两年,市场上已经涌现出了各种别出心裁的手机新功能,这些新功能不断地模糊着功能机和智能机的界限。但是,华为终端部门暂时缺乏迎接新时代的战略性布局。从 2007 年乔布斯打造出 iPhone 手机开始,华为终端部门依托的都是功能机;经过五年的飞速发展,在苹果、三星、HTC、诺基亚、摩托罗拉、索尼、LG 等手机厂商群星闪耀之时,华为终端部门还是依托着半死不活的功能机。直到任正非在三亚会议上宣布,要对困难重重的终端业务进行重新定位,明确了公司在手机终端领域做全球第一的长远目标,终端部门才真正迎来生机,就此开启了打造智能机的重大战略部署行动。

余承东出任终端一把手,这看似不起眼的动作,却随着华为终端的快速崛起引发了"龙卷风"——在不久的将来,中美两国将在智能机高端市场上狭路相逢!华为不知道,中美之间的科技竞争已经随着当时终端崛起的步伐埋下了"伏笔";华为更不知道,自己再一次进入美国的射程将不再是因为某个产品,而是产品背后庞大的生态链。未来的鸿蒙将围绕智能终端,以生态为目标,展开一系列生死突围。

在终端部门领导人事安排各就各位之后,任正非提出"华为终端产业竞争力的起点和终点,都是源自最终消费者"。为了让"消费者"这个最终目标更醒目,华为宣布,将原有的华为终端业务更名为华为消费者业务,表达"终端以消费者体验为尊"的价值转移。

终端部门很快就从集团独立出来,仅仅保留功能机的基础维护团队。为了一步步退出历史舞台,保留其"最后的体面",功能机相关的研发和维护团队逐渐被转移到了西安、武汉等地。其绝大部分研发主力部队转移到智能机相关部门下,并以"新手"

的身份兵分两路：一路选择与谷歌合作，借助安卓系统的生态优势和高通芯片的技术实力，开发一系列智能机产品，为用户提供原汁原味的安卓体验；另一路展开了一项前瞻性的预研项目，深入研究 Windows Phone（微软发布的手机操作系统）的未来发展潜力和商业化可能，期望未来华为能开发出比安卓和 Windows Phone 体验更好的产品。

转型期的华为已经站在了时代的风口，注定要进行一次彻底的自我变革。

陈晓晨曾仔细审视了市面上那些冠以"智能"之名的手机，它们主要依托 Palm 系统的 PDA（个人数码助理）和微软 1996 年推出的 Windows CE 嵌入式操作系统。然而，华为终端部门经费有限，根本不敢与 Windows 进行大规模合作。他们只是小心翼翼地尝试了一下 Windows CE，在没有发现其显著竞争力后，便选择了放弃。而安卓操作系统就不一样了，安卓手机厂商可以在 AOSP（安卓开放源代码项目）的基础上优化。在与终端技术战略规划部开会讨论后，大家一致认为，可以根据他们的理解在将安卓的多个模块做完优化以后，再塞回终端手机产品线里去。

抽屉式替换的安卓优化，恰好契合了华为终端的新梦想：冲击"高端"。接任终端一把手的余承东，深受在欧洲工作那几年的影响。当时他每一次出行都会被同事整成"代购"，而每一次"代购"，对他而言都像是一次国际品牌体验之旅，让他逐渐深入地领略到欧洲文化所蕴含的独特魅力。这种魅力在品牌与商品中展现出高雅精致的气息，也一遍遍渗透到他对欧洲文化的理解中。他购买了大量有关高端品牌管理和品牌营销的书，不断剖析高端消费品行业的运营模式和品牌营销策略。被熏陶和洗礼之后的结果，是余承东将高端品牌义化紧密结合到了华为的品牌形象和营销策略上：华为要做自己的高端产品线！

余承东对高端定位的大力支持，让团队里的其他工程师也逐渐具备了以高端品牌理念做产品的逻辑，他们不再单纯把终端手机视为一个科技产品或电子产品，而更愿意从一个时尚品的视角并充分考虑消费者心理，去设计它的功能和属性。他们会思考，像保时捷这样的高端品牌，它的品牌力和稀缺性能够在很多场合成为高端用户身份的象征。手机已经超越了单纯科技产品的范畴，更多地被赋予了"符号价值"。

在 2011 年年底的三亚会议上，终端部门不仅拍板决定做华为自有品牌手机，同时还狠心砍掉了 3000 万部低端智能机和功能机的生产计划，全新的消费者业务必须聚焦做精品，做中高端手机。

华为终端先是推出了关键性的产品 8860 系列，华为 U8860 外形精美，握感很好。从设计到硬件，再到软件，U8860 在能耗方面都取得了显著性突破：很多手机只能维持一天正常使用，U8860 却能轻松续航两天，甚至更久，极大地提升了用户体验，远超当时市场上的同类产品，因此也受到了华为高层的青睐，成了他们的自用款。

U8860 强烈冲击了在 ICT 领域辛勤耕耘 7 年的柳晓见。作为一名智能手机爱好者，优秀的 iPhone 和安卓手机他都使用过，虽然当时华为手机的产品力还比不上 HTC 和魅族，但柳晓见已坚定地认为，终端将是 IT 行业的未来。在内购时抢购到 U8860

后,他更是将智能机视为自己的新职业方向,毫不犹豫地加入了终端部门。

此时的终端部门正在奋力应对智能手机的第一个挑战:安卓操作系统的老毛病——卡顿。柳晓见和他的亲友都有共同的感觉:基于安卓系统研发的华为手机,每一款都越用越慢,亲友们用后会频频向他求助。虽然通过删除不必要的程序、清理数据和重启能暂时缓解,但他知道只要病根未除,就不是长久之计。

终端的困扰,尤其是手机通讯录这样"量大卡顿"的老毛病,正是2012实验室的欧拉团队持续攻坚的方向。抽屉式替换的优化路径,给了公司各产品线很好的反馈和发展思路,各产品线开始支持公司做自己的操作系统,因为每一个优化都能立刻变现,并明确地体现在竞争力上。

终端软件团队开始聚焦五大基础能力进行优化:调度、能耗、图形、媒体以及Web(对设备的一种管理方式)。沿着这些优化方向,他们率先开发出了大小核的调度技术,还在图形上孵化出了GPU(图形处理器)Turbo。GPU Turbo堪称游戏图像处理的超级引擎。过去,在华为手机里运行类似《王者荣耀》这样的大型游戏,常常发生运行不畅的问题,当时的《王者荣耀》是60帧的游戏,华为手机只能跑到40~45帧,游戏里,玩家在生死关头,偏偏因为卡顿被踢出游戏,十分让人气恼。华为手机并不主打游戏消费,但作为基本配置,这样的功能不能缺位。时任IT产品线研发部部长的龚体因此组建了一个由硅谷、西雅图和国内图形领域顶尖专家组成的图形实验室。他们发现,游戏中的绘制工作会产生海量的图形运算指令,而GPU Turbo技术正是这些指令的"优化大师"。经过重新编排、加工和优化这些指令流，华为手机可以跑出近乎满帧的帧率表现，让玩家尽享丝滑流畅的游戏体验。

这些软件能力，不断地支持着终端部门快速成长。

余承东的信心和经验更足了，在华为手机市场地位尚未稳固之时，他就快速为终端部门定下了"冲击高端"的具体要求：要推出 P 系列和 D 系列的全系列手机！这个"全系列"产品路线，不是简单地由中低端转向高端，而是从普及型走向高端、旗舰型全系列手机。

时任手机产品经理、如今已是终端 BG 首席技术官的李小龙压力陡然增加，因为在此之前，华为一直在做偏中低端的手机。为了满足运营商千元智能手机集中采购的需求，他们主力发货的产品都在 1000 元档位，智能手机最高售价也就 2000 多元。这样一支从来没做过智能手机，甚至连"旗舰机"概念都没有的团队，忽然要从功能机直接转向最高端的智能机，还要向全世界宣告华为将进军高端智能手机市场，面对这个高悬的任务，大家感受到了"知其不可而为之"的巨大压力。

2012 年 1 月 9 日，华为 Ascend P1 发布，但销量不过几十万台。2 月 26 日，主打极致性能、深耕商务市场的 Ascend D1[①]问世，全球卖了不到 12 万台。两款手机的销售表现平平无奇，与大家理想中的百万级销量相差甚远。

[①] Ascend D1 是华为公司推出的一款智能手机。这款手机在 2012 年的巴塞罗那世界移动通信大会前夕发布，搭载了当时最新的安卓 4.0 操作系统。Ascend D1 采用 4.5 英寸（约 11.43 厘米）、720p 分辨率的高清 IPS（平面转换）屏幕，具有高像素密度，可提供细腻的显示效果。

不过暂时的挫败完全没有削弱余承东冲刺高端机的热情，也没有影响徐直军对高品质终端的坚定追求，他们甚至把芯片竞争力也考虑进去：华为若要真正立足于消费者手机市场，就必须拥有自己的芯片技术，这是华为的抓手。终端团队也未气馁，他们将这些尝试视为进军消费者市场的"学费"，以及为终端最终蜕变而必须经历的磨砺。

终端上下一致的乐观也终于迎来了回报：在华为终端发展史上，一款里程碑式的产品 Mate 7 诞生，它一举奠定了 Mate 系列的商务旗舰发展方向。

Mate 7 堪称一款厚积薄发的产品，它有 6 英寸（约 15.24 厘米）的超大屏幕，再加上使用麒麟 925 芯片，改善了散热的问题。Mate 7 电池容量达到了 4100 毫安时，整机充满电不到 2 个小时，仅靠续航这一项就锁定了诸多目标用户。指纹解锁也做得非常漂亮，研发人员以一种最自然的方式，把 Mate 7 的指纹解锁位置放在手机背面。这样做的另一大好处是，用最小的机身容纳最大的屏幕和最大的电池，这是 Mate 7 独特且有别于其他商家的设计。

靠着这几个卖点，在上市前一个月的动员会上还被嘲笑为"非主流机"的 Mate 7，2014 年 9 月上市后销售火爆，半年内累计发货量达到了惊人的 400 万台。

"一战封神"的 Mate 7 全面凸显了华为在一系列基础科技布局之后明显增强的竞争力，也着实让李小龙及其团队成员体会了一把"大经销商"求着华为要货的滋味。华为为整个 Mate 7 产品团队发出了有史以来最大的嘉奖——500 万元。新到岗中央软件院欧拉一部担任主管的黄津想与新团队成员尽快建立战友情，并牵引更多资源支持终端，就直接以 Mate 7 邀功，向余承东申请了 100 万元的特别激励奖金，发放给了为 Mate 7 贡献部分关键技术的 2012 实验室相关的团队伙伴，同时向大家表明自己的态度：2012 实验室要继续全力支持终端，只要全力支持，大家就一定"有前途和有'钱'途"。事实上，黄津带领的欧拉一部在后续三年（2016—2018 年）每年都会获得两个公司级金牌团队称号。

软件为终端带来如此大的效益提升，可此时还没有任何人想到，操作系统会成为华为未来最致命的软肋和最关键的战略重点。那时大家关注的还是品牌知名度这个层面的竞争，而且他们的确飞速向这一目标靠拢。

2014 年 8 月，在讨论 Mate 7 的上市准备期间，华为接到了全球性品牌战略管理与设计公司英国博略（Interbrand）的总裁耶斯·弗兰普顿打来的电话。

"恭喜，你们现在已经在我们的榜单里了。"2014 年，华为首次上榜英国博略优秀企业榜，也成为第一个上榜的中国品牌。接完电话，所有准备 Mate 7 上市工作的同事都在分享这个好消息，大家也几乎热泪盈眶。因为两年前，耶斯·弗兰普顿曾指着全球前 100 名优秀企业的品牌展示框问："有人能在这面展示墙上看到中国品牌吗？"大家那时看不到任何中国品牌的名字，但他们当时就定下了目标，要让华为五年内杀进这个榜单。没想到从 2012 年见耶斯·弗兰普顿，到 2014 年华为上榜，仅仅两年半，华为就排到了 94 名。耶斯·弗兰普顿还亲自到中国来给华为发了个奖,并感慨地说:"我从未见过如此的现象。"

2015年1月,Mate 7上市四个多月后,胡润百富也找上门来给华为颁发"最佳手机奖"。理由很简单:"胡润百富一直在调查中国百富人群用什么手机,历史上,他们一直用的是国外品牌的手机,结果现在我们突然发现,中国最富的100个人,用得最多的是华为Mate 7。我们认为这个现象级的事件代表着中国富人消费趋势的一种改变。"

这一年,华为智能手机出货量7500万台,同比增长45%,消费者业务首次突破百亿美元大关,同比增长约32.6%,增速远高于运营商业务(同比增长16.4%)。① 就像后面的智能汽车业务一样,余承东又一次将一块并不被人看好的业务,做成了华为的全新增长点。

---

① 数据来源:华为公司2014年年度报告。——编者注

第三章

软件乱象：安卓打工仔的心事

迫于进度的压力，我们还是不得不整理残存的力量，继续投入战斗。

——鸿蒙操作系统战队

"美国的先进文化我们还是要学习的，我们从来没有说'打倒美国'，"任正非说，"美国还是有很多吸引人才的土壤，那我们中国也要有这种土壤来吸引高层次人才。"任正非也自诩"果粉"："我们不要排外，我们也经常探究苹果的产品为什么做得好，也能看到我们与苹果之间的差距。有一个老师是很幸福的，可以有学习机会，有做比较的机会。如果从这些角度来说我是果粉呢，也不为过。"

鸿蒙的故事，也是一个在开放中不断学习，在学习中不断开放的故事。

在终端 BG 软件部工作的李英伟，曾在硅谷遇到了两位白发苍苍的老者，他们在酒吧吧台上热烈讨论着代码优化，那份对技术的热爱与执着让她震撼不已。她想起自己在国内跟高通合作项目时，高通的人对她说："李，你怎么能这么年轻？你怎么这么年轻就能做这块？"当初，李英伟可以把这些话视为国外同行对她的赞美，如今看到白发苍苍的老科技人，她更倾向于认为，当年高通人对她的感慨，是国外同行对中国年轻科技人抱有的巨大怀疑。

这种跨文化的冲击，让李英伟开始反思国内科技界的现状。她还在谷歌遇到过一位资深工程师，这位工程师是清华大学的学士和硕士、加州大学伯克利分校的博士，深耕基础模块十余年。李英伟提出一起解决问题时，对方会把问题一步步展开，条理清晰，步步为营。李英伟原想探讨关于华为产品的问题，但听完这位工程师的解析，她发现自己几乎没有插嘴的余地，对方已阐述得非常透彻。而过去，她遇到的一些工程师会先讲虚话，等着她去交流，最后才能把问题讨论清楚。这位工程师的素质让李英伟深刻感受到，如果一个人专业能力不过硬，在谷歌难以立足。华为缺乏有着 10 年，甚至 20 年深厚操作系统经验积累的老专家，也缺乏像谷歌工程师那样可以独当一面的年轻才俊。

这种对专业深度的渴望，以及国内科技人才储备的现状，促使李英伟更加关注国内科技人才的培养和成长。2012 年 9 月，哈尔滨工业大学毕业的王成录被调入中央软件院，成为华为无线产品线中少数掌握全系统知识的人之一。此时的中央软件院已会聚了约 3000 名精英，其中专攻操作系统领域的人已从寥寥数人迅速扩张至八九百人。他们的责任是建立一个体系化的软件架构，开发一个针对运营商的操作系统。

中央软件院之所以会聚了如此多的业务精英，是因为终端产品的崛起极大地激发了华为对优化操作系统的渴望。在智能机争霸的时代，每个手机厂商都能自由地采用成熟的操作系统和生态，手机厂商之间的竞争更多地聚焦在产品的竞争力、用户体验、品牌建设和销售渠道上，操作系统根本不是商业竞争的关键要素。然而，随着"冲击高端"的目标逐渐明晰，华为对"优化"的要求也越来越高，他们不自觉地对自己的"根系"产生了疑虑：谷歌、微软、诺基亚和苹果，哪个操作系统生态适合华为的产品扎根？

这种对操作系统的深刻思考，让华为开始重新审视自己的技术路线。首先被排除的是微软针对移动端设备开发的操作系统 Windows Mobile。或许是因为之前做 Windows 做得太过成功，Windows Mobile 并不真正重视解决方案，不仅系统闭源，还给用户设置了一堆限制，难以适应千变万化的市场。其次，苹果的 iOS 也被排除，虽然它品质卓越，但不对外开放授权。似乎只有安卓能够开放给开源生态上的开发者。在全球手机厂商如此激烈的竞争中，安卓操作系统已经凭借"免费"这一撒手锏迅速崛起。手机厂商只需购买高通芯片，便可免费搭载安卓系统及其成熟的生态。

但是，安卓没有带给华为真正畅快淋漓的"消费体验"。刚开始涉足智能机的华为，头脑已经跟上了安卓，身体却还处在"暂未跟上安卓脚步"的窘境中。软件团队不仅要忍受来自外部安卓系统每年两次的升级,还要忍受内部芯片平台(如海思、高通、联发科等)不断推新产品的颠簸体验。每一次版本的升级都令团队十分痛苦,因为他们总是要解决平台和芯片更迭带来的麻烦。智能机的更新速度如此之快,而刚从功能机领域转换到智能机频道的华为工程师,即便付出八九个月的努力,也跟不上安卓SCP(平台收容突破端口)最新发布的版本。

从更高的视角,我们可以看到华为在科技领域所面临的中国式困境:人才短缺,产业链不完善,软硬件几乎全面依赖美国。这些困境使中国在智能机时代所需的"必备条件"几乎都与自己无关。这也注定了华为工程师在工作中经常会遇到各种割裂的场景:有的服务响应快但能力不足,有的能搞定芯片但缺乏相应的编辑器支持,有的CPU(中央处理器)有通用操作系统支持但性能不佳。华为无所依靠,因为当这一系列系统性的问题频频爆发时,中国企业甚至还未形成操作系统和数据库的系统化概念。这种困境不仅是对华为的挑战,也是对整个中国科技界的挑战,需要从人才培养、产业链建设、自主研发等多个层面去破解。

王成录带领团队,对华为的软件需求开始进行全面梳理,努力理清软件的本质。结果他们发现,华为分支繁多的软件技术散落在各个PDU(产品部门或单位)中,每个产品线都会独立开发一套软件分支,分支上的软件人员往往将软件视为硬件的配套进行开发。这种割裂的软件开发模式导致软件技术难以形成合力,更难以产生真正的价值。

面对软件层面的散乱局面,王成录曾发出豪言壮语:"哪怕是在流沙上建城堡,我们也要把自己的软件能力建立起来。"他开始整合软件团队，并努力提升大家对软件价值的认识。当时，他向团队大力推荐了一本名为《人月神话》①的书，希望大家能够深入理解软件的本质。

有一位年轻的工程师在自己的日记中写道："《人月神话》中说，'一天一天的进度落后比起重大灾难，更难以识别，更不容易防范和更加难以弥补'。进度的落后，让一切不可控，我们不得不重新审视里程碑，重新梳理每一个具体、特定、可度量的事件，让里程碑点明确到无法自欺欺人。"

不久，王成录召集了一次重要的软件会议，并邀请了当时华为的技术精英、各大产品线的主管及高层决策者等数十位专家。大家要在会议上讨论清楚一件事：华为的软件技术主要涉及三大类，即运营商设备用的嵌入式软件、中间件和互联网软件，为何嵌入式软件能使硬件如虎添翼，而互联网软件却存在短板？华为未来的软件发展究竟需要哪些关键的技术支撑？

讨论取得了一项重大成果，全公司对"软件的本质"是什么形成了深刻的认知，并正式统一了软件研发的语言。在此基础上，中央软件院规划出了"软件基础设施1.0"——以操作系统为中心，将各个零碎的软件技术整合在一起。其中，操作系统和数据库是最为关键的部分；将软件技术一层层展开后，他们又精准地分解出了大约630个嵌入式软件技术点和500个互联网软件

---

① 《人月神话》是由弗雷德里克·P.布鲁克斯创作的一本软件工程领域的经典著作，首次出版于1975年。这本书主要基于作者在IBM公司领导System/360计算机系列及其操作系统OS/360研发过程中的实践经验，总结了软件项目管理的诸多深刻见解和教训。作者指出，软件项目的开发并非线性增长，而是存在许多复杂因素，如沟通成本、团队协作等，这些因素往往导致"人月"（一个人工作一个月所能完成的工作量）的增加，并不能有效缩短项目时间。

技术点。

徐直军也当场总结了这次会议的成果：华为第一次把"软件的本质"说清楚了。

此时的华为，与全球顶尖的企业和团队不断角逐与合作。向下，软件开始扎根；向上，终端产品开始冲击高端市场，品牌形象步步提升。

从某种客观意义上讲，华为和国内其他厂商一样，都像安卓体系里的打工仔，专门帮安卓解决国内的兼容适配问题。华为工程师明显抗拒华为内部"为硬件开发配套软件"的做法，更抗拒安卓对终端产品性能的束缚。对一个有理想的软件工程师来说，把软件简化为硬件的附属品，绝对是一种令人痛苦，甚至错误的工作方向。然而，随着生态系统庞大的安卓持续疯狂地扩展它的版图，所有附属于它的各大商家的终端产品逐渐呈现出"脸谱化"的趋势，性能大同小异。手机厂商对内被底层系统牵着鼻子走，对外则如绵羊般地迎合产品需求，难以在众多竞品中脱颖而出。

为了应对这一挑战，华为独立组建了一个处理安卓应用兼容性难题的实验室，这个实验室的任务是确保华为的软件达到安卓系统产品的上市标准。但是由于一直无法摆脱安卓适配的束缚，华为决定先联合其他有同样困扰的厂商，共同攻克安卓适配的难题。

2016年11月，华为携手阿里巴巴、百度、腾讯、网易四大互联网巨头，共同发起创立了安卓绿色联盟（现更名为软件绿色联盟，以下简称"联盟"）。华为将这些生态伙伴称为"三方生态"，希望通过联盟之力，为国内安卓应用开发树立统一标准。对于一些常规的麻烦，华为希望直接拿下，而适配的共性问题则被全部总结出来，大家共同解决，再将成果总结出来，像技术标准一样提供给国内的各个应用开发者。

联盟吸引了超过 2000 个 App 或主体单位加入，形成了一个高质量的"朋友圈"和合作平台。在这个联盟中，华为的自有团队仅有十几人，加上负责事务性跟踪的合作伙伴，总数不超过 30 人，然而华为的兼容性测试实验室，却成了一个非常拿得出手的重要组织。该实验室配备了 2000 多台华为设备，把 AOSP 的最新版本刷上去做便利性测试，系统会自动完成一整套行云流水的操作，一旦发现兼容性问题，就会自动跟踪记录，每个应用都会形成一份兼容性报告，能快速测试并报告 AOSP 最新版本在华为设备上的性能表现，大幅提升了工作效率。此举让华为迅速成为"安卓打工仔"里的领头羊。

华为借此成功晋升为最早落地安卓最新版本的商用手机厂商，而且每次华为提出底层调度、图形渲染等优化建议，安卓的反应都异常迅速。

华为变成了出色的"安卓打工仔"，并乐此不疲。华为的开发者就像大学老师身边的助理，通过帮助老师，他们对自研操作系统有了更深的理解。2017 年，华为终端业务已经稳居市场前列，全年智能手机发货量达到 1.53 亿台，销售收入达到 2372.49 亿元人民币，同比增长显著[①]。华为在继续深耕中国市

---

① 数据来源：华为公司 2017 年年度报告。——编者注

场的同时，也积极拓展海外市场，在欧洲、北美都取得了不俗的成绩。

这时的华为，拥有了越来越庞大的应用入口，也拿到了丰厚的利润。这让华为不知不觉中具备了催熟一个自研操作系统的关键市场条件。

第四章

自救脱困：鸿蒙操作系统的意识萌芽

> 大规模代码开发带来的复杂性还是超过了之前的预想——我们进度落后了。
>
> ——鸿蒙操作系统战队

黑格尔认为，偶然性是必然性的一种表现。华为的操作系统之路充满了偶然性，但也蕴含着一种必然性。在美国发动科技战之前，华为似乎早已经感知到自己未来会走上操作系统之路。时任中央软件院总裁的王成录现在回想起来，当时他就已经隐约感受到来自高层的风向变化，即高层开始对操作系统产生了浓厚兴趣。

有一次，他突然接到终端领导余承东的来电，对方询问关于操作系统的事宜。令久未与他联系的王成录感到意外的是，自己竟未能一眼识别这个电话号码是余承东的。通话结束后，王成录回想起 2013 年 Ascend P6 发布时的情景。那时，华为终端业务初露锋芒，现任终端 BG 首席执行官的何刚也曾致电给他，两个人围绕操作系统的功耗等技术难题进行了深入讨论。关于操作系统的点点滴滴，串起了他的记忆，好像余承东在近期的报告中公开提出过，华为需从更高层面为产业助力，这一观点被很多人认为"代表了小徐总（徐直军）的想法"。2014 年，徐直军确实提出过要自研操作系统，强调过不能局限于安卓优化，理由是早期的安卓性能不佳，华为高层在更换华为手机时，短信被多次复制，系统崩溃，数据迁移也遇到困难。

大家似乎也开始对飞速增长的终端产生了好奇和疑虑：华为这是做了什么，让业务增长得那么快？大家也希望了解这背后的每一个细节，从供应链运作到销售策略，再到研发、产品、定价乃至云服务的整体布局。

事实上，2012—2015 年，大家并没有围绕操作系统进行过正式讨论，王成录也只是在公司会议上提过几次建议，没有真正系统地推进。毕竟研发操作系统太难，生态建设的需求不迫切，华为运营商的主营业务对生态也没有很强的要求。王成录隐约感觉到，各产品线的高层对操作系统不约而同地表现出关切，或许只是心中偶尔萌生出一些"自研"的念头，但这些念头还没有明确到需要公开表露的程度。

王成录想尝试着把这个念头再向前推一推。在北京研究所的实验室，王成录带领中央软件院团队成员一行 5 人，向任正非展示了为终端精心打造的软件平台。他有些紧张，很担心自己浪费了这样宝贵的沟通机会，毕竟一般人很难听懂软件这种抽象的东西——软件产品不像硬件产品是看得见、摸得着、可以真实呈现的东西。为了帮助任正非理解，王成录用了很多任正非讲过的话来表达自己的担忧："操作系统需要全栈贯通。""虽然自研操作系统像桃子树上结西瓜，很难，但现在西瓜长在别人的树上肯定是有问题的，华为的关键是要有自己的树，要把根扎下去，扎到底，扎在自己的土地上。"

为避免与安卓的潜在冲突，王成录建议，华为的底层技术可先从国内市场起步，毕竟国内没有产品取得过国外运营商的GMS认证。GMS认证是厂商产品通过谷歌严格测试和认证的标志，消费者当然更倾向于购买经过谷歌认证、能够无缝接入谷歌生态系统的设备。

"如果这样干了，"任正非很有兴趣地问他，"那未来呢？"

对于未来的结论是——华为要把绝大部分精力集中于安卓的优化，在做好当前产品的同时，"自研"这条路也要走，保持平衡。

自研的历史性重任就放在了中央软件院底下的自有操作系统研发中心欧拉实验室。2014年年底，黄津入职欧拉一部任部长，当时的团队不过200多人，但这个小团队已经有了4条研发路线在推进操作系统：面向IoT（物联网）的LiteOS[①]，面向电视、机顶盒的MediaOS，面向多端的iCOS，以及面向自研做WebOS探索的AtelierOS。这4条路线，也将成为未来鸿蒙的意识萌芽和基础能力。

[①] LiteOS是华为面向物联网领域开发的一个基于实时内核的轻量化极简操作系统。——编者注

2013年，华为开始探索多端设备协同的技术路径，在中国尚未形成一套完整的面向电视的操作系统体系的空白期，华为手机的部分操作系统能力已完成构建，面向电视的操作系统市场成了现成的机会。欧拉一部在徐直军的要求下，很快立项并开始研发面向电视、机顶盒的 MediaOS。

同年 12 月 26 日，智能电视操作系统领域迎来了一项重要成果——TVOS 1.0 发布。TVOS 1.0 在技术上采用了一种创新路线，即使用 C 语言①重写了安卓系统的 Java 代码。这一改动虽未完全实现系统的自主可控，但已基本能够支持数字电视直播业务，并兼容已部署的数字电视增值业务。

随着 TVOS 2.0、3.0、4.0 等版本相继推出，MediaOS 项目后续不仅在广播电视领域做出了不错的成绩，也让华为内部的团队快速成长。当时解决安卓卡顿的团队中仅有一名 6 级专家，为了应对巨大的工作压力，他们调用了 MediaOS 项目的首席专家陈秋林博士。陈秋林不仅扛下了这一重任，还和 TDT（技术开发团队）经理亢治一起领衔攻克"天生快，一生快"的关键技术，他自己也从当时的 5 级晋升为几年后的 8 级专家，仅次于最高的 Fellow②级，如今更成长为鸿蒙开发能力部的首席架构师。时任欧拉一部的首席规划师齐景望也在短短几年间，从 3 级工程师成长为 7 级技术规划专家。

---

① C 语言是一种广泛使用的计算机编程语言，由丹尼斯·里奇于 1972 年在贝尔实验室开发。C 语言的设计哲学强调简洁、高效和灵活，因此成为编程领域的经典语言之一。
② Fellow 是华为公司专业技术人员的最高称号，代表该技术人员取得了卓越成就。——编者注

2014年8月，2012实验室立项启动了专为物联网和嵌入式软件量身打造的轻量级操作系统LiteOS项目，Lite可被翻译为轻量化。它展现了华为对终端操作系统领域的深入洞察，更是对自研操作系统在IoT领域可能迎来的新发展机遇的探索。

LiteOS和MediaOS立项之后，"中美科技在顶层必有交锋"的政治语境与认知，已经越来越被华为人所接受，他们开始"适度投入"并积极规划替代美国技术的策略。当时的ITMT主任李英涛、投资评审委员会主任徐直军都是该项目的重要决策人。

LiteOS是一款自研的"高性能、小体积、速度快"的轻量级操作系统，应用了许多创新技术，正好发挥了华为在技术上的优势。比如，其中的Run/Stop（运行/停止）技术，需要时快速启动，不需要时则进入休眠，让LiteOS在功耗上有了更好的表现。LiteOS凭借其高性能、小体积的特质，很快在手机的各种小核及IoT设备中得到了广泛应用，在业界独领风骚，出货量更是高达数亿台。

但华为也注意到了它的短板和危机——华为在LiteOS研发上轻车熟路，是因为它对应的生态比较简单，能凸显华为在技术上的无所不能；相比之下，其操作系统在影响力方面就非常薄弱。它似乎在为华为指明一个真正意义上的操作系统评价标准和目标：华为需要的是一个能解决各种问题的操作系统，一个有生态影响力的操作系统。出于生态的需要，华为随后将其开源，它也成为华为第一个开源的自研操作系统，后来更成为轻量化鸿蒙的基础内核。作为128k（千字节）以下设备操作系统的核心部分，它是华为做得比较成功的一个操作系统，只不过主要面向

IoT 领域，其影响力有限。

华为的 LiteOS 和 MediaOS 这两个小系统加起来，已经逐渐展现出华为未来自研操作系统功能的雏形，未来，它们也将融入鸿蒙操作系统的底座能力，实现更远大的理想。

为了让商用手机提高体验竞争力，中央软件院还跟终端 BG 合作开发了一个中间件 iCOS，并立项 iCOS 智慧操作系统，主要针对安卓基础上的界面显示、图形渲染、卡顿等相关功能进行研究，研究结果最终会打包给终端 BG。徐直军给项目定的目标是作为 Plan B（备用计划），成为华为操作系统的备份。

项目组一开始几乎无法辨明方向，大家对这套系统应该干成什么样并没什么概念。为何没概念？因为在当时的团队中，国内除了高泉这位 18 级高级工程师，其他高级工程师的级别最高也不过 17 级。谁能想到，即便是像华为这样追求领先科技的公司，也会面临引领型专家相对匮乏的挑战。

现任软件部副总裁、OpenHarmony 部部长高泉一直在研究苹果的 iOS，他也是 iCOS TDT 与 iOS TTP[①] 的经理，负责 iOS 智慧操作系统项目。徐直军知道他对 iOS 研究得很透，跟别人介绍高泉时会说"他叫高泉，你也可以叫他 iOS 高泉"。高泉这样的专家也非常需要比他更高级的专家，帮他确定智慧操作系统初始阶段最重要的设定：系统需要的内核该用什么？用不用

---

① TTP 最早来自军事领域，后逐渐应用到网络安全领域，指攻击网络安全者使用的战术、技术和过程。——编者注

Linux？用户界面是不是选择开放的外部框架和GS[1]开发语言来做上层？中国没有这样的人能回答他的问题。

华为开始把目光投向国外。王成录曾提议在硅谷招募团队，但徐直军认为这并非最佳选择。而且虽然安卓与iOS源自美国，但那里的员工文化与中国的高速发展节奏根本不在一个频率。高泉果断将视线投向芬兰，因为芬兰有着深厚的软件研发传统，被誉为"Linux之父"的林纳斯·托瓦兹正是芬兰的计算机科学家。在那个特殊时期，刚好诺基亚业务面临挑战，销售情况不理想，部分业务骨干陆续离职。高泉抓住这个机会，从众多优秀人才中招募了20多位在相关操作系统领域有深入研究和丰富经验的骨干成员，这些成员在MIGOU[2]和Sailfish OS[3]等方面都有很高的造诣。再加上自己的团队精英，一支超过40人的操作系统专家团队快速建立。芬兰专家就地指导架构，国内团队配合交付，虽然华为在人力上无法为自研操作系统团队提供大量支持，但在资金和资源上还是能做到"毫不吝啬"的。

这支队伍在芬兰的第一个月就取得了惊人的进展——成功点亮了手机屏幕，启动了计算机系统，并打通了最基础的系统框架。短短三个月，华为手机实现了通话功能；第六个月，网页游戏也能顺畅运行。iCOS智慧操作系统项目总共为华为培养了80多名操作系统领域的专业人才。

---

[1] Google Script的缩写，即谷歌脚本，是一种基于JavaScript语言的脚本编程，主要应用于Google Workspace（谷歌提供的一款云计算生产力和深度集成式工作区软件）中，允许用户通过编程方式扩展和自动化谷歌服务的功能。
[2] MIGOU是一个无线实验平台，旨在同时满足资源受限的终端设备的能效要求。——编者注
[3] Sailfish OS是一个以Linux为基础的开源操作系统。——编者注

鉴于当时的 HTML5^① 技术已经比较成熟，2015 年，徐直军支持继续研发"下一代终端操作系统技术研究"创新项目——AOS。这是时任 2012 实验室总裁、ITMT 主任李英涛取的名字，AOS 中的 A 指 Atelier，意思是画板、画室，寓意为任你"图画"，这是自研终端操作系统的原型。AOS 由 2012 实验室中央软件院 TMT（技术管理团队）承担立项任务，芬兰研究所专家米科具体操作立项，还在 iCOS 部门工作的高泉负责该项目的研发。

高泉还记得，徐直军在谈及项目目标时竟然说，要和 iOS、安卓"三分天下有其一"。与这句话相似的一句话也曾在 1994 年 4 月 20 日中国全功能接入国际互联网，中国互联网刚刚起步时出现过，那时任正非说的是"世界通信行业三分天下，华为有其一"。当时的华为一穷二白，所以这句话当时还被员工当玩笑，被外围人当吹牛。唯一给人留下深刻印象且让人肃然的是，任正非随后向大家诠释了什么叫"生命的意义"——生命就是"鸡蛋从里面打破"的精神，鸡蛋如果是从外面被打破的，就只能成为别人的菜。

如今再度喊出"三分天下有其一"，在客观上，它依然是一个不可思议的目标，因为在此之前，很多投身操作系统的专家都放弃了。放弃的原因也许是事情太难，也许是持续的投入得不到保障，总之，在自研操作系统的过程中，大家难以保持信心：为什么我要一直坚定地自研操作系统呢？但在长期平淡、枯燥的研

---

① HTML5 指第五代超文本标记语言，是现代网页设计和开发的基本技术之一，提供了网页内容结构的语法规范。——编者注

发环境里，忽然出现这样一句豪言壮语，它似乎有着"来吧，来激活华为的潜在实力吧"这样主动拥抱变革的强大精神感召力。高泉是被这一豪情感染的人之一，至少在他的心里，除了iOS，还没有什么能激发他的兴趣和热情。现在，徐直军和华为高层对自研操作系统的决心终于明确了，他的斗志被点燃了。

黄津负责业务和团队管理。历经几年探索，团队在该项目中积累了一定的技术和经验，尽管过程中也踩了很多坑，但最终还是收获了自研带来的成果：在某B2B行业开设实验局，为客户提供双系统手机。客户平时可以用安卓系统，工作时切换到专用系统，他们可以在两个系统间自由快速地切换。由于生态和性能方面的不足，该项目并不是特别成功，但它为华为积累了大量的人才以及开发操作系统的宝贵经验，项目中积累的技术和想法也融入了后来的鸿蒙系统中，整个项目团队也在2018年左右加入了鸿蒙项目。回头看这4条自研操作系统路线的探索，华为的LiteOS、MediaOS和AOS显然是战略级的投入，因为它们均由徐直军批准投资。华为的投资，有集团层面的，也有产品线层面的。凡是由徐直军批准的集团层面的投资，无论是2012实验室、中央软件院的诞生，还是项目的规划，都是华为面向未来技术的投资，短期内是否赚钱并不是重点。而产品线层面的投资主要为了解决商用交付和提升竞争力，比如解决"安卓卡顿""抽屉式替换"这种级别的事。

2015年，正在外地出差的龚体接到了公司领导的电话，他被委以重任，去7000人的中央软件院任院长。对于突然被调往中央软件院的决定，龚体起初感到些许困惑，但随后他明白了这是华为在关键技术领域未雨绸缪的重要布局。在中央软件院，领导并未提及盈利的紧迫性，而是剑指两大与宏观环境紧密相关的核心：首先，要确保业务的连续性，即使面对极端环境打压，华为的业务也绝不能停滞；其次，必须持续保持技术的先进性，不断研发出领先同行的基础软件。

到任后的龚体开启了他对软件的框架调整，提出了"ODML"创新分类框架——操作系统（OS）、数据库（database）、中间件（middleware），以及编译器和编程语言（compiler&language）。他的目标很明确：攻克这四个领域中的关键技术难关。为了精简业务和高度聚焦，他把与基础软件关联度不高的业务转移出去，如OSS（网管业务）、SmartCare（网络维护业务）等，人员规模也大幅缩减至4000多人。

同期，王成录被任命为终端BG软件部总裁。2015年国庆节后，他正式接到任命。王成录曾先后担任核心网维护部部长、核心网研发部部长、核心网总裁、2012实验室中央软件院总裁，王成录想不出，自己去终端能做什么。

但是在华为高层的版图里，龚体与王成录这两位自研操作系统道路上的最高指挥官，已经踏上了各自的历史舞台，开始了各自的使命，共同为华为的自研建设铺设基石，积极蓄势。

王成录也开启了终端新岗位的业务内容调整。在中央软件院任职期间，通过立项4条自研操作系统路线所积累的经验，将继续在终端BG软件部发挥作用——以这4条自研操作系统路线为基础，华为启动了更大力度的操作系统研发项目"齐达内"。软件部当时约定，所有保密项目都以世界球星来命名，这次他们准备了 4 个球星的名字随机抽取。恰巧，这次被抽中的是超级球星齐达内，他是人选里唯一得过世界冠军的，这是个好兆头！

"齐达内"项目组向当时终端 EMT（经营管理团队）提交了自己的项目计划和资金申请：2019 年年底，出一个能运行在手机平台上的操作系统的演示版，资金需求是 8000 万美元。这时，华为还没有考虑把自研操作系统"直接"加载到手机上，演示版算是个缓冲。终端 EMT 成员收到"齐达内"的资金申请，反应相当激烈，因为一期 8000 万美元的巨量投入，只能换来一个简单的原型，那么两年的开发周期，预算将高达 2 亿美元，结果拿到的还是一个基本能看但不能用的东西，谁能接受这样的投资性价比？谁敢拍板做这样不靠谱的事？"齐达内"的资金申请自然遇挫，但多次沟通下来，终于还是在 2018 年年底被批准通过。

王成录坚信，这是实现技术自主、赢得未来国际地位的关键项目，值得大力投入。资金其实不是自研操作系统面临的真正困难，中国缺少操作系统人才才是真正严峻的挑战。安卓自 2005 年由谷歌注资后获得大力支持，全球范围内，安卓开发者已经达 2000 多万人，而同期中国的自研操作系统尚未起步。这正是华为力争成为全球一流公司过程中最大的短板，也是最需要投资和支持的项目。

王成录还设想了一个"端云合一"的业务方向，但他很快就发现，要想实现这一战略，他们将面临诸多挑战。首先是终端硬件与软件迭代周期的不匹配：终端产品每年更新换代，而电信运营商的硬件平台的迭代周期却长达五年，相关软件标准的制定也需要三到五年。如何让终端软件的更新与这些长周期保持协调，成为一道难题。

其次，更棘手的是，终端业务软件部门的架构混乱加剧了这一问题。每个产品都有独立的软件部门，有做 Mate 系列的，有做 P 系列的，有做低端机的，对应的都是一个个垂直的项目组，各自为战。这导致本应共享的技术能力分散在各处，难以形成有效协同。一旦出现问题，不同部门之间就无法快速联动解决，严重影响用户体验。

这种架构混乱直接反映在产品功能的设计上，甚至出现了同一功能在不同产品线中实现方式各异的荒谬现象。例如，第一个部门设定某一按键按到底是静音，第二个部门将其设定为声音最小，第三个部门却将其设定为震动。如此不统一的设计不仅令用户困惑，还严重削弱了产品的整体体验。

王成录意识到，这些问题如果得不到解决，将对华为产品的核心竞争力和系统化演进造成深远影响。因此，他深刻认识到，必须推动软件部门的架构整合与资源共享，统一设计标准，才能为"端云合一"战略的落地奠定坚实基础。

王成录决定对软件部门进行大刀阔斧的改革，要求"按能力"重建组织部门。他已经意识到，唯有将 IPD[①] 流程与工程能力规范建立起来，才能确保平台在未来支撑起庞大的产品帝国。

在这里，我有必要介绍一下华为的 IPD 流程，因为它对华为的各个业务线管理影响巨大。1998 年，华为曾面临"七座大

---

① IPD 是集成产品开发（integrated product development）的缩写，它是一种先进的产品开发模式、理念和方法。IPD 作为一种研发管理体系，可以帮助企业快速响应市场变化，缩短产品上市时间，减少资源浪费，提高生产力，最终取得商业成功。IPD 既是一种先进思想，也是一种卓越的产品开发模式。

山"——爱立信、诺基亚、西门子、摩托罗拉、阿尔卡特、朗讯和北电网络的巨大压力。这七家不仅全部跑在华为前面,还对华为严防死守,甚至隐约形成了某种攻守联盟。希望翻过"七座大山"的华为寻求突破,不得不急速扩张,结果华为各个层面的产品故障频发,内部资源浪费的比例呈倍数增长。随便一个设备的电源出问题,就能引发几十万块电路板的大规模替换,造成高达十几亿元的损失,战略管理和项目管理之间矛盾重重。再加上整个通信产品的持续同质化,华为在数字交换机上挣得的先机已经有了明显的消耗殆尽之势。

危难之时,任正非带领一众华为高管四处奔波,密集地拜访 IBM、贝尔实验室、惠普等明星公司。他们对外向世界级的公司虚心学习,并最终获得了自我革命的关键利器:IBM 的 IPD 流程!

IBM 与当时身处扩张困境中的华为有过相似的境遇:数年前,IBM 的销售收入停止增长,利润急剧下降,新产品上市速度缓慢,研发费用的浪费高达 25%,但 IPD 奇迹般地帮助 IBM 扭转了劣势,IBM 也以此建立了以流程为主导的决策机制。看到如此神奇的解决之道,当时年收入不过 41 亿元人民币的华为,竟然与 IBM 达成了高达 20 亿美元的合作协议,邀请 150 名 IBM 咨询师,以人均每小时 680 美元的报酬入驻华为,为华为开具"西药方",全面指导华为建立 IPD 体系。

"削足适履"成为 1998 年华为热度最高的变革关键词。在公司内部,任正非震撼人心的改革名言更是传遍整个华为:"世界上最难的改革是革自己的命。"

最早成为 IPD 试点主管的肖然，见识了 IPD 带给华为的巨大转变：华为的产品开发流程从原先自由散漫变得有序、有规范；原本串行的工作方式变成了并行推进；过去难以兑现的承诺，如今能够按照承诺到点交付。华为的集成开发效率得到了极大提升。2003 年，欧洲电信市场风起云涌，各大运营商竞相部署新一代 3G 网络。在此背景下，华为的整个无线业务部按照 IPD 管理框架，井然有序地建立了产品线，打通了从端到端的各部门协作，产品线变革、研发全球化的落地为公司注入全新的活力。正是那时，徐直军担任了产品线的第一任总裁。

现在，王成录继续发挥 IPD 的优势，对终端进行一系列调整。终端软件部被重新划分为四个部门：基础 ROM（只读存储器）部、终端 OS 部、集成维护部和软件测试团队。其中，终端 OS 部和基础 ROM 部成为新软件部的核心，其他部门围绕这两个核心部门运转。随着项目的扩大，王成录又成立了项目管理团队、IoT 软件部、架设部和安全工程部。他还将 UX 团队并入软件部，成立了 UX 设计部，并在其中抽调人员成立了产品管理规划部。这些举措使软件部的分工更加细致，组织架构更加完善。部门整合后，他要求大家必须按照大软件、IPD 的方式来运作整个软件的流程，统一规划，统一立项，统一开发，每年支撑几十款产品所需要的软件。

最后，他还彻底改变了软件开发模式。终端部门可以通过共主干的方式，把以前各个产品单独开发的软件整合到一条主干上进行开发，这样做不仅能大幅提升软件的研发效率，更能使软件的使用体验统一。

这一系列正规打法的推行，让陈晓晨等下属纷纷感叹："不愧是大平台打过来的！"大平台打法的精髓在于规范与秩序，是一种"大军团"作战方式，讲究产品体验的一致性和拉通性。然而，这种"按能力"重新构建组织部门的方式没办法被广泛理解。按能力？什么叫按能力？按能力组建怎么保障每个产品的交付？昔日，一条需求可以轻松被实现，如今却要历经层层决策与评审。终端领域长期盛行游击战术，大家习惯了原有的独立开发模式，对新的整合方式感到困惑和担忧。王成录多次耐心解释和辅导，但仍有部分同事难以接受，甚至有人以离职表示抗议。王成录召集会议讨论，他的搭档认为还是应该招一些大平台的人员进来，因为大平台本身就是"按能力"运作的，这些人自然能理解"按能力"划分所带来的流程变化。

在这一关键时刻，王成录得到了余承东和何刚等领导的大力支持。他们不仅帮他顶住了内部的质疑声，还支持他通过各个途径"抢人"：从大平台引进专家、挖掘内部人力资源，从外部招聘。

2015年第四季度刚刚加入终端OS部任系统部部长兼总架构师的李毅，一来就赶上自研操作系统大讨论。他和大家一致认为操作系统体量和投入过大，难以快速实现。他们准备面向轻量的产品搞自研操作系统，并最终将目光锁定在了智能手表上。同时，在2016年加入王成录团队，负责软件部的整体战略规划，包括下一代操作系统战略规划的杨涛也发现，市面上的多款可穿戴设备在使用Android Wear操作系统时性能堪忧，待机时间仅一天左右。相比之下，市面上表现不错的是一款三星手表，使用的是三星的自研操作系统 Tizen，其差异性的创新特性在当时取得了不错的市场表现。这一对比使杨涛认识到了自研操作系统在特定场景中的竞争力与潜力。此外，他还注意到谷歌也正在开发一款新的操作系统——Fuchsia，这表明行业对下一代操作系统的探索正逐步深入。通过对业界多款已有及在研的操作系统进行深入分析和研究，杨涛对自研操作系统逐渐有了清晰的认知，他开始思考如何规划下一代操作系统，并想先以一款手表的操作系统来试水，研发一款一周只需要充电一次的智能手表。

他选择可穿戴设备来承载华为下一代自研终端操作系统是有原因的：一是可穿戴设备（如智能手表、智能手环）的出货量较大，能为新的操作系统的验证提供绝佳机会；二是可穿戴设备相对简单，前期投入的研发资源相对较少；三是可穿戴设备"麻雀虽小，五脏俱全"，可以较充分地验证新操作系统的各项技术；四是可穿戴设备需要的应用相对较少，生态构建相对容易；五是当时苹果手表的痛点较为明显，一天一充电的短板被众多用户诟病，而搭载 Tizen 操作系统的三星手表因为技术较为落后，也没有发展成为下一代操作系统的可能。

万事俱备，只欠东风。这个"东风"，就是研发的人力投入。

当时华为可穿戴设备的研发团队规模仅够支撑搭载 Android Wear 操作系统的产品研发，自研操作系统需额外组建一支有 80 名研发人员的团队。杨涛与可穿戴设备团队四处求援，但还是无法要到这 80 人的研发预算。因为那时的华为终端可穿戴产品线正处于盈亏平衡的边缘，各层级主管的压力都很大，如果给自研操作系统的新产品输血 80 人，将可能直接导致可穿戴产品线亏损。而为了开发一个手表产品线研发下一代的操作系统，高昂的研发成本也是终端部门不想承受的。

困境之中，杨涛的目光转向了 PC 市场。他再次大胆提出，华为的 PC 不应再固守 Windows 系统加英特尔芯片的传统框架，而应拥抱类似安卓系统加 ARM 芯片的新组合。无论是在能效比、成本效应、移动生态的整合方面，还是在软件兼容性、开放性、灵活性与安全性等方面，安卓系统加 ARM 芯片都优于 Windows 系统加英特尔芯片的组合。更为重要的是，这一策略意图通过"轻办公"终端，为自研操作系统开辟了一条新道路。这成功地将开源的安卓转变为支持键盘鼠标的 PC 体验，但遇到的棘手问题也不少：安卓生态中鲜有适应 PC 的专业重型应用，它们没法像 Windows 那样，能通过大量的处理器能力、内存、存储或图形处理能力来滋养 3ds Max[①]、CAD[②] 等众多对计算资源要求较高的重型应用。

当然，横在杨涛眼前的困难，本质上其实都是安卓操作系统的各种底层限制。但高泉团队研发出的一款内置了安卓和 AOS 双系统的警用机给了他们灵感，这款双系统的警用机通过一个特殊的图标按键，可以在两个完全隔离的系统之间进行灵活切换。于是，高泉也加入了李毅团队给智能手表做操作系统试水的讨论，这场讨论足足进行了两个多月。越了解这款警用机，大家越会觉得智能手表完全可以在 AOS 的基础上增加一些新的能力。

---

① 3ds MAX，全称为 3D Studio Max，也常简称为 3d Max，是 Discreet 公司（全球第四大 PC 软件公司 Autodesk 的子公司）开发的基于 PC 系统的 3D 建模渲染和制作软件。——编者注
② 利用计算机及其图形设备帮助设计人员进行设计工作，简称 CAD。——编者注

恰好中央软件院欧拉部的专家提出了抽屉式替换的安卓优化方案——在保留 AOSP 安卓开源代码主体的基础上，逐步将关键组件替换为自研系统。这一方案不仅可以做局部创新，还可以分摊整体研发成本。方案迅速得到了李毅团队的认可。

大刀阔斧调整完组织架构的王成录，每年雷打不动地会在 6 月至 7 月和 12 月至第二年 1 月组织两次务虚会，让团队深入探讨操作系统的演化路径和战略方针。鉴于团队成员遍布北京、西安、上海等地，为了确保公平与便捷，会议地点也会轮流变换。2017 年下半年，西安郊外，李毅独自驱车赶往务虚会。他和 20 多位软件部业务管理团队成员，第一次在务虚会上听到"分布式"这个概念，并进行了讨论，可谓不虚此行。王成录大胆提出：未来的操作系统不应再受安卓或 iOS 的束缚，而应采用分布式设计，面向 IoT 领域，实现设备的无缝互联。随着讨论的深入，他们发现这一概念在音频、视频、显示等场景中有着巨大的应用潜力。

虽然在操作系统商用化的道路上，昔日的系统架构和代码或许已无法适应未来全新的操作系统的需求，但那份敢于创新、不断超越自我的精神，以及相关技术理念，却继承了下来。多年来，华为一直在探索替代安卓的多元技术路径，在软件领域的浩瀚疆土上巧妙布局。对自研操作系统的勇敢尝试，以及小范围的商业化实践，就像在一场风暴中，让华为在驶入操作系统国产化航道之前，提前经受惊涛骇浪，提前试航。

第五章

换道超车：打造鸿蒙内核

"流水不争先，争的是滔滔不绝"，我们要做出最好的操作系统。

——鸿蒙操作系统战队

2013 年立项 MediaOS，2014 年立项 LiteOS，2015 年立项 AOS，华为几乎每年都有一个围绕操作系统的战略级投资。华为准备自研操作系统的意图已经非常明确，后续的探索正沿着这条路径一步步展开。

回溯至 2016 年，距离美国对华科技制裁还有 3 年，华为自研操作系统的战略布局在当时已迈出了关键性的一步：鸿蒙内核立项。

鸿蒙内核立项的决策与对根技术风险的深刻洞察密不可分。从早期的批处理操作系统解放了计算机操作员的机械化劳作，到主机操作系统采用分时复用实现多任务的飞跃，再到20世纪80年代桌面操作系统催生PC互联网的浪潮，以及21世纪初移动操作系统引领移动互联网的革命，操作系统已经逐渐成长为软硬件系统的神经中枢，更是在信息产业中掀起了一波又一波的创新浪潮。然而，一直依赖外购商用操作系统的华为，嵌入式设备几乎完全依赖美国风河公司的VxWorks实时操作系统和WRLinux[①]。VxWorks是一个专为实时应用设计的独立操作系统，与基于Linux的WRLinux覆盖了绝大部分华为嵌入式设备。这种高度依赖性意味着一旦这些操作系统出现问题，华为的CT业务就可能面临全面暂停的风险，业务连续性会受到严重威胁。

这个数据强烈触动了华为的底线思维，华为重新评估了对Linux体系的依赖性，尤其是在物联网这样被广泛使用的场景中，Linux似乎并不是一个好的选择。因为Linux自1991年诞生至今已有30多年，虽然在云计算领域已占据主导地位，但在面向未来的竞争时，它显得有些力不从心。中央软件院做出了决策：用自研实时操作系统替换现有的VxWorks系统，加固华为的CT业务防线，同时攻关欧拉操作系统，以应对IT领域的挑战——CT和IT这两道防线并行构建，保障未来。

接下来，就是针对终端的解决方案。终端领域如何才能拥有一个安全的、区别于安卓，甚至优于安卓的操作系统？当时终端使用的安卓系统运行框架、鸿蒙的研发，以及内部正在攻关的AOS项目、欧拉操作系统的研发都是基于Linux开发的。全面

---

① WRLinux，即Wind River Linux，是一款基于Linux内核的嵌入式操作系统，由风河系统公司（Wind River Systems）开发。——编者注

替代Linux，才谈得上拥有一个全新的操作系统备胎，即随时上阵的Plan B！

然而，当时内核研究团队规模不过百人，势单力薄的团队成为内核立项的重大阻碍。在一次重要会议上，华为一位重量级专家直白地说："我不认为华为甚至中国有开发一个通用操作系统内核的能力。"这位专家还举了一个例子："前几年手机上有一个调度问题，公司专家攻关两三个月都没有解决，请了外部专家指导，两天就搞定了。"专家的话几乎是2008年前中国操作系统行业的缩影。当时国内的大多数公司仅停留在写硬件设备驱动程序的阶段，几乎没有公司真正搞操作系统的开发，学术界的成果更是乏善可陈。事实上，随着中国科技的快速发展，国内的研究水平和人才浓度早已今非昔比。

陈海波就是一个颇具时代代表性的人物。

2016年中秋节前夕，时任中央软件院总裁的龚体，邀请上海交通大学教授陈海波担任华为操作系统首席科学家、操作系统内核实验室创始主任。目的就是想请他开发一个全新的操作系统内核，且要与Linux内核彻底不同。

早在2011年，陈海波的论文就被SOSP（操作系统原理大会）录用，创造了亚洲学者40多年来首次在该大会上发表论文的奇迹。同年11月，上海交通大学引进不过28岁，博士毕业刚两年多的陈海波，并将他破格晋升为教授。麻省理工学院顶尖教授、美国工程院院士亲自背书，赞誉他学术造诣深厚，可与美国前20名高校青年教师媲美。更引人注目的是，图灵奖得主约翰·E.霍普克罗夫特也亲自站台，称陈海波与麻省理工学院、斯坦福大学、康奈尔大学的青年教师水平相当。进入上海交通大学任教后，他成为系统结构、操作系统与系统安全领域的领军者，他领导的实验室在操作系统领域更是明星般的存在。2012年，华为与陈海波创办的上海交通大学并行与分布式系统研究所，展开了操作系统与系统安全领域的深度合作。双方通过软硬件结合的创新方法，共同研究防御攻击的策略，并成功发表了学术论文。这一成果当时震惊了英特尔，他们称赞这篇论文为行业带来了革命性的突破，因为它打破了纯软件或纯硬件的桎梏。

所以，2016年，华为正式向陈海波发出邀请，承诺陈海波可以"不离校园"，采用双聘制，响应教育部的号召，探索产学研协同人才机制，确保他能同时为华为和上海交通大学工作。他的导师臧斌宇教授很开明地表示支持，他说工业界的工程思维对一个教授而言同样重要，力劝陈海波抓住这次难得的机会，去工业界闯荡一番，同时向时任电子信息与电气工程学院院长的毛军发汇报了此事。毛院长在向校领导口头汇报后，对陈海波说："没事，你就去吧。学校里的事情你该完成就完成。成果少一点也没关系，把事儿完成就行了。"此前上海交通大学已有众多师生被派遣到中华电力、中国航天科技集团等国企任职，这一次学校也全力支持陈海波。

陈海波自己也清楚，在美国，校企合作早已蔚然成风，不少企业高层与大学教授身份重叠，形成了一种独特的跨界融合的产业财富。陈海波的朋友圈里，有不少国外头部企业Fellow级的专家，同时也是大学教授。中国学术界的研发确实不能一直停留在原型阶段，华为这样的大企业有能力对研发周期长、转化难的基础科技给予长期支持，如果他亲自下场做，还能吸引更多的高手和专家加入这支队伍，加快研发进度。他很愿意接受这样双赢且全新的挑战。

陈海波在上海交通大学的第一个博士研究生刘宇涛（后担任华为德累斯顿研究所所长），已经比他早两个月进入华为。原本希望毕业后在学术界发展的刘宇涛，在和华为招聘专家交流后改变了想法，他满心忐忑地给导师陈海波打电话，说明自己改变职业规划的想法。让他颇感意外的是，陈海波完全尊重他的想法，并支持他到华为去打拼。待2017年刘宇涛博士毕业，被分配到操作系统内核团队后两个月，刚加入华为不久的陈海波见到刘宇涛后还跟他开玩笑地说："你再怎么翻转还是没脱离'如来'的手掌心。"

在陈海波这个操作系统内核主导人到岗后，2016年年底，徐直军亲自决策，正式启动了自研操作系统内核的研发。陈海波到任后的内核队伍，从最初的北京、杭州两个据点，9个人的规模，扩展到上海、南京、北京、杭州、深圳以及海外的数百人规模。继陈海波的成功案例之后，龚体几乎为华为的各个基础软件攻关领域都"配置"了一名高校教授来担任实验室主任，形成了华为公司内部的"产学研无缝对接"的良性生态。

另一位重量级内核专家贾宁，也在此时被陈海波引入，并于2023年接棒，出任操作系统内核实验室主任。

贾宁读博士期间，陈海波已是知名教授。因为研究相同的领域，他们在学术上有过一些探讨与交流。陈海波引荐贾宁加入华为时，贾宁正在北京大学微处理器研究开发中心研究北大众志

CPU上的操作系统，十多年的研究经历让他深刻地体会到，以操作系统为代表的基础软件需要理论和大量实践的结合。虽然不舍得离开学校，但他知道，单靠学校实验室和小公司的力量很难做好，就像"重工业"必须重兵持续投入才行。即便像华为这样的商业公司，要做新内核，单靠"自研"的光环也不会为它带来太大的增值，它必须有绝对的商业竞争力，才有可能说服产品线去替换并获得成功。现在，虽然他不太了解华为当时的操作系统投入策略，但是有"华为"和"陈海波"这两面旗帜，他隐约觉得，这事儿应该"有戏"！

贾宁被分配到了欧拉团队，在陈海波的带领下，他们要为华为设计一款有竞争力的操作系统内核。当看到内核团队正快速奔着百人以上的规模发展时，他不禁惊叹——华为对操作系统的投入"竟然这么大"，果然是真金白银、真刀实枪地做操作系统研究。此时的华为，正积极践行任正非对基础科学的战略部署："科学和技术的边界越来越接近，科学转化为技术的时间越来越短，如果等到大学把理论完全研究明白再去进行技术开发，就已经没有先发优势和竞争力了。所以我们华为每年投入30亿～50亿美元用于基础理论研究，与大学一起共同研究看似无用的科学。"

2017年，贾宁从计算机系统顶级学术会议ASPLOS（编程语言和操作系统的体系结构支持会议）参会归来，对高水平论文的作者做了一个简单统计，发现华人姓名的作者已经不少了。华为外部操作系统行业的飞速前进，以及华为内部对操作系统大手笔的投入，对于消除华为老专家的"思想钢印"起了很大作用，内核立项得以顺利完成。

2016—2017年，龚体、时任欧拉部长的谢桂磊和陈海波等人在综合分析业界趋势的情况下做出判断：操作系统面向未来将迎来万物智联这一"换道超车"的重大机遇。

基于以上目标，尚未进行系统性创新的华为已然看到了操作系统微内核的潜力，技术团队一致同意使用微内核作为新内核的基础架构。与微内核对应的架构是宏内核[①]，即把所有的东西糅到一起来实现高性能。操作系统"泰斗"安德鲁·坦嫩鲍姆曾调侃宏内核架构，说它就像建设了一艘航母，只要其中一个马桶堵了就会导致导弹无法发射，也就是说，任何一个组件里，但凡有一行代码写坏了，整个系统就会出现不可预期的行为。微内核架构的优势之一就是安全和可靠，即一个组件坏了，不会影响另一个，故障和扩散半径是十分可控的。微内核的另一个优势是组件解耦，可以自由组合和独立演进，在面向多个产品交付时可做到场景适配且相互不影响。

在项目成立之初，陈海波灵感迸发，为新内核取了一个名字——鸿蒙，这个名字取自《道德经》中"一生万物，万物归一"的思想，他希望在这个万物智联时代，各种各样设备的操作系统都能够实现架构同源，并实现统一生态与智慧协作。2018年，华为提交了相关商标注册，包括中文商标"华为鸿蒙"和英文商标"Huawei HongMeng"。

---

① 宏内核是一种操作系统架构，其中操作系统的内核包含所有基本的操作系统服务和功能，如进程管理、内存管理、文件系统、设备驱动等。在宏内核架构中，所有的内核功能模块都紧密地集成在一起，运行在内核空间，具有较高的特权级别。

在做了充分调研和讨论后，陈海波和贾宁等核心骨干认为，在终端万物智联、5G远程作业、AR（增强现实）/VR（虚拟现实）、自动驾驶等场景，以Linux为代表的现存操作系统已经难以满足需求，尤其是在时延、多场景适配、安全性、可靠性等方面。鸿蒙内核的愿景定位为"One OS Kit For All"，即用一套操作系统开发工具包来适配多种场景，解决场景众多、技术生态割裂的"昆虫纲悖论"[①]，并初步规划了弹性扩展、确定性时延、形式化安全三个关键技术特征。

鸿蒙内核的愿景吸引了一大批有理想的技术专家踊跃加入，他们包括内核专家王楠、虚拟化专家李雨、形式化验证专家付明、内存和存储领域专家缪勰、调度领域专家王飞、系统安全专家刘宇涛，以及项目管理专家张殿芳、赵鸿江、马宇航，技术规划专家钱桎杨，安全认证专家刘哲等团队关键成员。他们被凝聚在一起，开启了鸿蒙内核研发和场景落地推广的新征程。

鸿蒙内核如火如荼地开始后不久，内核团队就遇到了一个十分棘手的问题：谁先吃这个内核的"螃蟹"，即哪个产品率先规模商用鸿蒙内核？陈海波带着贾宁等骨干跑遍了公司的绝大部分产品线，向各个产品团队推销鸿蒙内核。产品团队专家听了内核的技术介绍都表示很先进，很有竞争力，但一谈到商用就一脸犯难。有些领导直接说："投资一些资源，一起搞个预研项目没问题，但内核这么重要的基座，我只相信经过时间和部署规模检验

---

① 昆虫纲悖论，是指物联网、人工智能等应用可能像昆虫一样数量繁多，但是单种应用数量不大，加之现今硬件设计趋于专用化，使得"又慢又贵"的传统芯片设计方法难以通过走量的方式分摊成本。——编者注

过的。一个新的内核,技术再领先,我也不敢先用。"没有产品规模商用过,就不能证明鸿蒙内核的质量可靠;不能证明质量可靠,就没有产品敢规模商用,内核团队很快陷入了一个"先有鸡还是先有蛋"的死循环。华为最看重产品质量,除非鸿蒙内核能提供其他产品无法拒绝的竞争力,否则很难打破这个循环。

经过多轮沟通,鸿蒙内核团队终于找到一个关键机会点:Mate 20系列手机的芯片搭载了NPU(网络处理器)处理器,华为公司计划将金融级安全的3D人脸识别作为核心卖点,要求手机的TEE(可信执行环境)操作系统必须具备高安全性和高性能,并且能支持AI框架,而之前采用的内核难以满足这些需求。

有了这样难得的机会,内核团队一鼓作气,半年内就做出了一个较为完整的原型系统。基于鸿蒙内核的TEE系统能成功执行指纹解锁流程。有了原型系统带来的信心,安全OS部门领导下了决心,全力保障鸿蒙内核的商用落地。

直到内核被推入"首次商用"的进程,贾宁才真正体会到之前产品线领导对质量的要求有多苛刻。他做过一个简单测算,虽然程序错误发生的概率极低,低到一百台测试机器运行一年都未必能遇到一次,但一旦这个程序被安装在一亿台手机上,由于设备数量的激增,错误每天至少会发生一千次。如果每天出现一千次因内核问题导致的整机重启,那就是'一级质量事故',领导下课,项目泡汤,这些问题将对华为手机形成巨大的打击。当时安全OS部门的领导,三天两头就到内核团队看进展,他最常念叨的话就是"我在华为的职业生涯就押在你们团队身上了""华为上千亿（元）的生意也都押在你们身上了"。

从安全角度看，内核是操作系统的"可信基"，换句话说，是整个系统安全的"命门"。鸿蒙内核在研发之初，就以最高标准的形式化验证技术来保障内核的安全性。

形式化验证起源于欧洲，通过数学公式和逻辑推理来确保软件的每个部分都能按预期工作。不过，这种方法非常复杂，需要很多数学高手，他们得用很长的数学证明来验证软件中短短一行代码的正确性，只有早期的航天系统、卫星系统中特别关键的部件，才会采用如此高代价的形式化验证方式。但它依然没有被历史淘汰，因为经它验证的代码零漏洞，远比其他普通代码安全和可靠。你可以把它想象成在软件中植入了一段非常坚固的"钢钉"，被"钢钉"加固的代码非常稳定，可以保证在未来很多年内都不会出现问题；你也可以把形式化验证视作给软件做一次彻底"体检"，虽然过程复杂且成本高，但一旦通过，就能保障软件的质量和安全性，这对高可靠性系统而言极具价值。

所以，贾宁虽然心里也很忐忑，但总会用充满信心的口吻来安慰黄津："我们的核心组件是经过形式化验证的，您不相信我，还不相信这些数学博士吗？"

为了确保内核安全，华为组织了一支由形式化验证专家和操作系统专家组成的团队，对鸿蒙内核中的关键代码进行了形式化验证。通过形式化验证的鸿蒙内核展现出三大突破性优势：一是用户体验更流畅，二是安全性更高，三是更加弹性。Mate 20 手机的 TEE 也足够支撑人脸识别认证、指纹认证、手机盾、手机车钥匙、电子钱包等一系列高安全隐私业务的安全性。

Mate 20成功担负起鸿蒙安全内核首个落地场景的历史重任，它迈出了证明自身质量关键的第一步，更为后续多个场景规模的商用奠定了基础。随后的几年，鸿蒙内核稳扎稳打地沿着"封闭场景—半封闭场景—开放场景"的策略进行场景落地。此后，更陆续在连接设备和嵌入式设备这类半封闭场景进行商用落地，包括无线基站、数通园区设备、智能车等，为华为关键产业带来操作系统核心技术自主可控的同时，还提升了性能，减少了系统资源开销。

　　任正非曾对外界澄清鸿蒙的起源："鸿蒙并非专为手机而生。"这句话的深意可以和鸿蒙内核的这段历史联系在一起，不管这个阶段叫"前鸿蒙"还是"前前鸿蒙"，鸿蒙从一开始瞄准的就不仅是手机等终端设备，而是要在万物智联的世界里大有可为！

第六章

保驾护航：全方位构筑安全

没人对你说"不"的时候，你是长不大的。

——《战争与和平》

2016年10月24日，在极棒（GeekPwn）大赛上，美国加州大学圣芭芭拉分校的Shellphish团队现场演示了他们当年的重量级战利品：华为手机的漏洞。极棒是一个中国黑客组织2014年发起的赛事，是世界三大顶尖黑客赛事之一，这里会聚了全球顶尖黑客。这些黑客被尊称为"白帽黑客"，因为他们发现漏洞后，不会像"黑帽黑客"那样恶意攻击、窃取数据，赛后他们会负责任地告知厂商，并要求厂商在他们规定的期限内修复。如果厂商未能及时修复，他们才会公布漏洞，以此倒逼产业链重视安全问题。

这次，"白帽黑客"在大赛上表演了"用鼻子解锁华为P9

手机",破解之所以成功,是因为他们攻破了华为 P9 手机的指纹模板,即攻破了自研 TEE。

此时,华为根本想不到,虽然自己尚未深入涉足安全领域,却已经凭借"全球手机发货量突破一亿台"的强劲势头,以及日益显赫的品牌声誉,不经意间将其 2016 年发布的旗舰机型 P9,推到了全球安全研究的聚光灯下。这款华为引以为傲的 P9 手机,已被悄然送上了全球安全研究者的餐桌,成了研究者们深入剖析、探讨的焦点对象,其安全性、防护机制乃至潜在漏洞,均被置于放大镜之下,接受着来自世界各地的专业审视与考验。

TEE 安全组件,是华为终端业务安全团队、中央软件院欧拉操作系统团队和海思团队基于 ARM(高级精简指令集机器)架构做的完全自主知识产权的 TEE 的初步探索成果。2011 年 2012 实验室成立的欧拉七个部门中,欧拉一部专攻终端操作系统,他们在智能终端领域选择了预研在 ARM 硬件上支持 TrustZone 架构使能。让 ARM 在硬件上支持 TrustZone 架构,当时业界并没有成功商用的案例,华为探索 TEE 的自研之路由此开始。

这种指纹读取和存储采用加密密钥硬保护的方式,在芯片内部完成。由于指纹传感器接口和驱动程序被封装在 TEE 中,任何第三方应用都无法访问指纹传感器,所以无须担心指纹信息泄露。这种堪称智能设备上的跨越式特性,曾经随着 Mate 7 一炮走红,迅速成为华为的旗舰亮点。"按压式"指纹识别技术,也让华为领先安卓同类设备近一年,TEE 在旗舰机上的成功商用让安全团队备受鼓舞。

当 P9 的安全事件成为众人瞩目的焦点时，华为的 P 系列手机与 Mate 系列手机正分别在春秋两季轮番登场。余承东和王成录在欧洲发布 Mate 9 之际，P9 事件如同一颗重磅炸弹，瞬间将曾让华为感到骄傲的安全防线击得支离破碎，紧张的情绪迅速弥漫开来。

刚刚到任的终端安全主管李朝阳立即召集终端、中央软件院、海思等部门的专家，对极棒攻破事件进行深入分析，最终，他获得了一个相对清晰的脉络：原来，美国的研究团队针对华为自研 TEE 模块研究了近一年，利用存在于手机驱动、共享内存和 TrustZone 中的 8 个安全漏洞，诱骗用户先解锁屏幕，再到指定网址下载并安装恶意 APK（安卓系统安装包）后成功获取手机 root（根）权限，并且篡改指纹，从而让任何人的指纹都可以解锁该手机。

安全团队意识到，安全并非单一学科的领地，而是密码学、计算机学、软件工程学、数学与社会心理学等多学科交织的结果。安全能力的展现，直接影响着用户对手机安全性的感知。所以像苹果、微软等业界巨擘每年都会主动邀请全球的"白帽黑客"来挑战其新系统，以此检验系统的安全性能，并给予丰厚的奖励。发现漏洞多的"白帽黑客"还能被邀请到硅谷的苹果或者微软的名人堂，拿到可观的奖金。硅谷科技公司对安全问题的处理方式体现了它们在安全问题上的开放与包容。相比之下，无论是在对安全漏洞的认知上，还是在处理安全漏洞的方式上，华为都显得相当稚嫩。

正因为经验尚浅，华为在首次遭遇"白帽黑客"的"合法挑衅"时显得异常紧张。华为召开紧急会议，公司安全行业主管表示，一定要问责一个重量级的产品主管，并对他进行惩罚。然而，李朝阳认为，有软件的地方就会有程序错误，对安全来说总会有漏洞，关键要看谁的问题出得少，谁感知得更快，谁修复得更快，安全攻防应该是安全圈促进安全的一种常态化的处理方式。如果把手机与人做比较，出现安全问题就像人生了病，最值得被关注的不是病来临时的恐慌，而是以前是否有足够的"锻炼"来提高抵抗力，以及下一次生病后多久能恢复。李朝阳不认为P9问题是一个"事故"，他认为这只是一个"事件"。在他的坚持下，公司安全行业主管最终只在小范围内进行了问责。受影响的TEE主管和专家们难以释怀，心中颇为沮丧，其中一部分来到了终端部门参与产品安全的建设。

处罚的阴影很久都未散去，因为不止P9，每年的各种黑客大赛上，华为的设备几乎都会成为被"攻击"的目标。和华为一样，苹果、三星等大品牌也经常在黑客攻击中被突破，它们会照常更新发布一些安全事件的报告，但华为无法把它视为小事，至少对刚刚上任的终端安全主管李朝阳来说，这一切带来了巨大的压力。

做安全工作，出事的时候备受指责，没事的时候又像是透明人一般。早期软件安全工程部是一个不到50人的团队，他们要负责将整个终端设备的安全工程适配融入IPD流程的制定、试点和推行中，还要负责能力引入、赋能、终端研发安全能力建设，以及输出安全规范基线、安全设计指导……在跟随快节奏的产品和版本发布计划时，团队还需要规划和设计隐私安全的竞争力需求。这些工作几乎占据了部门大部分人力。与此同时，在安全技术领域规划、关键安全技术研究合作、安全核心能力构建、行业新技术预研等方面，他们显得捉襟见肘。更为严重的是，他们甚至没有专职安全应急响应团队，所以大大小小的漏洞、安全事件都需要部长李朝阳亲力亲为，这使得终端业务的安全能力，已完全无法匹配因外界对其日益关注而形成的高标准。

所以在为开发部招兵买马的同时，他们还希望建立一支专职安全应急响应团队。

受益于华为公司内部丰富的人才储备，安全团队很快在深圳和北京招募到了很多关键人才。只是他们中的大部分是新加入的成员，之前在华为的传统 ICT 领域中，只有有限的安全设计或安全工程经验；有的人才由于各种原因未能到岗，李朝阳要凭借公司内部紧俏的新品内购码，"说服"对方部门主管早日放行。新到位的软件安全工程部北京地域开发部主管邬思华到新部门报到的第一天才发现，自己的团队只有 4 个老员工、2 个新入职未转正的应届博士生，以及零星几个人了职的外招专家。面对这种局面，作为开发部主管，邬思华临危受命，开始组建安全应急响应团队。李朝阳给他们的要求是，先招聘一个有产品维护经验的项目主管，业务目标是在华为重新定义设备厂商的 SRC（安全应急响应）团队。但对长期搞网络产品研发出身的邬思华来说，这一切显得有些模糊，他决定先招人再说。3 个月之后，新的应急组负责人悉数到位。

就这样，一支对安全理解程度不同的"土枪土炮"组成的安全团队，开始了自我学习、业务对齐、各功能模块团队的组建，一边打仗一边学习。

人力到位后，他们的第一场战斗就是漏洞管理应急。外部的安全形势不会因为谁不懂行而放过谁，安全应急响应团队上了战场要先考虑活下去，然后再逐渐职业化、专业化。

2016年年底，李朝阳首次带队拜访360公司。当时360公司首席技术官说："我们公司人人会安全应急，不需要领导动员，重大安全事件前我们可以拿出几千人。"对华为工程师而言，这句话非常震撼。360公司的人对安全工作的轻车熟路，就像在居民社区办安全生产宣传月，拉一条"人人讲安全，个个会应急"的横幅般轻松自然。

和360安全团队建立联系后，华为终端业务在危急之时，获得了360安全团队的一些单点技术支持。但真正给华为团队带来质变的，是2017年5月底的几日封闭式研讨。

2017年5月12日，"WannaCry"勒索病毒大暴发，对世界各地的Windows计算机用户造成了极其严重的危害，全球感染病毒的计算机超过10万台。360作为这次重大安全应急事件的亲历者，向华为团队展示了他们在应急事件各个节点的专业化的处置方式。双方以此为契机，组织了几天封闭式的深入学习与研讨。作为终端应急响应团队，华为也有了更深入的底线思维：谁能保证这类病毒不会在移动设备操作系统上运行？随着公司内外部专家不断到位，通过持续不断地向安天、BSRC（百度安全应急响应中心）、TSRC（腾讯安全应急响应中心）等优秀团队学习、取经，华为终端安全应急响应团队逐渐让自己的漏洞应急业务走入正轨，也走过了从零开始构建的阶段。再加上公司内部对漏洞管理流程的梳理和IT系统支撑，华为系统性地将漏洞修复流程从发现、修复，到发布、事后复盘完善起来，最终形成了对终端业务的有效支撑。

逐渐走入正轨的安全应急响应团队提出了新的工作思路：将漏洞和安全事件的防范前移，力求在产品研发阶段就能发现并修复安全隐患。他们希望能与"白帽黑客"建立合作机制，确保他们一旦发现漏洞，安全专家就能主动负责并及时上报给华为。更进一步，他们期望这种主动性能够延伸至华为产品上市前，鼓励公司以外的安全专家和"白帽黑客"们提前参与进来，提前发现并反馈潜在的安全风险，从而帮助公司在产品上市前就能进行有效修复。

但华为终端研发团队还是传统设备厂商的思维方式，他们对安全的认知和外部先进安全圈的差异显而易见。比如，集团PSIRT（产品安全应急响应中心）的管理平台上偶尔会收到外部研究者提交的终端漏洞报告，这些漏洞会被转交给相关的终端产品线进行处理。然而，这样的漏洞一般都由负责产品特性设计的员工"兼职"处理，答复时常常简单粗暴："我们设计就是这样。""某委员会有过裁决备案。"这样的回应把专业度极高的"白帽黑客"气得够呛。

同样有点"不配套"的是如何正确评价外部安全研究者的贡献。那时对于高价值漏洞的常规礼品，一般都是手环、手表、安全大会门票、安全技术图书等。但是2017年年初，有一个顶尖的安全研究者将自己研究了整整一年的漏洞提交给华为，并准备在秋季的各大顶级安全大会上分享这一成果。为了做好应急准备，安全应急响应团队花了半年时间，对这份宝贵成果进行了技术脱敏，正打算用一部旗舰手机作为常规答谢时，却遭到来自业务领域部长的投诉，说安全应急响应团队用"手机换漏洞"。但实际上，这样的漏洞若交给漏洞中介，价格至少是10部手机。另在2016年，美国信息安全公司Zerodium在推特上发表声明，收购包括华为手机在内的各厂商手机漏洞。如果有人发现了有着成熟奖励计划的谷歌、苹果、微软等安全巨擘的漏洞，研究者完全有可能被邀请到硅谷，进入名人堂，并获得厂商相应的奖金奖励。所以，彼时的华为终端作为一家传统的设备厂商，想在安全应急响应领域对标行业通行做法还是困难重重。

领导们对安全人才的录用并不拘于文凭，曾在调研终端安全实验室时说："搞安全的人是最不讲究大学文凭的，我们完全可以搞一个和真实的平台一样的模拟赛事平台，能攻破这个平台的我们就给奖赏。攻破了哪一个级别，就有哪一个级别的奖赏，2万元、5万元、10万元都可以，攻破难点的人组成蓝军。再从蓝军走向红军，我们将来就有了一个庞大的组织，一面是蓝军，一面是红军，你们组织夏令营让他们来参加，或者组织各种学术会议，大家在一起喝咖啡，还用面试吗？谁优秀不就看清楚了？组织不就顺便建立起来了吗？"

华为的思路就是用"整个社会的蓝军"来建设和保障华为安全。

终端安全应急响应团队立即着手准备漏洞奖励计划。2018年6月30日，华为在北京宣武门万豪酒店正式召开了安全奖励计划启动沟通会。全年运营下来，华为当年就评审出了高价值漏洞，单笔漏洞奖金高达40万元，新加入漏洞奖励计划的安全研究员有 200 人，发现有效漏洞 40 个，漏洞奖金达到 100 万元。华为终端于 2019 年在德国慕尼黑发布了海外漏洞奖励计划，受到了《福布斯》等海外主流媒体的广泛关注和正面报道。华为不断刷新单笔漏洞奖金，安全研究员贡献的高价值漏洞也越来越多。同时，越来越多的海内外安全研究员加入其中，登上了华为漏洞奖励计划的英雄榜。这一计划真正形成了"整个社会的蓝军"，共同推动并保障了华为的安全建设。

在调研终端安全工作后，安全应急响应团队第一个推出的项目就是高校安全联赛 XMan 赛事。作为一项面向高校的赛事，XMan 赛事需要全程充分利用寒暑假做安全训战与实战演练，确保参赛者能够在实际操作中提升技能。2017 年寒冬腊月，距离华为 XMan 品牌赛事落地不足 40 天之际，安全团队迅速集结，于清华大学信息科学技术大楼一楼尚未营业的咖啡厅内紧锣密鼓地展开策划工作。彼时，邬思华与新晋 SRC 生态运营负责人刘云鑫，肩并肩坐在简陋的圆板凳上，静待诸葛建伟老师的授课结束。门外寒风呼啸，穿透未紧闭的门缝，侵袭着每一寸空间。就是在这样艰苦而窘迫的环境下，他们与同时身为蓝莲花战队领袖的诸葛老师共同策划，最终开创了华为 XMan 这一标志性赛事，其过程之艰辛、时间之紧迫，至今仍为团队成员铭记。

XCTF（Capture the Flag，夺旗赛）联赛的全称为 XCTF 国际网络攻防联赛，是一项旨在促进网络安全研究人员技术竞技的比赛。XCTF 联赛由清华大学蓝莲花战队发起组织，XMan 是其中一项专项品牌比赛，分冬令营和夏令营。冬令营常设在哈尔滨工业大学，夏令营设在松山湖。参赛者来自全国多个高校，有哈尔滨工业大学、清华大学、复旦大学、成都电子科技大学、西安交通大学等。每年有近1500名学生参加线上海选，近170名晋级实战训练营，训战成绩前50名的选手将参加哈尔滨冬令营和松山湖夏令营的决赛。华为组织学生一轮又一轮地打比赛，来自360、腾讯和清华大学等院校的教授，以及XCTF获奖选手和高校战队的优秀选手，都会参与现场指导，提前辅导参赛者进行实战训练。

终端BG软件部总裁王成录和安全主管李朝阳每年都会参加这个比赛。他们特别关注那些年轻又聪慧的大一、大二学生，欣赏他们从代码的细节入手，仔细解释破题方法、描述破解过程的方式，更难得的是他们在攻防对抗中展现出的逆向思考能力。令人惊叹的是，有的学生是非计算机专业的，他们通过自学软件，竟能达到如此高的水平，甚至在某些方面能够超越华为十多年的资深工程师，简直就是华为梦想中的后备军。每一届都有十多名同学，可以在毕业前获得华为网络安全攻防的实习岗位。而且只要他们能在比赛中拿到名次，不论来自哪所学校，未来都有可能入职华为，并活跃在安全部门的各个岗位上。

XMan不仅是一个赛事平台，它还利用寒暑假将高校老师（特别是各高校战队）、安全圈专家、不问出身只要有攻防兴趣和一定攻防基础的年轻学子聚集到一起，真刀真枪地训战一个月，研究的是真实的终端产品，给华为终端安全品牌带来持久的效应。后期招聘中，一个安全领域的"天才少年"感慨道："真正了解华为，知道华为重视安全，知道华为真心地想将安全做好，就是通过XMan。如果没有深入参与其中，就无法理解华为想把安全做好的真诚和急切，还以为设备厂商不需要、不重视安全呢。"

随着安全应急响应团队和生态运营团队的运营逐渐成熟，大家越来越意识到，当下的安全应急响应团队能力根本无法满足整个终端业务和内外安全形势的要求。此外，公司在各个领域的"备胎项目"，随时都有破土而出的可能——尤其是一个全新的操作系统发布，最让安全团队害怕。三星曾推出 Tizen 操作系统，一经发布就被黑客打爆，成为安全建设行业的一个典型反面案例。

让王成录和李朝阳最感到焦虑的是，能力的构建是一个漫长的过程，而操作系统的发布却有着严格的时间要求，每个版本发布时，其实际能力未必能完全匹配设计理念，如何保证操作系统在安全层面上不被外界攻破，成了一个必须回答的命题。也就是说，当有人试图以安全的名义扼杀创新时，华为必须有能力保护和证明自己。这时，长期积攒的"整个社会的蓝军"力量便需要调整阵型，组建一支能够确保系统不被攻破的"蓝军尖刀连"成为当务之急。至于建设的目标，大家一致瞄准了谷歌的 Project Zero 团队。Project Zero 是谷歌于 2014 年组建的顶尖安全工程师团队，在业界享有极高的声誉。华为终端安全应急响应团队需要组建一个能够对标 Project Zero 的操作系统安全实验室，以此为依托，寻求支援和突破。

这时，早期积累的"整个社会的蓝军"起到了非常关键的作用。安全实验室招募的首席专家和几个安全研究方向的领军人物，得到了一众行业安全实验室专家的支持，他们当中有人颇具情怀地说："谁挖我实验室的人都不行，但是现在华为需要，我坚决支持！"

安全实验室的首席科学家和各个领域的领军人物很快到位。他们当中有在全球顶级黑客大赛中获得首个"世界破解大师"称号的天才；有国内唯二能以闪电速度完美攻破苹果 iOS 系统，并因此跻身苹果名人堂的顶尖高手；还有拿下了全球黑客大会夺旗赛总冠军，打破美国 PPP 战队①多年垄断冠军局面的中国 A*0*E 联队②队长；更有微软漏洞排行榜的常客，被业界尊称为"韩指导"的技术大牛……这些顶尖人才的加入，为实验室注入了强大的技术实力和创新能力。

　　就这样，来自多个行业的顶尖高手，以及从各类攻防赛事中脱颖而出的青年才俊和天才少年，组成了一个全新的安全实验室。实验室名字的灵感来自宇宙大爆炸理论——宇宙诞生于一个"奇点"。"奇点安全实验室"这个名字寓意深远，象征着安全防御体系的起源与对极致安全的追求。正如宇宙从奇点开始不断膨胀和发展，奇点安全实验室也承载着从零到一、从基础到卓越的使命，致力于打造坚不可摧的安全防线。

　　经历了一系列被动安全事件后，安全应急响应团队也意识到必须尽快构建一个全栈移动安全平台，依托海思芯片和华为云服

---

① PPP（plaid parliament of pwning），是一支来自美国卡内基梅隆大学（CMU）的网络安全战队，被 XCTF 全国联赛共同发起人与执行组织者诸葛建伟老师称为超强战队。
② 中国 A*0*E 联队获得了 2020 年全球黑客大会夺旗赛预赛冠军，该战队由腾讯安全科恩实验室领衔，由腾讯 eee 战队、上海交通大学 0ops 战队、复旦大学 ****** 战队和浙江大学 AAA 战队共同组成。成立于 2016 年的腾讯 eee 战队，因腾讯自称"鹅厂"，因此战队名应读作"鹅鹅鹅"。上海交通大学 0ops 战队的队名取自单词"Oops"，在 Linux 中意味着漏洞被发现，将队名首字母"O"改成数字"0"则是一种黑客文化的体现，而 0 在数字排序中总是名列第一。复旦大学 ****** 战队的队名由六个星代指六个通配符，意为无限的可能性。浙江大学 AAA 战队中的三个 A 是 "Azure Assassin Alliance" 的缩写，意为蓝色刺客联盟。

务优势构建端侧安全竞争力，系统化地构建团队、体系和数据，在能力上对标 iOS，通过替换安卓组件，逐步实现基于安卓却优于安卓的安全领先。2016 年年底，终端安全应急响应团队技术规划负责人何纲和产品规划负责人史磊，组织来自中央软件院、安全能力中心、海思、海外研究所等各方的安全专家会聚在一起，充分碰撞思想火花，共同探讨未来安全平台的构建方向。经过深入讨论，终端历史上首个安全平台正式立项通过。该平台贯穿"芯—端—云"的端架构，第一次描绘出了华为移动安全平台的全景蓝图，这个平台孕育出了 HKIP（华为内核完整性保护技术）、可信安全启动、CFI（控制流完整性）保护、终端 PKI（公钥基础设施）等多项关键系统安全技术。同时，团队确立了敏感数据分类分级保护的设计原则，建立了终端统一密钥管理体系、应用安全策略框架服务等。至此，华为终端开启了系统化构建安全架构平台的序幕。

随后，安全应急响应团队将主要精力投入如何构建主动防御体系。在系统安全领域，团队开始探索针对外部威胁的动态感知和修复技术。TEE 使用的鸿蒙内核可基于形式化验证技术，进一步提升安全性；数据加密首次采用 inSE（可搜索加密）技术，达到芯片级防硬件攻击水平；应用安全方面，团队创新性引入 AI 能力，构建了基于 AI 的未知威胁检测技术，大幅提升了安全防御的智能化水平。与此同时，随着终端业务 1+8+N（全场景智慧生态）战略的明确，团队面临一个新的挑战：如何解决设备 1+8+N 设备生态中的分布式安全问题。为此，安全团队开始构建统一的分布式终端可信互连和多平台运行环境安全能力底座，支撑安全能力的跨设备协同。设备的可信连接、数据的安全流动、跨设备认证资源共享分布式认证能力的协同互助，这一切都成了分布式超级终端基础安全能力的底座平台。

安全是一个系统化的工程，回顾安卓时代以及安全平台三年来的建设历程，华为终端安全的构建思路始终清晰：从底层芯片、操作系统至应用层，打造端到端的安全保护能力。基于芯片，团队构建了设备可信的基础架构，依托海思麒麟芯片的高安全性与计算性能，走出了一条安全和用户体验兼顾的创新之路。然而，在这个时代，无论是强化安全能力还是创新用户安全体验，过去的工作大多局限于部分安全组件的优化以及局部性的修补。这些努力虽然重要，但难以从根本上实现消费者安全感的跃升。安全不仅仅是技术的堆砌，更需要系统化设计和全局性突破，才能真正满足用户对安全的高期待。

这几年，华为终端安全应急响应团队迅速扩大。深圳、北京和上海三地团队从最初的50人扩大到了200多人，在海外多地的安全应急响应团队也发展到了几十人。此外，华为和国内360、奇安盘古、安天、腾讯安全实验室、百度、阿里巴巴、长亭科技等企业建立了深度的安全能力合作，与全球多所高校联合成立了多个实验室，聘请了众多高校和企业专家作为顾问，为安全战略出谋划策。如今，这支200多人的团队，加上公司内外部专家和"整个社会的蓝军"，共同组成了一个庞大的安全生态体系。在这个体系中，"大量的"是行业专家，"少数的"才是华为专职员工。经过多年实战的磨合，无论是在理论上、架构上还是在技术上，都已经具备了实现超越的机会。

第七章

生态围剿：终端全面崛起的代价

新来的规划代表小 M 说："你们的业务太复杂了，如果说别的业务是计算题，那你们做的就是逻辑题！"

——鸿蒙操作系统战队

世界上有一种逻辑，叫美国逻辑，学术一点叫"美国例外论"，通俗一点叫"美国优先"。在这种逻辑下，很多双重标准就有了合法性，可以坦然施行。自由市场经济是美国的立国原则之一，它崇尚创新、公平竞争、自由贸易等理念。然而，这一切也有一个不言而喻的前提：我们一直没有超越美国。

2018 年 2 月 13 日，美国联邦调查局局长克里斯托弗·雷警告美国民众不要购买华为和中兴的手机，开始把美国与华为在内的中国公司推向正面交锋的战场。紧接着，2018 年 4 月，美国商务部宣布重启对中兴通讯的制裁禁令，禁止中兴以任何形式从美国公司购买零部件、软件和设备，禁令期限长达7年。美国政府选择先从中兴小试牛刀，没有直接对华为下手，让华为有了更多准备时间。然而，这一系列事件也预示着中美科技竞争的全面升级，华为即将面对更为严峻的挑战。

被美国"格外关照"的华为，已经做了快10年的"心理建设"，他们并不相信真的会发生"无底线制裁"这种事，除非"中美两国打起来，否则不至于激烈到这种程度"，要开打，打的也是"硬件储备"保卫战。但是这一次的情况截然不同，美国首次限制华为对软件的购买和使用。这种被长期打压"培养"出来的敏锐嗅觉，让华为的领导层很快嗅到了这次制裁的蔓延之势。

2018年5月24日，华为召开了一场20多人的内部小型务虚会，终端BG最核心的管理团队无一缺席，他们的心头都笼罩着不祥的预感：华为被制裁的日子或许已经临近。会议内容非常具体，主要在讨论应对措施。大家开始频繁地讨论各个业务线的连续性问题，操作系统业务被重点关注。

公司软件团队经过分析给出了风险评估：GMS可能会被阻断，但开源的AOSP是没有办法被直接切断的，如果公司依赖老版本的安卓系统，华为可以延续3~4年的产品能力。但潜在风险是，一旦无法用安卓系统，华为海外手机业务就别指望了。因此，团队必须为开发一个全新的操作系统做好准备。可是如此大的开发体量，不仅难度极高，时间周期还很长，除非现在马上启动，否则真到了阻断的时候，绝对回天乏术。

评估结果给了华为高层一记沉重的敲打，他们必须尽快做出一个重大决策：要不要开发一个完全独立于安卓AOSP的新操作系统。虽然华为此前还没有真正进入自研手机操作系统领域，但作为"备胎项目"，华为的自研系统必须有随时上阵的能力。

操作系统断供的危险，专家学者其实已经说了很多年，但它始终被视为一种虚拟的假设。可是大家忽略了一个事实：之所以没有发生系统性风险，是因为中国 IT 业在过去几十年里虽然高歌猛进，热闹非凡，但归根结底，中国做的仍集中在高科技周边产品和服务业领域，无论是联想还是 BAT[①]，大家都没有真正深入高科技产业的主战场，核心实力还没有真正威胁到美国企业的领导地位。只要中国企业始终处于美国高科技产业链的下游，就不太可能触发"断供"。也就是说，危险之所以一直没有发生，仅仅是因为中国还没出现与美国企业旗鼓相当的竞争对手。

这种表面平衡的局面，很快就要被打破了。

AT&T（美国国际电话电报公司）突然宣布放弃与华为的合作。AT&T 在美国拥有 1.36 亿手机用户，是美国第二大移动运营商，仅次于威瑞森的 1.47 亿。华为与 AT&T 的合作，原本被视为华为第一次与美国主流移动运营商达成的重要合作，但计划突然告吹。

华为凭借实力开辟的海阔天空和光明前景，就此笼罩在海啸般滚滚而来的暗夜幕布之下。

2018 年 1 月 8 日，笔者照例来到拉斯维加斯，参加全球最大的 CES（消费类电子产品展览会），该展会那一年吸引了全球 4500 多家厂商参展。虽然此时中美贸易摩擦已不容轻视，但是

[①] 中国互联网公司三巨头的简称，分别为百度（Baidu）、阿里巴巴（Alibaba）和腾讯（Tencent）。——编者注

依然难以阻挡中国企业的热情，参展的中国企业达到了1213家，约占总数的四分之一，创下历史新高。可以说，CES的格局就是"中美企业及其他"，CES真切地展现了全球高科技产业的基本格局和态势。很多业界老朋友平时在国内难得一见，但每年都会在CES上相聚。大家开玩笑地说："CES就是中国观众'万里迢迢'来拉斯维加斯看中国企业。"

这些中国企业就包括华为，而且华为的展品尤其引人注目。余承东在CES大会上除了发表主题演讲，正式宣布Mate 10 Pro保时捷版进军美国市场，真正的重头戏是要正式宣布与AT&T合作销售手机。然而，这么一来，这一切就显得有点不合时宜了。哪怕早一年，肯定也是顺顺当当；晚一年，华为根本就不会有这个念头了。余承东这次"踩点"，真是点正。历史就是如此奇妙。

飞机降落在拉斯维加斯后，临近中午，我就收到了余承东的微信，让我直接到他房间，他已经准备了盒饭。我直奔过去，余承东跟我详述了AT&T临时取消合作的事情。其实，前一天晚上，余承东就忍不住在"IT老友会"的微信群里抱怨此事，在业界就已经掀起轩然大波。当天，余承东在主题演讲中依然难掩情绪，最后关掉提词器即兴发言："这是华为的损失，是美国运营商的损失，更是美国消费者的损失，因为他们得不到最好的选择。"

北京时间2018年3月23日凌晨，美国贸易代表办公室"301调查"结果出台，特朗普政府宣布，为应对《中国制造2025》，将对中国对美出口的部分产品加征25%的关税，标志着贸易战正式拉开序幕。数月之后，美国制裁令正式落地，余承东或许会为这一趟拉斯维加斯之行感到后怕。虽然合作取消了，但起码他还可以平安回国。历史风云突变，世事云谲波诡。从那时起，政治彻底主导了美国和华为的关系。

历史的发展从来也不会无缘无故。其实，我们后来复盘就会明白，这一天的到来，已经不可避免。被连续暴击的2019年，其实恰恰是华为终端全面崛起的一年。这一年，无论是芯片技术、产品创新还是品牌号召力，华为都以"浮出水面"的姿态，在世界科技的版图里活跃起来。华为对三星、苹果构成了全方位的挑战和超越，甚至直接冲击了苹果的核心与根基。

此番冲击的力量可以从2019年的全球科技盛会MWC（世界移动通信大会）中窥得一二，该大会于2019年2月25—28日在巴塞罗那举办，MWC俨然是华为的主场。如果说CES是"中美企业及其他"，那么MWC就是"华为及其他"，华为一家遥遥领先，占据最大展位。

这一年的MWC上，华为一举发布了折叠屏手机Mate X和方舟编译器两件颇为轰动的产品。发布会一结束，我和余承东就"开溜"，找了一家地道的中餐厅。余承东依然沉浸在炫耀他的折叠屏手机的兴奋中。Mate X采用鹰翼式折叠设计，搭载了华为自研的革命性铰链技术，实现了一体化的完美折叠形态。我也是第一次将Mate X拿在手上把玩，对像我这样的互联网重度用户来说，折叠屏无疑有着致命的吸引力。这款产品也标志着华为的技术能力和产品创新达到了一个全新的高度，后续它将在折叠屏手机的细分赛道上一路狂奔。

除了发布会场内的折叠屏 Mate X 杀入智能手机市场，场外的另一款华为手机荣耀 Play 也在高端市场上与苹果短兵相接。当时（2019 年）的荣耀 Play 在中国内地市场的出货量高达 1.406 亿台，占据市场份额的 38.3%，远超其他品牌。根据国际数据公司发布的 2019 年第一季度全球智能手机统计数据，在售价超过 800 美元的高端市场，苹果依然保持领先，市场份额达 74%，但是在售价 600~800 美元区间的智能手机市场，华为的市场份额高达 48%，远超苹果的 37%，而两者的差距还在进一步拉大。华为的追赶势头迅猛，其份额从 2018 年第一季度的 2% 猛升至 14%。除了美国本土市场，在最重要的堡垒中国，苹果面临着前所未有的挑战——其整体形势全面告急，假如华为再深入苹果的大本营，美国市场的情势可想而知。

荣耀 Play 的底气来自搭载了具有强大的 AI 运算能力和图形处理能力的麒麟 970 芯片。麒麟芯片正是伴随这一轮手机终端的崛起，从幕后走向了历史的前台。麒麟团队在华为是一种特别的存在，2019 年之前，它是海思内部唯一具备软件系统算法能力的团队，这种综合性的专业能力，使得麒麟团队在软硬件协同工作中起着至关重要的作用。而麒麟芯片的正式崛起不过是在 2015 年，短短三年后，被誉为华为海思历史上最成功的芯片麒麟 980 就诞生了。

不久，陈晓晨再推合作新高潮。他们与谷歌联手启动 Keystone 项目：谷歌与华为双方团队联合起来，在一个开发分支体系上进行开发，双方将各自的改动都提交到这一分支体系中，一旦发现冲突立马解决，以此共同推动安卓生态的繁荣。2018—

2019年，华为凭借此模式迅速崛起，超越三星等老牌厂商，市场份额与用户口碑均大获全胜。2019年5月14日，在中美科技"决裂"的前夜，谷歌团队还带着通信领域的顶尖专家和领导，到北京专程和产品线经理张栋浩团队商谈一个双赢的合作计划：他们想在拥有庞大海外市场的华为手机上预装谷歌的通信软件，以扩大自己的通信软件覆盖范围；作为回报，谷歌将帮助华为通信软件在海外推广。这样一来，双方的通信产品在中国都用"畅连"，在海外用谷歌，无论双方的用户身处何地，都能享受到无缝对接的通信体验。这个计划对双方而言都堪称"核心战略"级的紧密合作。

回头看2019年，华为终端冲击高端市场的历史可谓波澜壮阔：折叠屏手机冲击了三星，荣耀Play冲击了苹果，软件优化打动了谷歌，麒麟芯片的支持和5G技术的一路领先，更是让华为在全球高端市场的舞台上大放异彩。这些成就也让华为在不知不觉中站到了"美国优先"的对立面。技术突破固然重要，但更令人瞩目的是华为在各领域冲杀的速度和力度。2019年华为营收和市场份额年实现全球销售收入8588亿元人民币，同比增长19.1%。其中消费者业务销售收入达4673亿元人民币，同比增长34%；智能手机发货量超过2.4亿台，同比增长17%。[①] 华为在全球范围内率先完成了5G技术的商用部署，与全球领先运营商签定了30多个5G商用合同，4万多个5G基站发往世界各地。在中国智能手机市场，华为以38.5%的市场份额继续稳坐

---

① 数据来源：华为公司2019年年度报告。——编者注

市场第一的位置。华为官方公布2019年5G手机全球发货量达到690万部，成为全球最大的5G手机供应商。企业业务实现销售收入897亿元人民币，同比增长8.6%。华为云营收增长超过300%，在Top5（前五名）厂商中增速排名第一。

这些战绩无一不在显示华为强劲的增长势头，华为在全球上空放了一大串中国的烟花，科技市场充满了硝烟的味道。

再反观美国政府"出手"的时机，恰与美国利益遭遇挑战的时间节点高度契合；"出招"的力度，与其利益遭遇冲击的力度和程度成正比。这正是科技战的底层逻辑，也是鸿蒙诞生和崛起最重要的内在逻辑。

所以综观2019年，除了自上而下的政治气候，我们或许更应该看到的是自下而上的商业和市场的重大变化。华为在这一年势不可当，让中美之间的科技对抗走到了一个危险的临界点。

华为不得不在这场绚烂之后，迎接随之而来的暴风雨，他们开始未雨绸缪。

"齐达内"项目组迅速开始为自研操作系统切换研发目标：原本它与安卓是两个独立的操作系统；现在，它在保持独特性的同时，还必须兼容安卓的应用。李毅召集了一支由终端BG系统工程师和中央软件院系统工程师组成的近300人的精英团队，首次为"齐达内"项目操作系统攻关，目标是让原本不兼容安卓的操作系统打破界限，变成一个可以兼容安卓应用的新系统。经过无数次的头脑风暴，团队提出了两套方案：一套是单框架鸿蒙，坚守鸿蒙的纯粹性，没安卓什么事；另一套则如"双头鸟"，一个操作系统的身体，配安卓应用和鸿蒙应用两个脑袋，这两个脑袋可以互相约束，但要避免出现严重的技术冲突。从技术角度看，单框架鸿蒙方案简单直接；而"双头鸟"方案颇为复杂，如同在两座城堡间搭建桥梁，既要保持各自特色，又要实现和谐共存。后者代码中融入了安卓的血脉——安卓开源项目的代码达一亿多行。安卓已经自然生长了大约20年，其中有取之不尽的庞大代码库，能为鸿蒙提供强大的支持，但鸿蒙必须避免与谷歌代码的潜在商务纠纷，否则代码规模越大，切割起来越麻烦。

AOS项目也紧急收官。高泉带着操作系统团队中的120人，再加上iCOS做安卓优化的团队，以及原本中央软件院操作系统的100多人切换到终端BG操作系统部，就地组建了一支较为庞大的鸿蒙研究团队。他们的任务是备战单框架鸿蒙。

高科技不可能永远被一个国家或少数企业垄断。中国想要超越，就必须掌握核心技术，拥有自己的操作系统和半导体产业主导权。而这一如此清晰、直白、简单的逻辑，我们始终没有真切地看清。因为，我们从未真正超越过。

但是2019年，华为抵达了这一高度！

这是一场华为必须面对的大考，一次华为必须跨越的挑战。当徐直军说"超越美国，潇洒走一回"时，已经在宣告这一天注定会到来，但具体是哪天，以哪种方式，我们也不知道。对于美国，中国人始终有着美好的愿望和善良的想象，直到坚硬的现实让我们头破血流。

"修车"阶段

（2019—2022年）：

补胎换胎，反复突围

第八章

松湖会战：在手机陨落中求生

> 刚入职一年的"00后"滑板机车少年，要面对的工作异常艰巨。两个月后，我在他头上发现了白发。
>
> ——鸿蒙操作系统战队

该来的终于来了，担心最终成为现实。

北京时间 2019 年 5 月 16 日凌晨，时任美国总统特朗普签署行政令，宣布国家进入"紧急状态"。以"科技网络安全"为由，美国商务部将华为公司及其 70 家附属公司列入出口管制"实体清单"。但这仅仅是开始。

这把出鞘的剑，直奔华为的心脏而来。下手力度之重，超出所有人的想象。

更耐人寻味的是，美国政府宣布国家进入"紧急状态"。美国政府上一次宣布进入"紧急状态"，发生在三个月前的 2 月 15

日,特朗普动用总统权力重新分配国家预算,在美墨边境修墙。而这一次的"紧急状态"则是"提醒"禁令的最高级别——它不再是公司"业务"级别的技术围堵,而是美国政府为中美两国的科技业务往来修筑的一堵坚固高墙。

2019年上半年,时任美国国务卿迈克·蓬佩奥为了这堵科技高墙,马不停蹄地在全球展开了一场"反华为"大巡游：2月访问匈牙利、斯洛伐克和波兰等中欧三国,告诫它们不要在本国安装华为的设备,否则"美国难以同这些国家合作";3月,游说菲律宾不要与华为达成协议或合同,称华为"缺乏透明度",对菲律宾"构成风险";4月,指责华为的系统"不可靠",会给智利公民带来风险;5月,敦促英国禁止华为参与5G建设,甚至试图引发共鸣："如果'铁娘子'在世,会允许这种做法吗？"

在这场"史诗级"的打压中,美国不仅大规模断供芯片,还拔出了一把致命的利剑：无限期禁止华为使用GMS的服务和应用。华为惊觉,原来安卓操作系统里,除了开源的AOSP和云侧的云服务,还有个终端侧闭源的代码GMS。

主导安卓生态的控制力,就这样一夜间被政治化,在茫然与无助中,华为开始了中国科技史上最艰难的长征。

什么叫进入"实体清单"？这个说法,大家都已有所耳闻,但每个人都感到迷惑。持有绿卡的专家算哪边的专家？公司里有多少美国人,才算美国公司？因为搞不清楚情况,大家连什么是"正常交流"都不能判断,只能先和外籍专家断联。电话不敢打,人也不能接触,华为甚至没有办法找"已被制裁"的中兴询问,因为"询问"这个动作,完全有可能被解读为"绕过制裁",违反禁令！

在细节模糊不清的情况下，大家只能"一切从严"，防止给公司招惹麻烦。

工程师忧心忡忡，担心连 Windows 都可能无法使用。这绝非杞人忧天，而这种担忧一旦成真，日常办公就会马上陷入瘫痪。因此，华为的首要任务是保持镇定——全面、紧急地排查所有正在使用的软件，不仅要识别哪些软件源自美国，还要确认它们是否受到波及。然而，"添乱"和"添堵"的事层出不穷，一些软件原本不是美国的，却被美国收购或注资，大大增加了华为自我排查的复杂性。

陈海波听闻制裁消息，惊愕不已：这么大的一个国家怎么能这么欺负人？虽然他还不清楚这样的制裁对华为来说究竟意味着什么，但他立刻召集团队，加速梳理业务，看哪些研究会受到影响，哪些项目需要大家加速推进，把每项工作都排了优先级。

终端云服务首席战略官林振辉马上开始预判后果，美国对华为制裁第一枪打的是手机的应用生态，第二枪打的是 5G 手机的生产。谷歌以华为被列入"实体清单"为由，第一时间限制华为手机使用 GMS 服务。这使硬件和系统都完好的华为手机因无法下载海外应用而变得"无用"，而消费者是不会为一部长得漂亮但没有应用的手机买单的。海外市场销售告急。

黄津除了负责中央软件院基础软件的产品管理和规划工作，还协助龚体管理公司的软件业务连续性。他的业务涵盖华为设备和系统、云服务中各种各样的软件服务，包括采购的商业软件、技术合作软件、免费软件，也包括数千款开源软件。他的团队需要针对每一类软件给出针对性的应对措施，确保没有死角。这其实是一个浩大的工程，每个领域的软件主管亲自挂帅，一个一个排查和汇报，直到问题或风险能够得到解决。

华为的法务也积极参与预判：在法律上，美国不会全面禁用开源软件，但可能会以国家安全为理由，挑几个重点软件加以限制。GCC（GNU 编译器套装）和 Linux 就可能是被重点打击的社区，软件团队要优先解决这些"公司压舱石"的问题。

华为各部门，包括 CT 领域、IT 领域、终端领域等，都针对业务连续性过了一遍筛。他们总共排查出了一万多款软件，合并同类项后一个一个地寻找替代或自研方案，最终总结出一系列需要快速给出应对方案的问题：编译器功能优化能否抽屉式替换？在安卓新版本上已开发一年半的操作系统是否要放弃？海外存量安卓机型无法使用，如何应对？国内机型维护如何进行？储备能力是否足够？更严峻的问题是，若未来无法使用安卓，华为将如何破局？

完全不能指望美国生态的华为，眼下似乎只有两条路：一条是坚守纯粹的华为生态，另一条是寻找欧洲的第三方，或者是多家运营商的联合体作为合作伙伴。过去，华为确实尝试过后者，认为自己和欧洲"同病相怜"。因为谷歌、苹果这样的科技巨头，其影响力在欧洲乃至全球都是巨大的，欧洲把自己的全部生态和基础设施交给它们，同样是一种冒险。多年来，欧洲通过《数字市场法案》等法律工具与这些巨头抗衡。华为曾抱有一丝希望，认为大家能一拍即合，联手对抗美国生态。但在深入考察后，华为打消了这个念头：欧洲虽然有着强烈的"独立"意愿和严谨的执行力，可偏偏是个大联邦体制，没有主心骨，各自为政，像一盘散沙，未来大家携手重建生态几乎不可能。

剩下唯一的路就是坚守纯粹的华为生态……但这是一件如此遥远而艰难的事。而眼下，谷歌确定要停止华为终端的GMS移动服务了，怎么办？

GMS的主流应用包括谷歌搜索、谷歌地图和谷歌邮箱服务。谷歌早年发展开源安卓，真正的战略目标在于推广GMS。安卓系统可以免费使用，但其应用商店、移动广告等收入，让谷歌赚得盆满钵满。随着安卓手机设备的普及，GMS的价值水涨船高，谷歌的地位也日益稳固，应用开发者和手机制造商对谷歌的依赖也越发强烈。

失去了GMS的华为手机，将无法支持海外用户日常办公、生活、娱乐的高频应用，这样的华为手机几乎称不上是"智能手机"。更关键的是，许多依赖谷歌广告盈利的海外应用，也无法为华为手机用户提供服务，这几乎切断了华为新机的大动脉。华为在海外市场经营多年的终端竞争力，将化为乌有。

形势步步紧逼，华为思考的时间所剩无几。各种挑战接踵而来：供应中断、销量下滑，无法预装手机，海外消费者无法使用GMS生态，合作伙伴纷纷退缩……整个产业链都面临巨大的压力。在制裁愈演愈烈之时，华为想出了一个没有办法的办法——用华为自己研发的HMS替代GMS。这项服务早在2016年就发布了2.0版本，涵盖了账号管理、支付和推送等核心功能。

然而，许多华为的科学家并不看好HMS替代方案，因为这不仅是技术独立的问题，还涉及管理规范和版权分离的复杂问题。

　　理论上，任何人都可以基于安卓开源的 AOSP 打造自己的个性化系统，市场上出现多种不同版本的安卓系统很正常。但谷歌为了管理所有参与安卓生态的软硬件厂商，早在 2011 年就推出了"反分裂协议"①，禁止厂商私自修改安卓系统。这一招确实在很大程度上遏制了安卓系统的碎片化趋势。2017 年，谷歌推出了 MADA②，要求与谷歌签约的安卓手机生产商必须启用安卓 7.0，安装 GMS 包，并通过兼容性测试。那些未签署 MADA 的厂商，将无法从安卓市场下载部分应用。这两大协议逼得手机厂商没有退路，不得不被动依赖安卓生态。原本这些协议对中国市场的影响有限，因为 MADA 在中国并未生效，华为在操作系统领域仍有大展拳脚的机会，但好景不长，2018 年年底，原本的 MADA 被细化为三个版本：欧洲 MADA、中国 MADA 和俄罗斯 MADA。

　　面对如此多的管理规范和协议问题，华为想要独立建设 HMS，不依赖谷歌的 GMS，工作量极大。HMS 替代面临的不仅是安卓作为数字底座的技术上的系统性挑战，还有成熟的管理框

---

① 反分裂协议（Anti-fragmentation Agreements，简称 AFA）是谷歌与参与安卓生态系统的软硬件厂商签署的协议。该协议要求制造商不得在其产品中搭载分叉过的安卓系统，同时制造商本身也不得分叉安卓，目的是保证为消费者提供统一的用户体验，并为开发者提供统一的开发平台。谷歌通过 AFA，在安卓生态中保持了主导地位，同时确保了系统的统一性。然而，这一做法也引起了监管机构的关注，并被认为是谷歌滥用市场支配地位的一种表现。

② MADA（Mobile Application Distribution Agreement），即移动应用分发协议，是谷歌与使用安卓系统的手机生产厂商签订的协议。根据 MADA，手机生产厂商在推出采用安卓系统的设备前，必须预装所有的谷歌应用，并且要把谷歌搜索、谷歌应用商店放在手机的首屏，同时以谷歌搜索作为默认的搜索引擎。它是 GMS 认证过程中的一部分，生产厂商需要通过签署 MADA 来获得谷歌对这些服务的授权。

架的挑战。

但华为已经没有了"第二选择"。

HMS 由此在一夜间迎来了转正的机会，并成为华为发起的第一场软件保卫战的主角。

2019 年 9 月，任正非发起"松湖会战"，旨在解决 GMS 禁用，HMS 全面接棒的问题。这场会战的定位很清楚：这是一场生态之战，而且是华为终端的关键之战。

在会战前，公司管理层对开发工具包所需人力、应用程序编程接口的数量做了初步预估。负责不同功能或模块的工具包一共 24 个，应用编程接口则要一万多个。两方面相结合，大致推算出"松湖会战"需要 3000 人。公司立刻派出 3000 人的队伍，在松山湖安营扎寨，领导要后勤部门在松山湖给团队准备 3000 套房间。

10 月，在松山湖办公的陈海波团队接到任务，全力以赴应对"松湖会战"。

和陈海波的部门一样，终端云服务开发者服务与平台部部长望岳几乎是直接从规划岗位被调去参战的，原本公司正准备派他去位于美国圣克拉拉的美国研究所，调动的流程都已经走了一半，结果被紧急留在国内，和团队一起为华为描绘可行的技术路线图，明确技术缺口、目标及实施策略。

龚体让时任中央软件院规划部部长的黄津带领 200 多人，代表 2012 实验室参战，奔赴"松湖会战"，在松山湖封闭 9 个月。他们的核心工作是提供 HMS Core（华为移动核心服务）替代 GMS Core（谷歌框架服务）中的系列关键技术，同时支持研发华为自家的搜索、地图等刚需产品。2012实验室多年来在操作系统、编译器与编程语言、数据库、地图引擎、搜索引擎、媒体技术、安全技术等关键技术领域的技术研究和积累，终于有了用武之地。

任正非和徐直军这两大领导开始频繁出现在松山湖指挥部。由于终端人力不足，徐直军、丁耘、侯金龙等公司领导纷纷调兵增援"松湖会战"，丁耘给了500人，侯金龙给了350人，徐直军给项目调派了400人，并在松山湖现场给各个领域的总裁挨个打电话，要求他们无偿调拨人力，"十一"假期一过，参加会战的工程师就要到松山湖报到。

一个半月后，即11月中旬，3000人集结到位。据说，后勤管理团队对于在松山湖接待3000个工程师长居的任务感到震惊。领导的一句"准备3000套房间"的命令根本无法完成。松山湖的绿岛花园尚未启用，就算把松山湖周边的酒店全部包下来也不够用。华为自创办以来，从来没有如此大规模的会战行动，也根本没有现成的接待设施。最终还是分开安排，南京消化700多人，深圳消化500多人，两大研究所齐上阵，才勉强消化完3000人。这几千人办公用的计算机，几乎清空了京东采购的计算机库存，又紧急调拨了一批，才勉强满足需求。

这是华为公司历史上的第一场技术会战，一场为解决安卓端侧问题发起的会战，从非终端领域调过来的2000多人里，端侧开发的专家很少，甚至连Java高手都不多。他们像是从四面八方赶来的"江湖侠客"，有汇编高手、C++精英，还有在网络世界摸爬滚打的服务器专家。这支精英队伍，仅仅两周就迅速在松山湖畔集结完毕，投入战斗。

望岳原本觉得这部分替代工作，咬着牙一件件去办，也不是办不成，毕竟这场软件替代战役是在中国打。理论上讲，如果系统替代战役发生在海外，别人的大门更难为华为敞开。拿有着两三百年历史的老牌机构英国银行举例，从开始接触到最后做出开发决策，耗时一两年时间不足为奇，因为对它而言，这不是一个小 IT 部门关于新版本的技术问题的决策，而是一家有上百年历史的银行要引入一个新市场渠道的大战略决策。相比之下，任何一家中国公司，从接触、讲解、理解到决定联手干，一鼓作气几周时间足矣。华为相信，绝大部分高效的中国公司愿为华为敞开大门。望岳和其他人一样，认为当下的华为只是在预算和人才上有困难。

可生态上的任何一件事都比想象中复杂。安卓生态中最棘手的问题是，谷歌主干上的美国重量级应用是否愿意"率先"来华为 HMS 主干上扎根；如果不愿意，HMS 上的重量级应用就需要华为自己一个个地建设了。

望岳开始动员并组织国内企业联手，但他低估了补齐生态的难度。谷歌系列已经覆盖了绝大部分海外用户。比如，用华为自己开发的地图补齐谷歌地图的缺失，就非常费力。为了快速获取全球可用的图资数据，他们一部分从 Here、TomTom 等技术供应商那里合作购买，一部分从各个国家当地的地图局、测绘局的图资数据那里合作获取，一部分使用 OpenStreetMap 这样的开源图资数据，还有一部分开放众测众标的功能来积累数据，一点一点耐心地把地图做起来。

"松湖会战"除了开发 HMS Core，还需要开发五大根服务引擎：支付、广告、浏览器、花瓣地图（Petal Maps）和花瓣搜索（Petal Search），以替代 GMS 的核心服务。

2020 年 1 月底，用时三个月的"松湖会战"成功在全球范围内上线了 24 个开发工具包，并且一次性上线成功。在这一过程中，华为进行了大量的评估和技术方案的制订，全员上下以万众一心的干劲，支持着"业务连续性"这一仗。

此后，华为除了投入"松湖会战"的 3000 人，还以每年近百亿元的力度投入海外的服务器、营销、生态拓展等业务领域。外界看华为搭建 HMS 生态而做的巨大投入，几乎有一种"华为的钱是天上大风刮来的"错觉。

遗憾的是，事实证明，通过 HMS 替代 GMS 这条路确实走不通，因为 HMS 只有技术，没有生态。

2020 年，HMS 战场上传来了坏消息，海外搭载 HMS 手机的 NPS 值[①]大幅下降。没受制裁之前，华为手机的 NPS 值有六七十分，而口碑断崖式下跌代表消费者购买并使用新手机后，并不愿意向其他人推荐，或者自己下一部手机也不会再选择这个品牌。在手机行业，NPS 值基本能代表一个产品和一个品牌的消费者忠诚度。被制裁后，海外众多小白用户感到手足无措，华为手机在某些区域的 NPS 值甚至降到了负分，这是灾难性的。很多区域即便只卖出去 10 台搭载了 HMS 的手机，也会有两到三台被退货，华为这个品牌几乎要从用户的下一部手机候选名单

---

① NPS 值（net promoter score），即净推荐值，又称净促进者得分，亦可称口碑，是一种计量某个客户将会向其他人推荐某个企业或某种服务的可能性的指数。

里消失，海外的手机生意几乎难以维系。

华为不仅在海外市场上失利，国内手机的销量也开始大跌，并且出现了一个出人意料的现象：很多厂商希望华为被强行下架后空出的市场份额能掉进自己的口袋，但谁也没想到，苹果公司成了最大的受益者。

终端 BG 战略与 Marketing 部总裁盛行分析，国内其他厂商接不住华为份额的原因，是华为的产品质量过硬。当时华为用的自研芯片——海思芯片，已经可以实现基础性能的调优，许多消费者都在等待华为手机上新，能不换机就不换机。华为在看到自己真正的影响力后，更加意识到自研芯片给华为手机带来的竞争力。相比之下，其他手机厂商使用的都是第三方公司的芯片，而这些公司并不会把核心技术告诉这些厂商，这些厂商也就不能真正实现性能调优。几家手机厂商做出来的产品，用的基本上都是相同的方案。

为什么会出现上述现象？因为这一切的主导力量，依然是生态。试图在谷歌的安卓之上构建华为自己的生态，这条路显然走不通。

由于生态的客观存在，哪怕海外用户再少，少到只有一个用户、一个合作伙伴，HMS 服务也不能停止。如今，华为必须为过去的繁荣——峰值时高达 2.2 亿台的海外设备存量用户持续提供专业服务，继续投入未来的基础设施。但是芯片供应受限的伤害，让华为难以支撑海外市场的手机销售，这种不成比例的投入产出比，迫使华为放缓了大张旗鼓征战海外的步伐。

经过 HMS 这一轮软件保卫战，华为高层有了一个共识：华为必须拥有自主可控的技术和生态。若等到安卓被阻断时才启动自研项目，华为将在外部压力下毫无还手之力，最终错失翻身做主的良机。华为在这方面比以往更坚定，是因为华为已经"没有退路"。徐直军曾表示，特朗普上台后的种种限制措施，反而使华为做许多决策时变得更容易。龚体也不断采用反向思维做决策，对于争议大、投入高的项目，他就化繁为简地自问："不做行不行？"

2020年2月6日，时任美国司法部长的威廉·巴尔在华盛顿智库"战略与国际研究中心"参加中国行动计划会议时，发表主题演讲，开门见山地表达了打压的决心："毫无疑问，中国的技术攻势对美国构成了前所未有的挑战，我们国家面对的风险空前高涨。"

"今天不让我们用 GMS，以后会有更多的产品不让我们使用，"王成录按捺不住地表达出更深的忧虑，"我们必须自研操作系统，这是中国的机遇，也是我们的机遇！"多年来，中国一直渴望这样的机会；现在，它就在我们眼前。

虽然华为的各领导层思维角度不同，但"没有退路"逼迫他们不约而同地做出了一致的，或许也是唯一的选择：要坚定地投入欧拉和鸿蒙这两大软件基础设施的建设。

第九章

仓促应战：EMUI 被拉上战车

> 在这个过程中诞生的专家都是浴火重生的英雄。
>
> ——鸿蒙操作系统战队

2019 年华为开发者大会前，陈海波给余承东写了一封邮件。他在邮件中回顾了业界操作系统研发的坎坷与挫折，并写下这样一句话："如果我们说过'要自研'，那么我们就必须'真自研'。"为了业务的连续性和先进性，华为需要一个国产的操作系统，一个不仅能超越安卓，还能战胜 Linux 的全新系统。他们甚至反思，如果华为能早两年启动自研操作系统的计划，或许能更完美地把握时机。可惜"真自研"的部署一直没有被提上日程，此刻，他们只是"幸运地抓住了尾巴"。

眼下的境地确实有点尴尬：华为虽然仍可使用安卓系统，但已经失去了优质合作伙伴的特权。华为无法在第一时间获取最新安卓版本，也无法提前测试、开发驱动和进行系统优化。失去先机就意味着，当其他厂商的新机型搭载最新安卓版本时，华为的手机只能跟随其后。即便华为的技术实力不落后于人，消费者也能感知到"新"与"旧"的落差。

很多人在此时开始感慨，甚至后悔曾经的疏忽。早在2019年1月，华为就已立项GPU项目，对公司技术的先进性进行了全面评估。可惜的是，当时开发操作系统的紧迫性并未凸显，华为错失良机。在和安卓接触的日子里，华为有许多次接近操作系统真相的机会，但华为一次次错过，直到安卓生态被武器化，成为斩断华为前进道路的利剑，华为才意识到，长期以来根技术埋下的生态隐患，到了必须拔除的时间了。

美国发布制裁令之后，华为仅用三个月的时间就完成了所有手机软件版本架构的整改及发布，在短时间内发布了1000多个版本，覆盖了当时所有受影响的产品，实现了存量手机的合规。但是为了消除未来爆雷的"可能性"，华为需要尽快找一个自研系统。

徐直军等高层把目光投向了EMUI。看着这个经过多年迭代，已经演变为基于安卓系统深度定制的EMUI，他们有了一个很自然的想法：为何不在EMUI的基础上，彻底扎到根，捅破天，让EMUI转变为自研操作系统？

EMUI某种意义上也可算是基于安卓操作系统深度定制的用户交互界面。当年，谷歌退出中国市场后，开源的安卓生态开始被中国各个终端厂商"魔改"，"魔改"的界面被称为"用户交互界面"。百度和阿里巴巴做的叫UC浏览器，腾讯做的叫X5引擎，它们都是"魔改"了谷歌WebView（用来显示网页的控件）

的自有系统。华为也加入了"魔改"队伍，通过统一的软件风格确保用户交互的一致性，华为内部把这套新的系统叫 Emotion UI，简称 EMUI。正是因为有了这一段历史，被"魔改"后的中国区安卓系统，体验上变得不再连续、完整，各个厂商各自为政。例如，用微信发一个文件，这个文件能不能打开，取决于微信支持的 WebView。类似的割裂，也发生在硬件厂商和软件厂商之间，以及硬件厂商和硬件厂商之间，这就导致厂商哪怕只是调整了屏幕尺寸，也需要一次次地做软件适配，这不仅增加了工作量，而且让整个行业陷入低水平的重复性劳动。中国过浓的商业气息，几乎吞噬了真正驱动人类文明进步的科学精神。

早在 2011 年 10 月的三亚终端战略研讨会上，EMUI 就被余承东纳入与平台、麒麟芯片同等重要的战略蓝图。原本，华为想让世界各地、成百上千的设计师和开发人员，都按同样的设计理念输出，让 EMUI 成为终端产品的核心牵引力。但实际情况是，华为当时根本没办法复制苹果款款皆爆款的神话，只能依靠多型号战术去抢占市场，以至于终端一年内的产品型号竟然多达数十款，EMUI 系统的版本数量也极为惊人。团队对 EMUI 的研发，成了一次令人"痛不欲生"的魔鬼体验。

尤其是 UX 设计团队，面对数十款甚至上百款手机的发货压力，每天疲于奔命。他们忙于应对各种机型的适配问题、用户体验和软件质量问题，缺乏统一的软件平台，也没有共同的主干、价值体系和设计理念。这种陀螺般的忙碌，只为"交付"二字，换来的却是用户体验的割裂。

王成录曾经为了解决 EMUI 交付的混乱，大刀阔斧地把软件当成一个整体解决方案来打造。EMUI 5.0 是王成录来到终端后带队攻关的第一个作品，大家集中火力解决了安卓多年来的顽疾——卡顿。卡顿问题有多严重？华为终端对它有多深恶痛绝？黄津曾在 2015 年圣诞节的一次饭局上问余承东，终端最急迫的问题是什么，余承东当时回答："第一点是安卓卡顿问题，第二点也是，第三点还是。"长期使用安卓系统的华为手机，总是逃不了"严重的卡顿"，但想要跳过安卓也很难。

EMUI 5.0 最终达成了攻关目标，它的最大亮点是可以让手机流畅使用 18 个月而不卡顿。来自法国的员工克里斯托夫·库泰勒针对这一软件优势，提出了一个后来传播甚广的宣传口号——EMUI born fast, stays fast。大家头脑风暴，把它翻译成"天生快，一生快"。虽然这个口号的翻译版本听着不那么高级，但意思贴切，朗朗上口。市场反馈证明，这个"有点土气"的口号拥有不凡的传播魔力。

"天生快，一生快"的背后，离不开 2012 实验室旗下欧拉一部和 OS 内核实验室的关键技术支持。他们与产品线全力以赴地做集成优化交付和整体调优，并成功地打响了基础软件对终端支持的第一枪。没人想到，这日后会成为影响整个华为软件发展思路的里程碑之作。

在 EMUI 5.0 初步驯服了卡顿这头"猛兽"以后，王成录对软件的态度也骤然转变，他开始在战略务虚会上强调，华为的操作系统不能在安卓的"庇护"下摇摆，更不能把安卓当成自己的发展模式，华为应尽量摆脱对安卓的依赖。

回过头看，EMUI 5.0 最大的历史价值在于，这是终端部门首次将软件作为手机核心卖点的重要转折,也将产品软件从后台推向了市场竞争的前沿。余承东、何刚、王成录等华为高管,首次领略到软件与底层技术深度融合的无穷魅力,软件部门因此迎来了前所未有的发展机遇。

2016—2018 年,华为持续在 EMUI 上进行大规模优化,从抽屉式替换到局部嵌入修改,每一次优化都与下一代麒麟芯片、下一代 Mate 系列旗舰同步迭代,以此作为终端产品的主要节奏。EMUI 的很多特征开始在业界领先,原本分散的、基于安卓的定制开发和硬件产品配套状态,成功蜕变为"软件的解决方案化"运作。

对 EMUI 做一系列如此详尽的描述,是因为 EMUI 追求的性能和体验,首次让抽象的操作系统有了具象的牵引。在 EMUI 的概念建立后,软件人员才开始在用户界面上做个性化设计,华为软件才有了"大的产品包"的概念,华为的发布会也才开始讲软件的故事。昔日,产品上市后,华为往往只能进行小修小补;现在,通过 EMUI 的统一指挥,华为可以将所有符合基本条件的设备都升级到新一代的 EMUI 版本。这不仅提升了软件的价值,更弥补了终端用户无法享受新特性的遗憾。

如今,华为走到了让自研操作系统上阵的紧急时刻。软件部门看到,经过深度改造的 EMUI 在功能和界面设计上与安卓系统已有明显不同。为了防止断供,华为要有自研系统兜底,于是,他们决定先将自家的 EMUI 系统拉上战车再说。

此时的华为,已经把 EMUI 视为自研操作系统的原型,更加注重其作为独立系统的用户体验。终端 BG 软件 UX 设计部的新任领导毛玉敏，带着"提升华为终端产品用户体验竞争力"的重任，投入了 EMUI 10 的研发。

如果了解 EMUI 在整个鸿蒙发展史中所肩负的重任，那么 EMUI 10 就清楚地说明了，华为有意识地把研发 EMUI 当作自研操作系统战场上的技术试练。

为了配合软件部打造 EMUI，UX 设计部也必须大幅度改革。毕竟，用户使用一部手机，用户体验是第一位的，界面要好看、精致，使用要流畅。

当时的 UX 设计部流传着一句话：铁打的 UX，流水的领导——这个部门的领导在任时间平均只有一年。在华为，工程师的科技工程化思维总是与 UX 设计师的艺术感性思维产生冲突，因此很少有领导能在巨大的心理压力下熬过一年，这一次毛玉敏能坚持多久？

任命刚公布，毛玉敏就遭遇了连番挑战。余承东在 Mate 20 发布会当晚打电话给她，指出手机的骚扰拦截设置项有问题，毛玉敏当时还没到 UX 设计部报到，一头雾水，无法回答。紧接着的周末，在包含终端 BG 所有领导的上百人工作群里，从早到晚都有人提出关于 UX 设计的各种问题，有说界面设计难看的，有说 UX 设计部未经产品同意擅自改动的，有说设计承诺未实现的。

除了大家反馈的设计问题，毛玉敏自己也被很多问题困扰着：是我们的设计师创新能力不行吗？怎样才能有高质量的设计？为什么 UX 设计部要不停地向各个部门解释，进行补救和修改？每一个设计决策，是否都要经过上级领导的层层把关？为何 UX 设计很难落入开发版本？为什么 UX 界面非得等到最后一个迭代才开发，导致时间仓促难以调整？众口难调如何解决？怎么评判设计得好还是不好？为什么设计效果图与成品之间的差异如此之大？

毛玉敏意识到，仅靠 UX 设计部的设计师，他们根本无法拿出令大家满意的设计方案，她采取的办法是各取所长，让华为公司 UCD（用户优先设计）瑞典团队、米兰美学所来协助设计。瑞典设计师擅长系统性设计，且动手能力强，还可进行原型设计；米兰美学所擅长色彩、布局和图标；UX 设计部的中国设计师更贴近产品，了解产品的诉求、用户的使用习惯，以及开发团队的实现能力。由中国、瑞典、米兰三个团队输出三套设计方案，在余承东、何刚、王成录等领导和专家评审后，再整合各个方案的优点，做出最有竞争力的 EMUI 10 设计方案。这种多套方案比稿竞争的机制一直延续了下来，因为多视角的创新设计和竞争促进了 UX 设计部设计创新能力的快速提升。

EMUI 10 设计方案通过评审仅仅是开始，后面还有几千个页面需要进行详细设计和开发。更为困难的是，在终端 BG 内部，每个界面做成什么样，一直没有一个决策机制，大家经常会陷入无尽的争吵和返工。带着这些问题，毛玉敏建议从决策机制、开发流程和开发方式等方面，进行一系列改革。

决策机制最为重要，她先构建了一个 UX TMG（UX 技术管理组）—产品线设计分委会—终端 BG UX 决策委员会的三层决策机制和授权原则：EMUI 版本的系统架构、应用架构、设计语言、人机交互等由余承东、何刚牵头的终端 BG UX 决策委员会决策；仅涉及单产品线的一级、二级界面由各产品线设计分委会决策；所有三级及以下界面由 UX TMG 决策。这样既能保证重要设计方案有领导、专家参与并经过充分讨论达成一致，也能保证海量设计界面有专家把关，快速决策。从此，UX 的设计决策开始进入有序状态。

除了决策机制的改革，毛玉敏还从 IPD 入手强化 UX 设计流程。过去，华为的业务多面向运营商和企业，公司整个的 IPD 流程中没有 UX 设计流程，所以在 EMUI 版本开发过程中，经常会看到 UX 设计没有落入版本规划，或者 UX 特性在最后一个迭代才匆忙开发，甚至出现无人开发、无法落地的情况。这次借着 EMUI 10 的实践，毛玉敏将新的 UX 设计流程融入 IPD 流程中。

在决策机制、开发流程、开发方式等方面进行了多维度的改革之后，华为的 UX 设计终于有章法了很多。毛玉敏将这些改进措施汇报给了余承东，作为她刚上任之时未能及时答复的"结案"。她也终于结束了 UX 设计部"流水的领导"的历史，团队一步步从原来被动的、疲于奔命的局面中解脱出来。

EMUI 10 开启了华为的全场景智慧生活产品阶段，它首次将分布式技术应用到全场景的体验中，实现了全场景音频视频通话、跨终端协同办公、智慧车载等场景化应用。EMUI 10 更是 UX 设计师和软件开发团队通力协作的成功产品。它焕然一新的 UX 设计、全场景的极致体验、畅快的新标准都成为后来鸿蒙操作系统的优良基因，并延续至今。

随着 EMUI 历经多个版本的迭代与优化，EMUI 积累的技术与经验被一点一滴地沉淀到自研操作系统的能力中，很多鸿蒙人回头看 EMUI 的历史，无不认为，它的存在加速了自研操作系统的成熟与稳定。

第十章

备胎主用：鸿蒙在"谣言"中诞生

> 我家养了只猫，名字叫哈喵妮，英文名 Harmony。
>
> ——鸿蒙操作系统战队

2019年8月9日，是一年一度的华为开发者大会，也是美国发布行政令约三个月后。

这一天注定不同寻常。

华为终端BG首席执行官余承东发布了HarmonyOS 1.0，并介绍了其发展历程及里程碑，包括其前导技术鸿蒙内核的简要历程和演进过程。

他在主题演讲中清楚地阐述了鸿蒙操作系统的内核前期是由Linux内核、鸿蒙内核和LiteOS组成的，未来会逐步演进到全面采用鸿蒙内核。

其实在发布会前，"华为有一个备胎操作系统鸿蒙"的消息已经不胫而走，且迅速引发广泛关注。在制裁和反抗的敏感时期，许多人纷纷通过电话，向自己认识的华为高管打听鸿蒙的内情，试图获取"绝对保真"的一手信息。在大会前，"鸿蒙"事实上已经自发地在互联网发酵，竟然成为一个非常具有商业价值的品牌符号。

华为开发者大会确实发布了 HarmonyOS 1.0，但这个版本的 HarmonyOS 1.0 依旧是在 EMUI 的基础上开发的，它集成了安卓的特性并兼容安卓应用。严格来说，它绝非完全独立于安卓、自研的鸿蒙操作系统。

搭载 HarmonyOS 1.0 的智慧屏也确实要上线了，但它仍兼容安卓应用，处于筹备阶段的它，仅能用于智慧屏、手表这样对生态要求不高的小型设备，它们被称为"瘦设备"。这类终端的内存容量大多在 128k 到 128m（兆字节）之间，难以处理更复杂的任务。

处于"萌芽期"、不成熟状态的鸿蒙根本不是真正的鸿蒙。虽然各路专家冷静地质疑着鸿蒙的真实性：它是安卓的变种吗？是换了壳的安卓吗？是华为造假吗？但是民间情绪传递出一种强烈的信号：公众期盼华为创造奇迹。他们喜欢这种"难以置信"给整个民族带来的希望与信心。中国没有坐以待毙，华为能在被制裁的第一时间拿出一个强大的备胎。

这势不可当的过度关注，无疑给华为带来了不小的压力。面对媒体的穷追不舍，华为也不得不站出来回应，华为确实有这样的项目，但其初衷是满足高实时、高安全性的特殊场景需求。

此时，行业内精英、外围合作伙伴、媒体和无数普通消费者，都在等待 8 月的华为开发者大会，每个人都饶有兴致地等待绝境中的华为，看它要如何挣扎与自救。被卷入时代纷争的华为意识到，应该用更积极的态度对待谣言和质疑，眼前这一次的开发者大会有了新的意义：大会正是华为向社会各界传递信息、展示决心的关键窗口，华为不能回避，不能沉默，应该通过这个窗口主动向合作伙伴展示自己的信心和策略。鸿蒙也恰恰需要一个绝佳的展示机会。

对中美科技战来说，鸿蒙可以被视为一个破局性的产品。华为长期以来的防守策略并未改变局势，而如今，退无可退的华为选择背水一战，向世界展示自身实力。这种反击，不仅是对美国制裁的回应，更是一种绝境中的自我证明。通过一系列技术突破，华为让美国意识到，制裁反而催生了更多创新成果。这种"自卫反攻"的姿态，或许能让美国开始质疑其"打压华为"的策略是否正确，至少能打破美国以"必胜"心态对待中美科技关系的局面。或许，我们可以从华为一系列的正面行动中看到应对中美科技关系的新思路：2019 年 5 月 15 日，华为正式向全球宣布推出 GaussDB 数据库；8 月 31 日，上线方舟编译器，接下来又将推出鸿蒙操作系统。美国的一系列逼迫，最终催生了一个全新的中国科技生态和走势。

站在更高、更长远的视角看，关于鸿蒙的"谣言"不是坏事，微内核鸿蒙最迫切的任务不是澄清谣言，而是将其拓展为一套完整的操作系统，用一个"正式且易于传播"的名字，真正进入操作系统的战场。鉴于华为过去研发了"方舟编译器"，有人建议将这套操作系统叫作"方舟操作系统"，然而，考虑到"鸿蒙"这个品牌已经在公众心中形成强大的影响力，且具有一定商业价值，并且这一名称更为贴合一个无边界、有无限可能操作系统的形象，也寓意着华为对打造一个更加开放、自由、智能世界的坚定追求，任正非、徐直军和余承东等领导决定将品牌的范畴从内核扩展到整个操作系统，"鸿蒙操作系统"（英文名称"HarmonyOS"）就此诞生。

就在鸿蒙发布的第二天，8月10日，荣耀在开发者大会上展示了荣耀智慧屏，宣布这款产品率先搭载了鸿蒙系统。产品在各大平台预热后，在线预约人数迅速突破30万人，异常火爆。现场发布会的幕后，多家媒体都争相咨询鸿蒙系统的详细信息，甚至智慧屏的软件代表一度被堵在厕所里。

华为选择智慧屏作为鸿蒙的首发平台，主要因为智慧屏对生态系统的依赖相对较小，所需应用有限，而手机生态系统更为复杂。而那一代的荣耀智慧屏，虽然底层操作系统已逐步替换为鸿蒙，但在中间件之上的框架仍部分沿用了安卓系统。这也是荣耀发布会后，有人质疑荣耀采用安卓框架的主要原因。

在鸿蒙正式"官宣"后，华为内部仍有不少悲观派，他们的质疑一浪接着一浪。有好几个高级专家站出来表示反对，他们认为大型互联网公司根本不会单独开发鸿蒙版应用，即便大公司愿意，更多小的应用厂商也无力参与。有个专家举例，他的孩子所在的初中，开发了一款专门用来布置作业的应用软件，作为家长，哪怕这个应用软件小众到"全世界只有这一所学校使用"，他也必须选购可以安装这款应用软件的手机——这样的长尾应用数不胜数，中国的小应用软件厂商多达几十万个，它们几乎不可能去完成鸿蒙化研发。

现任中央软件院总裁谢桂磊回忆，2019年8月至9月，在瑞士多尔德大酒店里，华为进行过一场半闭门会议，那次会议堪称一场没有硝烟的战役。华为的研发专家、欧洲高校的学者、国内的精英和那些对鸿蒙持怀疑态度的高端专家围坐一堂，只为探讨鸿蒙的可行性。研讨会有两个主题：一是华为要不要继续自研鸿蒙操作系统；二是要不要基于陈海波教授的微内核操作系统架构技术路线，来进行操作系统研发。在讨论中，多路专家毫不客气地反对自研操作系统，认为华为能够深入研究好HMS就不错了；就算华为做了自研操作系统，技术上也未必能做成；就算做成了，也不知道能不能建立生态，如何建立生态。

陈海波力排众议："我赞同华为在HMS方面的研发，但是HMS只能作用于一系列移动服务，我们若是没有自己的操作系统，长期而言是没办法构建完整的移动服务生态的，两者的关系就像黑土地与树林一样。"这个比喻生动地揭示了操作系统与移动服务生态之间互为基础与支撑的关系。随后他提出了"元操作系统"架构理念：一个可大、可小、可分、可合的基础架构，通过搭积木的方式搭建很多操作系统，虽然每个积木都小巧而精致，但积木的组合能创造出无限可能，它不仅可以支撑消费终端设备，也可以使能行业终端，展现出强大的通用性和适应性。这一理念并非空谈，他对微内核、宏内核等操作系统已有多年研究，正在撰写自己的教材，对微内核的内涵进行了深入而全面的介绍。

微内核，顾名思义，其核心部分小而精悍，内核态专注于提供最基础的操作系统能力，而其他操作系统组件则以服务的形式运行。这种架构设计使得系统更加灵活、高效且易于扩展。作为华为 Fellow 级专家和操作系统首席科学家，陈海波认为，微内核并非简单地追求最小化，而是追求一个精心设计的架构。他形象地比喻说："微内核就像一个乐高的基座，我们可以在这个基座上，根据不同的需求和应用场景搭建出各种操作系统。搭建手机可能需要更多的积木和更精细的设计，而搭建手表则相对简单，这种灵活性和可扩展性正是微内核的魅力所在。鸿蒙内核不仅仅局限于鸿蒙系统，也要能在欧拉等平台上广泛应用。"

不出意料，与会者们甚至对"要不要研究内核"的问题也展开了讨论，从 Linux 近 30 年的发展来看，有人认为，既然基于 Linux 内核的研究已经有很多成功案例，何必冒风险去换一个新的内核？鸿蒙操作系统的技术细节、风险评估、市场前景，每一个话题都充满了挑战与争议。但在这场激烈的讨论中，有一个共识逐渐形成：美国主导的生态绝不再是华为操作系统的"默认选项"。鸿蒙，至少作为一个备选方案，值得华为继续探索。

2019 年 9 月，华为在 5G 和 AI 的战略大旗下，针对万物互联的宏伟蓝图，提出了 1+8+N 战略。这里的"1"指的是智能手机，它不仅是核心终端，更是整个设备互联网络的心脏和入口；"8"则代表着八大终端，包括大屏、音箱、眼镜、手表、车机、耳机、平板电脑和 PC；"N"是移动办公、智能家居等延伸业务。华为坚信，在万物互联的时代，需要一个全新的分布式操作系统，让各个设备协同作战，共用一套操作系统。当时，只有苹果的设备全线采用自家的操作系统，而谷歌虽然有此雄心，但其手表和其他设备之间的操作系统差异巨大。面对这样的局势，华为希望借助分布式的鸿蒙系统，实现设备的互联互通，既方便设备间的相互连接，又能做到一次开发，多端部署。

探索鸿蒙生态的征程，华为迈出了第一步——立项"轻鸿蒙"。"轻鸿蒙"是为物联网设备量身打造的，可以看作华为建设生态的一块试验田。在1+8+N战略的系统框架和场景中，华为的大型设备依旧采用与安卓相同的Linux内核，以确保现有生态的兼容性和稳定性；而小型设备（如智能手表）通过采用LiteOS内核，试探性地踏入操作系统的战场。选择LiteOS作为小型设备的内核，是因为其内核的性能本身仍有发展空间，这为华为提供了自主优化和改进的机会。毕竟，走自己的路，才能不受限制。

回望历史，打造"轻鸿蒙"几乎是整个鸿蒙操作系统战役的揭幕战，从鸿蒙技术本身来看，鸿蒙并没有传言中那般巨大的威力。但鸿蒙发展中最具历史意义的，是它对中国基础科技人才的深刻影响。

鸿蒙系统在中美科技较量下，应运而生。此番竞争，非华为孤军奋战，以一己之力对抗美国，实为两国科技企业集体力量的时代交锋。王成录曾铭记一言，它深刻揭示了中美计算机教育之根本差异："中国的高等教育里，计算机相关专业培养的是怎么用计算机，美国高校永远培养的是如何造一台计算机。"

当今，中国从事计算机行业的工程师人数，已经超过了很多国家的人口总和。以北欧各国人口为例，芬兰约561万，挪威约557万，丹麦约594万，瑞典约1055万，北欧的人口总共约2767万人。在中国，跟计算机、通信、信息等行业相关的工程师，也超过了 2000 万人，但他们却没有原创的技术和产品。其核心原因在于应用层的高额利润吸引了绝大部分人才和资本，在遥遥领先的中国应用创新之下，是中国对底层基础技术的长久忽视，一切与基础科技相关的创新新方向、新机会、新产业就此错失良机，导致当今在中国想做个编译器都很难招到人。

美国仙童半导体公司曾如黄埔军校般，孕育了今天的超威半导体、英特尔、英伟达、高通、博通等半导体巨头，其人才强力支持了美国在芯片制造领域的辉煌。如今，鸿蒙的诞生，也将会聚操作系统、内核、编译器、编程语言、编译环境、开发环境等各领域的专家，形成一个强大的技术生态。这些专家的会聚，不仅将推动鸿蒙系统本身的发展，还将为中国软件产业注入强大的动力。他们将像过去美国的科技创新一样，点亮自己的同时也照亮同行之人。

2020 年 9 月，华为在开发者大会上发布了 HarmonyOS 2.0，随后发布了 EMUI 11——实际上，EMUI 11 之所以可以被视为"初步成型的鸿蒙"，是因为 HarmonyOS 2.0 不仅把除了应用以外所有能验证的性能全部注入 EMUI 11，而且 EMUI 团队也跟鸿蒙团队合而为一了。

在华为内部，对于鸿蒙操作系统的讨论，开始超越是否投入研发这样浅层的问题，而成为一场关于华为未来战略、技术挑战与市场机遇的深刻交锋。在科技生态日益分裂的大时代背景下，即便鸿蒙最初仅被视为一个潜在的风险应对策略被提及，其背后引发的剧烈分歧也足以让人感受到，华为在面临重大决策时所表现出的决心。

第十一章

仓颉语言：工具箱里的撒手锏

> 我们既是鸿蒙设备的制造者，也是鸿蒙设备的代言人，我们的亲朋好友早已用上了清一色的鸿蒙装备。
>
> ——鸿蒙操作系统战队

除了2019年5月的美国行政令给华为带来了"动摇根基"的震撼，还有一件震惊了全球编程界的大事，也令华为深感不安，那便是甲骨文公司对谷歌提起的侵权官司。这场官司在编程语言领域引起了轩然大波，其影响之深远，甚至波及了华为的技术战略规划。

这场官司的起因是甲骨文公司在2010年收购了Sun Microsystems[①]，获得了Java的所有权。随后谷歌未经甲骨文公

---

① Sun Microsystems 是一家美国著名科技公司，中文名为太阳计算机系统有限公司。

司的授权，就在安卓中使用了Java的应用程序编程接口数据包，被甲骨文公司起诉。谷歌声称其为"合理使用"，但甲骨文公司则认为其行为构成侵权。2018年，甲骨文公司不服判决，再次起诉谷歌，要求巨额赔偿。这在当时引起了全球科技界的广泛关注。那时，中美关系相对平稳，华为内部计划在Java的基础上进行修改和演进，打造自己的编程语言。华为打算启动项目时，美国联邦巡回上诉法院支持了甲骨文公司的诉求，这阻止了华为的脚步。虽然后来谷歌继续上诉，并未赔付，但双方的极限拉扯也足够激活华为的防御机制。华为意识到，如果在技术上过度依赖第三方的开源软件，可能会面临类似的法律纠纷，从而给公司带来巨大的不确定性和潜在的经济损失。

编程语言，可以被视为计算机开发者的通用语言接口，开发者或者说程序员通过编程语言将自己的思维转化为代码，再经由编译器进行转换，变成直接执行的指令。这一过程不仅体现了编程语言作为"桥梁"的重要性，也凸显了其在整个软件开发流程中的核心地位。

从全球视角审视，编程语言领域呈现美国主导的格局。苹果凭借Swift在应用开发领域独树一帜，而安卓则依托Java和Kotlin占据主导地位。两大阵营间壁垒分明，互不兼容。安卓因广泛兼容而更显强大。华为在研发鸿蒙系统前，亦采用Java编程。因此，众多工程师指出，华为、OPPO、vivo和小米等手机厂商，在编程语言之上的应用层不断展现"个人魅力"，但编程语言之下的底层技术生态，仍是美国的技术支持在全面兜底。

因此，华为已经视这场侵权官司为自身软件危机的另一重大警示：编程语言领域的演进自主权危机。

编程语言不仅要为开发生态提供通用的利器，还要回应华为内部各个产品线对编程语言的热切呼唤，与终端及更广阔的生态场景携手共进。更进一步，它还要担起国家基础软件研发的重任，为世界提供另一种选择。它不仅是华为的专属语言，未来更将敞开怀抱，支持国家在关键基础行业的应用与推广。在这种大背景下，若华为在 Java 上进行定制和修改，可能会面临诉讼的风险，这在华为底层生态的构建上无疑是一大隐患。

面对这一挑战，华为终端 BG 与中央软件院的联席技术管理委员，不得不展开深入讨论和思考。

编程语言技术的需求，不仅影响单一技术，还会对整个开发生态产生深远影响。放眼全球，各种编程语言都有自己的社区，但语言真正的技术演进方向，实际上都由背后的大公司主导。在这样的世界里，一个渴望独立自主做生态的科技企业，面对编程语言的选择，是跟随他人还是自主掌控，答案似乎一目了然。

华为一直怀揣着对编程语言的情结，徐直军曾多次表达，期望编程语言实验室能够打造出华为自己的编程语言。终端 BG 软件部总裁王成录也坚信，在一个自主的生态里，操作系统的开发框架、编程语言和开发工具是必备的三件套。龚体无论是在中央软件院还是在终端 GB 软件部，都非常支持自主编程语言的发展。谢桂磊更是豪言，编程语言必将成为华为生态建设的重磅武器，是未来"华为生态的撒手锏"。

一众高管都认同，华为要开发一款完全独立设计的全新编程语言。他们希望，除了满足兼容性、稳定性这些常规要求，这款编程语言还得是"可信编程语言"，其初定目标是支撑鸿蒙的生态。他们考虑过像C语言那样，搞一个D语言，当然它不叫D语言，而叫Do语言，Do比较能体现一种"不要讲，干就是了"的态度，但这个名字并未受到广泛认可。

2019年7月11日，中央软件院正式立项"仓颉编程语言"项目。据说，选用仓颉这个名字也讨论了很久。他们想过叫方舟编程语言，但那时商用的方舟编译器已经小有名气；他们也想过《山海经》和中国神话中五花八门的名字，但最终还是觉得，作为中国第一个国产编程语言，借鉴仓颉造字这一历史典故更为贴切。

编程语言领域曾经诞生超过20个图灵奖得主，这彰显了其在计算机学科中的重要性。欧美高校视编程语言为基础学科，而在中国，无论是工业界抑或学术界，该领域的顶级人才都显得相对匮乏。为了弥补这一差距，华为想到了从学术渠道挖掘人才，密切关注顶级会议及期刊的杰出论文作者，并建立跟踪机制以促成合作。同时，论坛及语言开发者社区也成为其寻找人才的优质辅助渠道，它们全方位搜寻业界领军专家来操刀，期望在编程语言领域构筑高端智力支撑。

华为很快锁定了一个人。2019年，耶鲁大学博士冯新宇，首次在编程语言领域顶级的国际会议之一PLDI（编程语言设计与实现研讨会）上获得了优秀论文奖，中国大陆高校科研人员过去从未有人获此殊荣。华为很快找到了冯新宇，邀请他担任编程语言的总架构师和领军专家，带领仓颉团队正式开展项目。

冯新宇所供职的南京大学原本颇有顾虑，因为学校此前并无教授兼职企业职员的先例。校方担心万一口子一开，学校里那么多老师都跑去华为怎么办。反倒是当时的吕建校长坚定支持，他认为在处处"卡脖子"的时代背景下，为国家解决"卡脖子"的技术难题支援企业，义不容辞。

冯新宇顺利获得特批，出任华为编程语言实验室主任，着手推进华为自研编程语言项目。

此后，华为和南京大学重点合作了两个方向的研究：一个是围绕华为自创的仓颉语言，开发框架，包括进行内存管理和编译优化的研究；另一个是围绕 Rust[①] 语言进行相关的程序分析，以及社区推广和教学工作。

这支年轻的编程语言团队，从来没有开发过大型的通用编程语言，而且它的技术难度远高于专用语言。从"仓颉"一开始的路线选择上，团队内部就出现了分歧。有专家认为应该基于一直占统治地位的 JavaScript 语言做一些补齐和改进就好，因为 JavaScript 语言在浏览器上有着非常广泛的应用，生态繁荣，如微信等热门应用就是基于 JavaScript 开发的。它的优势在于开发便捷、敏捷性强、动态性高、易部署，且无须编译。唯一的劣势是 JavaScript 作为动态类型语言，在安全和性能两方面稍逊于 Java 这类静态类型语言。华为几乎没有多做考虑，果断放弃

[①] Rust 是一种系统编程语言，注重安全、并发和性能，由 Mozilla 基金会的格雷顿·霍尔于 2006 年开发，并在 2010 年成为 Mozilla 公司的一个项目。Rust 语言的设计目标是提供内存安全、保证线程安全，同时保持 C 语言和 C++ 语言级别的性能。Rust 语言适用于需要高性能和可靠性的系统编程任务，例如操作系统、游戏引擎、嵌入式系统、文件系统、数据库等。

JavaScript，选择静态类型语言路线。

开放的鸿蒙需要安全性——这是华为自研操作系统的刚需，更是鸿蒙的底线。缺乏安全性就是触碰底线，绝不可选。在性能上，动态类型语言或许无法满足鸿蒙终端所需的性能、内存资源、功耗等需求，"仓颉"可不想一上场就背上历史遗留的技术债务。最终，华为决定将"仓颉"打造成一款自研的静态类型语言；对标苹果的Swift、安卓早期的Java和现在的Kotlin，这些语言都是静态类型。

开发者开发时习惯不同，这就需要编程语言可以满足开发者的不同习惯。为了让一部分开发者低门槛地快速开发鸿蒙系统的应用，仓颉编程语言在推行时采用多范式语言的策略。

什么是多范式语言的策略？"仓颉"借鉴了不同风格编程语言的一些通行表达方式，尽量让大家从习惯上跟一些通行编程风格保持一致。我们也可以把仓颉看作Swift这种集大成的语言，符合苹果和安卓的开发者的习惯，开发者能够顺畅地切换到仓颉编程语言上。而且"仓颉"十分细致，每一个语言特性的设计都重新考虑，自主实现。所以仓颉语言发布后，大家选择的余地应该会更大，习惯用ArkTS[①]的开发者可以继续使用ArkTS，习惯用仓颉语言就用"仓颉"开发，"仓颉"的目的就是在开发者的工具箱里再增加一种有力的工具。

冯新宇认为，仓颉语言自身的学习成本并不高，任何一个软

[①] ArkTS是OpenHarmony应用开发的官方高级语言，在TypeScript（简称TS）生态基础上做了进一步扩展，保持了TypeScript的基本风格，同时通过规范定义强化开发期静态检查和分析，提升代码健壮性，并实现更好的程序执行稳定性和性能。——编者注

件工程师,只要有过开发、编程经验,快则一周,慢则一个月,基本上就能上手开发;只是熟悉对应语言的库,或者熟练掌握开发框架需要的时间会久一些。语言本身提供复用的东西各不相同,配套的 IDE(集成开发环境)、调试工具、测试工具也需要开发者逐渐学习和积累。"仓颉"的目标是给开发者提供更简单高效的开发体验,帮助开发者缩短开发应用的周期,降低开发者对新应用开发的先天恐惧感,让他们能够更容易接受这样的开发历程。

这一次,华为凭借后发优势,避免了历史包袱的束缚,但仍然面临各种生态欠缺的挑战。因此,在构建初期,"仓颉"并不足以支撑外部开发者进行大规模的开发,但鸿蒙的生态又等不及让它逐渐成长。最终鸿蒙选择先采用成熟语言 TypeScript,并对其进行扩展和适配(即今天的 ArkTS),来满足应用开发和生态推广的需求。与此同时,"仓颉"则需要通过公司内外部的试用,尽快催熟。

2019 年起,编程语言项目开始按年度推进。除了编程语言团队,华为其他产品线的团队也加入其中。他们选定的试用场景是数据通信产品线。这不仅因为负责数据通信软件和创新的主要领导和专家胡子昂本身就是中央软件院编译器和编程语言实验室的创始人,还因为数据通信产品线对通信设备的整体质量、软件质量要求相当高,尤其是在追求商用目标的过程中,编程风格、代码缺陷、扫描工具和测试工具等一系列配套能力都得能跟上。这为处在发展初期的仓颉语言提供了全套的试验环境。

仅在内部试用还远远不够,作为全新的编程语言,"仓颉"

需要跟外部的第三方厂商合作，完善其三方库、开发框架等基础性内容。知名的刷题平台 LeetCode 很早就开始了与"仓颉"的合作。但凡在 IT 领域找工作的程序员，都要在上面刷题练手，它支持 C、C++、Java 等多种语言。LeetCode 在 2022 年时就已经把"仓颉"集成了进去，但是因为"仓颉"一直没有公开发布，所以在 LeetCode 上没有真正进行推广。LeetCode 的主要平台是桌面端和网页端，也有手机应用程序，它的应用程序会使用仓颉语言来开发鸿蒙版，开发出来之后，还会支持在应用上使用仓颉语言来写代码，用仓颉代码来刷题。这正是"仓颉"想要打造的正向闭环试验场景。

在找准应用场景之后，编程语言需要做出核心方面的取舍，集中火力攻坚。安全性、开发效率和程序运行的性能，都是编程语言追求的核心能力，因为很难全面兼顾，几乎所有的编程语言都会在这三者中做出自己的权衡和选择。

冯新宇提出了"仓颉"需要的三点竞争力：轻松并发、卓越性能和敏捷扩展。

要达到这三点竞争力需要多久？开发一个编程语言，从立项，到设计开发，再到试用，关键在于从起步到进入"语言相对稳定"阶段的耗时较长。稳定是指语言库对用户的开发接口和语言特性语法的相对稳定，甚至要对开发者做出"不会轻易变更"或者关于兼容性的承诺。这一般需要 5~10 年的时间。"仓颉"估计到 2025 年就能正式支持鸿蒙应用的商用开发。

2019 年 8 月 5 日，一个很小的"Hello，world"程序已经可以运行。2019 年 10 月，"仓颉"跑通了一个在嵌入式板子上的跑马灯小程序。2020年，面向华为的快应用平台，"仓颉"实现了一个华为电台的演示，这是一个原型性的展示性应用，实现了快应用的开发。随后，华为其他产品线也开始尝试仓颉编程语言，中国工商银行手机应用中的一部分模块也开始选用仓颉语言开发。

如今，主导仓颉语言设计与实现的编程语言实验室核心成员差不多100人，几乎是国内规模最大的编程语言实验室。但相比微软和苹果，团队规模并不算大，据说微软的C#相关团队有四五百人，苹果的Swift团队也有两三百人。"仓颉"到2025年鸿蒙真正实现应用的商用开发后再扩张。

可以说，鸿蒙内核和仓颉编程语言不仅是中国科技产业的历史性突破，更将助力中国自主创新的新未来。终端基础软件STDT（解决方案技术开发团队）经理许家喆对此深信不疑。

第十二章

开源生态：耕耘中国的开源沃土

> 我给我妹安排了一台能远程守护的鸿蒙设备，我妈说，因为每次申请延时使用应用都需要家长同意，我妹最近乖了很多。
>
> ——鸿蒙操作系统战队

华为原本并不擅长构建生态，但面对各种挑战时，无论是保卫战、攻坚战、人才战还是安全战，问题的根源最终都会指向生态这一关键环节。而这一次，华为面对的鸿蒙，本身就是生态型产品——其难点自然不在技术，而在生态。

华为要解决的问题是：在 iOS 和安卓二分天下的时代，鸿蒙要怎样获取自己的生存空间？至少，从一个生态的代码量来看，华为显然无法包揽所有终端设备的代码开发，唯有借助"代码开源"，让全社会参与，才能构建出完整的生态。

开源程序的源代码允许公开共享，任人自由使用、修改、再发布。每个人都能在不同的时空，用不同的编程语言，在同一个开源社区里编写各自的代码。这些来自全球的代码片段，最终汇聚成一部功能齐全、强大的软件巨制，由无数作者共同创作而成，并且持续迭代和生长。开源的顽强生命力和创新，同闭源之间早已形成了"你中有我，我中有你"的共存关系。

在海外，尤其是在硅谷，开源一直是推动软件生态繁荣的重要推手，但在中国，熟悉它的人并不多，哪怕在华为公司，开源也只是个边缘化的角色。

早在2008年，华为就设立过一个开源软件中心，总共50多人，只是一个不怎么重要的四级部门。该部门的工作内容仅仅聚焦在软件许可证和合规问题上。软件许可证规定了软件的使用、修改、发布等方方面面的规则，但当时该部门并没有深入研究涉及开源软件的数据。在实际工作中，单单从10亿行代码中搞清楚哪些来自开源软件，就已经让他们感到痛苦万分。

2012年，华为请了Linux基金会的吉姆·策姆林、IBM在职顾问、英特尔背景专家等开源领域的"明白人"，来华为分享开源的战略和业界优秀实践。这是一次里程碑式的开源启蒙会议，在会上，专家们系统梳理了开源的发展历程、最佳实践、开源与商业的关系，以及开源和华为可能相关的业务等。徐直军、余承东、丁耘、李英涛、何庭波和公司各个产品线总裁，还有2012实验室总裁都参加了此次会议。

华为高层在这次会议上形成共识：第一，开源不是拿来主义；第二，开源并不意味着落后；第三，开源不是免费的，很多成功的开源大项目背后都有商业公司的积极推动和贡献。比如

Linux 背后的强大推手就有 IBM 和英特尔，IBM 作为硬件、系统集成和专业服务提供商，不打算靠软件挣钱，利用开源做软件系统集成再好不过了。做芯片的英特尔支持 Linux 的逻辑就更简单了，它希望所有的软件都跑在自己的 x86 上，所以开源成为英特尔和 IBM 共同拥抱的战略，Linux 则是它们共同的选择。为什么 IBM 和英特尔这种硬件公司会拥抱开源，微软这样的软件公司在早期反而会大力反对开源？其背后都有非常清晰的商业设计和战略。硬件公司 IBM 和英特尔拥抱开源，是因为开源有助于它们扩大硬件和系统集成的市场份额；而软件公司微软在早期大力反对开源，是因为其商业模式依赖于软件授权收费，开源模式对其传统业务构成了挑战。

华为高层听后感到非常震惊：还有这样的玩法？

这次启蒙会后，华为开始审视自己的产业组合和商业设计。2012 年左右的华为，主要在通信和运营商领域打拼，最核心的产业还是无线、路由器、光网络、宽带接入网等"联接"业务，似乎不需要开源助力。同时，华为注意到，和自己同样做"联接"业务的思科，在面临美国一些创新型小公司企图用开源颠覆其地位时，竟然做出了"拥抱开源"的反应，而且结果很好，思科成功维护了自己在路由器领域无可撼动的地位。

2014 年，徐直军在负责公司战略与发展委员会期间，随着对开源的集体学习和理解，以及公司业务发展的需要，华为对开源的战略逻辑和相应的能力构建发生了质的、历史性的转变。他认识到，开源不仅仅是一个技术选择，还是一个商业战略和选择；开源是手段和工具，而不是目的。为此，徐直军把开源规划和管理职责从 2012 实验室技术规划部转而放到战略部门，以更好做到战略和商业驱动。同时，他成立了 OSSC（开源战略指导委员会）和后来的 EISC（生态与产业发展战略咨询委员会），以及多个负责开源项目执行的 OSDT（开源开发和发展团队）。2014—2017 年，肖然在战略与业务发展部任职期间，探索并成立了多个开源项目，包括 SDN OSDT（软件定义网络的开源项目）、ONAP OSDT（开放网络和协同的开源项目）、OpenNFV OSDT（网络功能虚拟化的开源项目）、OpensStack OSDT（云的开源项目）、CarbonData OSDT（大数据的开源项目），以及后来的操作系统——OpenHarmony 和 OpenEuler 的 OSDT。一次，产品与解决方案总裁丁耘在汇报战略规划时，让肖然做了两页幻灯片讲解开源战略。大家听后赞叹："美国还是有聪明人，善于将全世界的智力为自己所用，我们也要勇于学习和实践。"

或许我们现在更容易理解华为当年的战略远见和投资逻辑。华为之所以真正去拥抱开源，是因为当时已经有了芯片、IT、公有云、终端等相关业务和配套战略，开源在核心的决策层里的定位变得越来越清晰。

然而，真正接纳和接轨先进的开源理念并不容易。

一方面，这大大挑战了华为公司的文化和过去的实践逻辑，也挑战了原有的流程和机制。华为历来高度重视知识产权和代码的保密性。华为一度是中国最大的专利持有者和贡献者，把源代码看得很重。想要从华为公司拿走代码，必须有高层对知识产权和信息安全做出判断，批准后才可以。他们怎么会愿意把自己高投入研发换来的专利代码拿出来开源和共享？更具挑战的是，开源意味着很可能要和竞争对手"共同考虑和使用"同一个软件的架构，甚至同样的源代码，这让向来有强烈的危机意识、谋求差异化竞争优势的华为产生了天然的抵触。

另一方面，虽然华为的一线员工和高层中，接触开源的人已经意识到开源的巨大价值，尤其是高层，已经明确了开源的意义：操作系统是根技术，是生态型技术，唯有开源才能让它获得丰富的生态，但在公司内部，许多人仍无法理解，尤其是研发部门。开源的公益性，与华为奉行的专利保护、商业价值闭环等核心理念在一定程度上是矛盾的。这也导致开源项目和开源社区的开展在华为内部难以被广泛接受。即使是如今担任开源与开发者部部长的任旭东，在当时作为开源骨干，也一度误以为开源就是做慈善，难以理解华为这些做产品主力研发的人，为什么要去做开源。

随着开源在华为内部的地位逐渐提升，高层已经意识到，华为必须在公司内外更大力度地推动开源。他们一方面在内部提升开源组织在公司内部的地位，四级的开源软件中心一跃成为三级部门"开源软件部"；另一方面对外接触国际开源社区，与颇具影响力的基金会及其相关网络项目建立联系。

华为深入研究了 Linux 基金会和 Apache 软件基金会这两大开源领域的巨头。为了让一个技术快速成长，Linux 基金会在开源立项时会防止项目重复。例如，如果有人立项研究矿泉水，那么其他人就不能再立有关矿泉水的项目，这样，重头技术会快速占位。因此，在 Linux 基金会的羽翼下，很多 CNCF（云原生计算）项目的初创会员有"席位限制"——这个概念非常关键，占席位的企业，不仅要在最开始就加入进去，还要紧跟发展节奏。Linux 基金会的执行董事吉姆·策姆林也是个充满热情与理想的人，他看到适合开源发展的技术或方向时，会积极主动与企业沟通。所以 Linux 基金会有非常好的市场优势，总能跟各种大商业公司的重点项目保持很好的竞争与合作关系。

与 Linux 基金会的严谨不同，Apache 软件基金会更为松散自由。在这里，只要是"好的想法，好的项目"就被允许立项，开发者可以指派导师来孵化成长。比如你可以搞个矿泉水项目，他也可以搞个矿泉水项目，大家都试着运转一段时间，看看谁能满足要求，达标了，大家都能毕业，成为一个正式的项目。Apache 软件基金会的格言是"社区重于代码"，意思是人是最重要的，人大于一切。因此，Apache 软件基金会平台下的子项目众多，应用广泛，但在企业合作方面稍显不足。

随着开源的蓬勃发展，以及华为自身对开源的理解不断加深，华为快速成为 Linux 基金会的白金会员。华为了解到，从开发的角度看，开源项目主要有两种规模：一种是公司级的开源，就像安卓系统，它虽然使用了大量 Linux 基金会的代码，但仍然是谷歌的品牌，与公司的命运紧密相连；另一种是基金会级别的开源，这种项目的代码属于基金会，代表着最纯粹、最平等、最开放、最中立的开源精神。

在深入研究开源的过程中，华为还关注到了一系列重要数据：在华为的传统电信设备和 IT 类设备中，开源软件的代码占比分别高达 30% 和 70%；在终端设备中，这一占比更是在 90% 以上。还有一组来自安卓生态的开源数据显示，安卓系统中几乎

90%的代码是开源代码，只有10%的代码是闭源的。

这些数据让华为的高层极其震惊，几乎重塑了他们对软件的认知。他们开始意识到软件开源已经是软件领域的事实标准。事实标准的意思就是，不需要任何正式标准化机构来认定软件是否先进，你的产品只要在市场上被广泛使用，有软件社区支持，有成本效益……那么，支持的用户越多，就越接近"标准"。

华为也更加深刻地理解了当年网络领域竞争的老对手思科的打法。思科把自己的内部架构替换成了OpenDaylight[①]的开源项目，并借此掌握事实标准以后开始了控盘。在很多业界运营商的招标里，思科用Open Data（开放数据）作为网络事实标准，联合西方的厂商将华为拒之门外。这些事实标准的威力足以让华为深刻体会到，"当你手头没有一个武器的时候，你很难跟对方谈"。

事实标准，让华为对广泛参与高透明度的开源项目有了强烈的兴趣和需求。

然而，全球开源组织的分布并不均衡。全球上百个开源基金会70%~80%都在美国，直到现在，欧洲的开源基金会也只占二到三成，规模还都比较小。中国有上千万程序员早早地活跃于开源社区，他们当中有大公司的程序员、坊间的工程师和大学生，但这些开发者更多地参与国外的开源社区。一个名不见经传的大学生，或者是刚进公司的新员工，只要代码写得优秀，

---

① OpenDaylight是一个开源的软件定义网络平台，由Linux基金会发起并支持。——编者注

就能在社区里成为名人。就像抖音里凭借优质内容出名的"草根",无论出身,只要获得网民的认可就能一举成名。开源社区里,到处是没有高学历、没有领导提携,本无出头之日的开发者,但是他们有机会凭一技之长获得成功,这简直是所有开发者梦寐以求的舞台。对贡献者来说,他们完全可以通过开源,轻松而平等地站在巨人的肩膀上,名正言顺地出人头地。

可惜,中国没有成熟的开源制度和开源组织,从某种程度上看,开源基金会扎根美国,意味着开源成了美国"收割"全球智力资源的一种方式,数千万优秀的程序员都在美国的土地上"种地","成果"自然属于美国。中国的程序员多年来一直在干的事,是源源不断地向美国输送"成果"。

2018年之前,虽然中国已涌现出若干开源组织、慈善基金会和行业协会,但与国际接轨的开源基金形态却并未成形。中国开源领域"个体强、集体弱"的现象,也让各公司、机构间缺乏有效的协调与组织,难以汇聚成强大的合力。

自2018年起,中国工信部高瞻远瞩,着手论证组建开源基金会的可行性。他们深刻地认识到,开源不仅是摆脱信息技术困境、打破国际垄断与封锁的关键路径,更是整合产业与行业资源的强大引擎。

至2021年,开源被正式纳入国家"十四五"规划,这标志着政府在战略层面高度重视开源。此后,中国开源事业迎来蓬勃发展,开源软件开发者数量屡创新高,国内代码托管平台如码云(Gitee)的注册开发者数量已突破1200万大关,展现出开源生态在中国的巨大潜力和广阔前景。

到2024年，对于开源的支持政策更加明显：工信部等四部门印发《中小企业数字化赋能专项行动方案（2025—2027年）》，支持开放原子开源基金会等开源社区牵头成立人工智能开源社区，聚焦中小企业特色需求，设立专题人工智能开源项目。这些项目成为支撑我国开源体系建设的关键力量。

第十三章

开放公平：OpenHarmony 为全社会贡献

> 我们一起去耕耘它，或许就可以长出一片森林，这个森林发育得健康，其实在这里面的每一棵树都是受益者，现在我们已经有 800 万开发者了。
>
> ——鸿蒙操作系统战队

对开源有了更深刻认知的华为，开始思考鸿蒙的开源发展策略。

开源生态中具有重要地位的安卓，本身就由几十万个组件（包括第三方组件、谷歌组件等）组成，其中一部分组件开源程度很高，带有很强烈的商业色彩；另一部分则带有很高的风险，这些组件被称为"软件供应链"。对于这些不同的组件，使用者需要像管理供应链一样，从质量、风险等角度进行分级分类。

鸿蒙想要的生态，比 iOS 更加开放，比安卓更加平等、均衡。

开发者有了个大胆的设想，那就是从鸿蒙系统中将操作系统基本能力贡献到开源社区，打造一个全新的底座——开源鸿蒙。这个新的分支将把鸿蒙成熟的代码逐步开放给开源社区，甚至捐赠给开源基金会，让第三方公司能基于这些开源代码开发自己的鸿蒙操作系统设备，让原始设备制造商拥有真正的自主权。未来，鸿蒙与开源鸿蒙的关系应该像主从关系：鸿蒙是开源鸿蒙之主人，如果有一天，开源鸿蒙吸引了几十家公司加入进来，不断地贡献，这些外来的公司越来越多，鸿蒙从开源鸿蒙中获取代码，主从关系就彻底颠倒了，"开源鸿蒙"能反过来成为"闭源鸿蒙"之主人。鸿蒙的未来将逐渐走向由社区主导的发展方向，开源鸿蒙将不再只属于华为，而是整个社会和开源社区的共同财富。

开源鸿蒙非常需要一个更贴合开源市场需求和发展模式的软件生态，华为第一次萌生了主导开源项目的想法。中国需要自己的开源基金会，需要中国本土企业主导的开源项目，这样才可以把国家重视的复杂大项目通过集众智的方式管理起来，为国贡献。

开源的吸引力显而易见。谷歌年逾2000亿美元的收入中，高达80%的收入是由安卓系统引流而来的。安卓系统正是通过全球范围内的广泛使用和持续优化，才逐步成为当今领先的移动操作系统之一。肖然也曾在华为内部做过一个关于开源的专题洞察报告。该报告分析梳理了美国的开源生态环境的演进发展，包括围绕开源的法律、法规、知识产权、开源基金会，以及头部企业、初创企业、风险投资公司、开发者社区、人才等构成要素。

通过对比美国开源生态的发展过程，报告指出中国在部分关键要素上的缺失：第一，中国没有开源基金会；第二，中国对开源的理解和实践主要在使用开源，没有头部企业选择用主动开源的方式完成商业闭环；第三，围绕开源的风险投资机构和开发者群体能力较弱。报告建议，在面向未来的中国软件产业发展道路上，华为要积极地参与打造中国的开源一极，包括支持建立立足中国、面向全球的开源基金会。

美国发布行政令后，徐直军派给肖然的任务就是持续打造中国开源一极。华为希望通过开源生态，把美国、欧洲乃至全球的资源和开发者吸引过来，撬动全球的智慧，把自研操作系统做到极致，避免重复造轮子。

中国已经有了少数致力于推动和推广使用开源的组织，也有了慈善基金会，却一直没有真正意义上的开源基金会。开源基金会在中国是一个新生事物，甚至在国内面向社团和企业的法律法规体系中，都没有完全适合和支持开源基金会成立和专业化运作的机制基础。从 2000 年前后成立的 Apache 软件基金会、Linux 基金会，到更早的自由软件运动，开源基金会在国际上已经经过 20 多年的演变和发展，国际上的开源基金会、开源项目和开源社区做什么、怎么做，这些问题已经在程序员和开发者群体里形成了普遍的共识，而在中国，这些基本概念和逻辑并没有被清晰地建立起来，或者说大家的理解是模糊和不准确的。

至今，依然有人记得华为早期的开源会议上，台上的领导声嘶力竭地一遍遍给大家讲鸿蒙开源的事，工程师们却东倒西歪，在座椅上萎靡不振。一个超前、在根本上具有变革性的项目，并不因某个领导清楚了目标，整个团队就能轻松向前走。大部队行动的前提是达成共识。华为、开源基金会，甚至整个行业，谁也没干过完整的开源，争议四起。开源鸿蒙的品牌归属该叫"开鸿"，还是"开协"，还是叫其他名称？归属权的分歧怎么解决？开源基金会到底适不适合开源社区？开源基金会这种组织，上班用不用打卡？是按照开源的贡献方式，还是按照社会组织的方式进行考核？要不要全力投入开源，完全按照开源社区的方式来管理基金会？

业务主管单位和华为，将国内有影响力的企业家、院士和研究院院长等邀请到一起开研讨会，希望通过学习和开放研讨形成共识：中国需要自己的开源基金会！这个基金会对标的是 Linux 基金会，它可以同 Linux 基金会一样，拥有终端操作系统开源项目群等各种项目群。大家还要探讨一下，如何构建合适的机构和运转机制以确保项目有效、健康地运转。

此时，有不少领导、专家以为所谓的开源基金会，是一个类似捐钱、捐物、搞基金的机构，和大家平日颇为熟悉的中国红十字基金会、中国宋庆龄基金会是一个模式，尤其是一些基金会"爆雷"之后，有企业老总会直接质疑：公益性质的开源基金会，是不是类似于红十字基金会？基金会是中立的吗？其实，开源基金会虽然也叫基金会，却和 Linux 基金会、Apache 软件基金会一样，完全是另外一种机制。但是站在对方的角度，产生这些疑问是合理的。许多业界人士确实难以理解，也难以弄清"明明是一个产业服务机构，却必须以慈善机构的方式进行管理"的底层逻辑是什么。

然而，美国行政令带来的深刻影响最终淹没了所有的质疑。尤其是 Linux 基金会执行董事吉姆·策姆林请的专业法务团队，对极端情况的评估结果起了决定性作用。策姆林每年至少来两次中国，每次都会同国内的企业和伙伴交流，大家担心未来华为会不会连 Linux 这样的开源代码都无法获取，或者遇到其他法律上的限制。Linux 基金会法务团队分析后给的结论是，可能性很小，但是"不能排除"。正是这四个字，直接让深具底线思维的华为放弃幻想，果断做出了"在中国推动成立开源基金会"的决策。产业界、学术界也逐渐意识到，人们需要在新的社会环境和法律框架下成立中国自己的基金会，以构建面向未来的抗风险能力。

2019 年 6 月，肖然和王成录轮番找到在家中照顾老人、已经离职的杨涛，说要办一个开源基金会。一开始，杨涛对基金会这种组织形态感到陌生，婉拒了："对不起。我都已经离开公司半年了，真的想退休在家安心照顾老人了。"但杨涛架不住两个人反复讲述此事具备多么重大的意义，他最终问了他们三个问题。

第一个问题是："这件事情是不是公司支持的？"

两个人都回答："是的，给任总汇报过，小徐总和任总都同意。"

第二个问题是："在社会层面，在我国创办开源基金会是否有相应法律法规的支持？"

两个人回答："有的，我们研究过相应的法律法规，并与民政部的专家进行了交流，虽然咱们国家此前没有成立过这类国际性的开源基金会，但是基于民政部的申报流程，把开源基金会成立起来完全是合法合规，并符合国际惯例的。"

第三个问题是："我能不能成为这个机构的核心管理者，参与规划机构的战略方向？"杨涛此前当了多年华为公司的战略部门主管，做的就是类似高级参谋的工作。对他而言，一旦要付出无法兼顾家人的代价，重返职业管理者的岗位，就必然要深度参与规划机构的战略方向，全身心投入，把事情干好。

他得到了干脆的答案："当然可以。"

开源的消息一传出，立刻在公司内部引发了巨大的争议：开源的究竟是涉及安卓的部分，还是只开源华为替换的新开发的部分？如果把安卓的相关部分代码开源了，会不会触碰安卓的许可红线？从开源协议的角度看，是否合规？

在这场风波中，杨涛选择暂时抽身，回到了佛山老家，他决定用一个月的时间好好沉淀和思考。白天，他悉心照顾年迈的母亲；夜幕降临，等母亲安睡后，他便开始深入了解开源社区和各大开源基金会的资料。他逐一剖析了 Linux 基金会和 Apache 软件基金会的成长轨迹、法律框架和运作机制，在对开源深入理解的过程中，"科技界的人类命运共同体"这一理念在他心中悄然生根。在这个共同体里，人们跨越界限，携手合作，开源开放，共同为一个目标而努力。

经过一个多月的深思熟虑，杨涛决定重出江湖，投身这场开源大潮。"我们是中国开源的新一波开拓者"，想到自己能为国家乃至全球科技进步贡献力量，想到自己在科技领域工作了 20 多年，还能有机会持续站在科技创新的最前沿，这份使命感与成就感,为他注入了无尽的动力与活力。

虽然做足了准备,但基金会的实际运作还是让他压力倍增。筹备工作组的任务繁重程度远远超出了他的预期,撰写各类申报材料,推进开源科普工作,召集发起人开会研讨,他感觉自己和其他中国开源的组织者和实践者,就像是在盐碱地上辛勤耕耘的农夫,既需努力播种庄稼,又需不懈地改善土壤质量。

2020年,中国第一个软件开源基金会——开放原子开源基金会,终于磕磕绊绊地成立了。这个名字寓意深远,原子是物质构成的最小单位,能引发化学反应;开源代码似原子一般,可以自由组合、碰撞,孕育无限可能。华为期待开放原子开源基金会,可以赋能企业深度应用鸿蒙操作系统,共同推动科技生态繁荣发展,为社会贡献开源智慧与创新力量。

杨涛认为,大企业牵头并深度参与贡献的重大开源项目,将比自然生长的社区开源更高效。而大企业不止一家,大企业之间的竞争也异常激烈,多家大企业同时领导可能会引发竞争和协调问题。因此,他提出了一种更可行的模式:由一家大企业带领几家中等规模企业,携手共同推进开源项目。基于这种筹建思路,开放原子开源基金会最终由华为、腾讯、阿里巴巴、百度和浪潮等多家企业共同发起,并成功促成了多个重要项目的捐赠。在注册过程中,他们遇到了一个难题:到民政部申请设立的非公募基金会原始基金至少需要2000万元人民币。经过一番波折,他们成功吸引了OPPO、vivo、小米、360和招商银行等多个企业的加入,共同筹集了所需资金,并向相关部门提交了所有材料。直到这一刻,筹备组几家公司的主管才如释重负地调侃道:"杨涛,民政部终于认可你这位理事长了！"

对基金会这样的新生事物来说，"被认可"的阻力注定会接连不断地到来。

因为华为"黑寡妇"的名声在外，所以有些中国企业质疑开源鸿蒙的能力和动机。如果鸿蒙是好东西，一个"所到之处寸草不生"的强势公司还不得藏着掖着？华为一边做着开源操作系统，一边做着自家的手机，是不是有两头占便宜的嫌疑？中国搞软件生态就从来没有成功过，华为凭什么能搞好？有些设备商一上来就问："华为将来会不会做我这个产品？"这样的客户比比皆是，他们担心，一旦华为也做了自己的产品，自己根本竞争不过，入局开源，自己谈何机会？

基金会初期选人也成为一大难题，中国几乎无人有开源基金会运作经验。按国家相关规定，基金会的薪酬有严格限制，规定要求基金会的平均薪酬不能超过所属行业平均值的两倍。千挑万选搭建的专业化团队，要既懂专业知识，又懂管理，还不能拿高薪。在没有会计的初期，所有账目甚至由理事长杨涛本人和秘书长共同管理，出差费用也自己承担。即便如此，也有人怀疑杨涛管理上怀有私心，"偏向华为"。

这种矛盾让基金会在开始的两年半困难重重，不仅捐赠动员受挫，连合法合规的财务运作也十分艰难。

在这样的关键时刻，国际上几个影响力极大的基金会给予华为强力支持。Linux 基金会站出来发声，强调开源精神的公开性，表示项目不会受开源影响。与此同时，其他几大基金会也公开发表声明，支持华为和华为的开源精神。Apache 软件基金会成员、开源社理事长刘天栋，向 Apache 软件基金会发出厘清请求[①]。开源社副理事长陈阳向 GNOME 基金会、FreeBSD 基金会和软件自由保护协会（Software Freedom Conservancy）提出了相同的厘清请求。基金会不约而同的支持行动，是基于对开源精神的坚守和推动，而这些行动更重要的意义在于，它们为中国全社会普及了开源精神。

周鸿祎信奉开源的力量，他最反对开发者各自开发，重复造轮子。他说："没有开源就没有 Linux，没有 Linux 就没有今天的互联网，连一些说开源不如闭源好的公司都是借助了开源力量才成长到今天的。开源社区聚集的工程师和科学家的数量是闭源的数百倍。我相信，未来一两年内，开源的力量很有可能会达到或者超过闭源的水平。"

杨涛也一直秉承"清者自清"的态度，不想辩白。他确实在狼性的华为工作了 20 多年，但是在做基金会这件事上，他更愿意以"Linux 之父"林纳斯·托瓦兹的成就激励自己。托瓦兹以芬兰人的执着，以纯粹的开源精神铸就全球瞩目的美国品牌，赢得了全球的尊重。开源不是合同，不是慈善，不是背后有"主谋"的把戏，它推动着软件开发和创新的理念。徐直军对杨涛说："虽然你不是华为人了，但是我代表华为感谢你。在你的任期内，你达成了战略目标。"这句话体现的是华为对开源精神的深刻认同与支持。

---

① 开源基金会的厘清请求通常是指开源基金会或开源社区对某个项目、代码或行为进行澄清、解释或确认的正式请求。这种请求的目的是确保开源项目的透明度、合规性和社区信任。——编者注

在开放原子开源基金会成立之后，柳晓见接到了来自龚体等华为高层给出的未来的"鸿蒙任务"：出任开源鸿蒙使能部部长。龚体在担任华为终端BG软件部总裁伊始，就成立了HarmonyOS部、OpenHarmony部和OpenHarmony使能部，通过"三个赛道"更好地构建好鸿蒙生态。这些部门除了要支持华为在芯片短缺困境下实现商业成功，更要开源一个可用、好用的数字底座给社会和国家，充分发挥开源的价值。

为了避免开发者产生鸿蒙只属于华为一家的印象，2020年9月10日，余承东在华为开发者大会上宣布，将把鸿蒙操作系统源代码、文档、开发环境捐赠给开放原子开源基金会。开源的鸿蒙项目取名为OpenAtom OpenHarmony，简称OpenHarmony。

OpenHarmony致力于完成一项重要任务：通过替换安卓系统中的关键技术和有风险的技术，逐步构建一个新的操作系统基础。随着原操作系统组件的逐步替换，操作系统将不再是安卓的"遗蜕"，更不是安卓的简单原位替换，而是一个追求先进性和面向未来升级的全新自主系统。安卓系统是由数十万个组件构成的庞大体系，华为的自研替代要像管理一个庞大的实体供应链，从质量到风险多个维度、深度细致地分类管理，逐步开展自研替代。为此，华为在后续推进单框架鸿蒙操作系统时，都会基于社区的OpenHarmony做自己的企业发行版：从一系列无屏的轻设备，到带屏的辅助设备，不断地为开源社区贡献力量。未来，他们不仅是包括AOSP、Linux、Linaro、Eclipse在内的众多开源项目的贡献者，也将成为OpenHarmony的贡献者。因为在鸿蒙生态的版图里，HarmonyOS与OpenHarmony对应着两个完全不同却又相互关联的生态战场。

围绕 OpenHarmony 的工作组也开始组织和行动起来：龚体担任 OpenHarmony 项目群工作委员会主席；在此期间，龚体多次在头部院校开展"鸿蒙公开课"。他提到，中国软件开发者群体数量大，能力也很出众，但是可惜的是，中国没有代表性的基础软件产品，所以开发者大多在做项目交付，在为国外的基础软件贡献。如今，中国有了自己的开源平台，有了 OpenHarmony，中国的开发者也必将走向世界之巅。台下的学生们大受鼓舞，他们未来都可能成为 OpenHarmony 的开发者。

2021 年 11 月，OpenHarmony 项目群技术指导委员会也在此背景下应运而生，陈海波担任创始主席。技术指导委员会定义并看护 OpenHarmony 技术愿景与架构，凝聚产学研力量，共建共享技术与人才生态。通过技术指导委员会，OpenHarmony 与我国超过 100 家高校成立了"OpenHarmony 高校技术俱乐部"和"OpenHarmony 开发者俱乐部"，通过举办 OpenHarmony 技术大会，凝聚产学研各界人才为 OpenHarmony 建言献策，并发布终端操作系统难题牵引业界研究。2024 年 10 月，在上海举办的第三届 OpenHarmony 技术大会生态影响力再创新高，3 位院士、50 多所高校、20 多家合作伙伴支持了这次大会，现场参会人数超过 2500 人。2024 年 10 月底，OpenHarmony 也首次亮相 Open Community Experience（开放社会体验）大会和顶级学术会议 ASPLOS，从操作系统内核的自主可控，到开发者生态的全球共振，OpenHarmony 积极打造国际化的开源生态。

OpenHarmony 项目群工作委员会执行主席柳晓见，在 2023

年开放原子开源峰会上提出，要将OpenHarmony打造成下一代智能终端操作系统的根社区，这一目标即将实现。在煤矿领域，有基于OpenHarmony的"矿鸿"，在电力领域，有基于OpenHarmony的"电鸿"，等等，各个行业可以基于同一个底座构建出该领域的发行版和应用。

OpenHarmony先进的架构设计理念，为行业带来了更多的创新可能，比如OpenHarmony的可大可小的解耦架构，很好地满足了不同行业中不同算力架构下终端设备的不同需求，可以一个操作系统覆盖多种设备，真正实现"万物"归一；OpenHarmony的分布式互联的特性，可以让不同设备之间实现互联、互通、互操作，而"万物互联"正是下一代智能终端操作系统的典型特征。

2021年10月，华为终端BG软件部、2012实验室中央软件院和海思无线终端芯片业务部联合发文，成立OpenHarmony架构联合设计组，陈海波等担任联席组长；同时，中央软件院立项了鸿蒙基础软件项目，陈海波担任该项目的首席架构师，许家喆任项目经理，钱枑杨任技术规划代表。该项目的第一个版本就提出了要围绕鸿蒙操作系统的内核、图形、编程语言、数据库、分布式通信等进行根技术创新，打造基座与差异化竞争力。它与龚体在终端BG推动立项的鸿蒙项目，共同形成基础软件底座解决方案的配套技术。目前，该项目范围已经扩大到鸿蒙内核、仓颉语言、方天视窗、鸿途Web、毕昇编译器、通途协议、分布式数据库、iTrustee、毕方IDE等一系列基础软件根技术。2024年华为开发者大会发布的鸿蒙关键技术中，就有十几项根技术由该项目孵化和催熟。

在 OpenHarmony 项目群技术指导委员会的倡议下，OpenHarmony 的技术愿景为"面向万物智联世界，构建分布式全场景协同开源操作系统基座与生态系统"。OpenHarmony 项目群技术指导委员会创始主席陈海波开玩笑地说："OpenHarmony 不是一个操作系统，而是要成为一个操作系统的'母鸡'，孵化出千行百业的操作系统。"

开源社区的归属感和荣誉感，吸引了大量的开发者参与 OpenHarmony 项目。过去，开发者往往只能寻找安卓和 iOS 的漏洞，相当于在为他人"打补丁"，这种级别的努力无法换来充分的认可和感谢。如今，只要在社区里有技术突破，他们就能够获得应有的荣誉和认可。因此，高校学生成为社区主力，他们只需把软件供应链中关键组件的替换与维护等工作做好，就有了十足的获得感。这样宝贵的学习经历以及从中获得的荣誉感更具价值。

开源后的 OpenHarmony 已经是"大家的鸿蒙"，它不仅让王成录的"超级终端"构想成真，更将华为账号下的多设备数据统一了。这种多屏协同的新特性，在业界掀起不小的波澜。华为迅速趁热跟进，在安卓框架上开发出了一套开放的应用程序编程接口，并于 2024 年 10 月发布了一套基于 OpenHarmony 1.0 的兼容安卓的新操作系统 HarmonyOS 1.0——更准确地说，是 OpenHarmony 1.0 稳稳地撑起了 HarmonyOS 1.0 的隆重登场。

但是，OpenHarmony 1.0 的推广过程并不顺利，三方生态总是会质疑操作系统能带来的价值，以及更换操作系统的研发成本由谁承担。网上对于 OpenHarmony 真正价值的怀疑和批评更是铺天盖地："华为首个开源版本质量太差了，很多问题都没解决，牛吹得很大，饼画得很大，代码名不副实……"

OpenHarmony 2.0 就是面向全场景智能设备的商用版本。遗憾的是，OpenHarmony 1.0 和 OpenHarmony 2.0 的使用率并未如预期中那般飙升，用户短暂体验后便纷纷离场，原因在于多屏协同并未真正融入用户的日常生活，与用户体验割裂。

OpenHarmony 的海外生态拓展更为艰难。为了更好地将鸿蒙推向全球，终端 BG 标准专利与产业发展部部长秦尧及其团队在欧洲与 Eclipse 基金会同步启动了 OpenHarmony 的镜像 Oniro 开源项目。Oniro 是希腊语，原意是"希腊梦之神"，在鸿蒙的开源版图里，它就是鸿蒙全球化的梦想。华为声势浩大地组建了一支由 30 多位专家、工程师和真正搞开源运营推广事宜的人员组成的梦幻团队，期待通过这样顶级的合作配置，帮助中国的开放原子开源基金会在欧洲发展开发者和构建生态，让 OpenHarmony 走出国门。可惜，2022 年，制裁造成的影响越来越严重，华为终端持续压缩预算。9 月，秦尧专门飞到爱尔兰都柏林 Eclipse 峰会，为华为因"不可抗力"减少对欧洲 Oniro 开源项目的投入向 Eclipse 基金会的高层致歉。

但曾经的努力并没有白费，鸿蒙开源的初期战略目标已达成——OpenHarmony 成功吸引了欧美开发者的目光，鸿蒙的设备也从此有了一个全新的标签——Powered by OpenHarmony，即由开源鸿蒙提供技术支持。

开源的广泛适配性不仅能够完美融入华为自己的产品生态，

还能通过强大的开源社区轻松适配各种非华为芯片的设备。这一特性让 OpenHarmony 成为设备兼容性的佼佼者。业界巨头如英特尔，以及那些在生产制造上依赖国外技术的国产芯片公司，如紫光展锐、瑞芯微等，在看到 OpenHarmony 的潜力后，纷纷开始与开源社区携手合作。截至 2025 年 1 月，OpenHarmony 社区吸引了 300 多家合作伙伴和 8100 多名代码共建者。他们为 OpenHarmony 社区的发展贡献了 1.2 亿多行社区代码。

第十四章

路线困境：双框架还是单框架

公司孵化几年的蛋，终于要破壳了。

——鸿蒙操作系统战队

2020年，华为的芯片走进了至暗时刻。

5月，美国对华为开始了第二轮制裁。此前，美国禁止华为购买美国公司的软硬件服务，这一次，制裁升级，美国禁止华为购买"全世界所有和美国技术有关的"软硬件服务。这直接导致台湾积体电路制造公司（以下简称台积电）、三星乃至中芯国际集成电路制造有限公司，统统不能给华为制造先进制程的芯片，麒麟芯片也无法生产。8月，美国将38家华为子公司列入"实体清单"。华为已经无法再像原来那样获取大量的硬件用于生产。

"以软补硬"几乎成了唯一的突围路径，华为内部开始有了各种让鸿蒙替代安卓的声音。事实上，追求卓越的华为本身也难以接受安卓系统的种种问题。以安卓图形渲染为例，它以分离渲染的方式分别渲染窗口和各组件。比如桌面上有壁纸、应用图标、主题三样东西，每样东西都是独立渲染的，也就是通过三个通道的中央处理器告诉图形处理器，先渲染最底层的壁纸，再渲染主题，最后把图标渲染出来。结果，在终端背景"负载不同"的情况下，最终会出现先有图标没主题，或者是差一帧、不同步等不一致的情况，而若是采用统一渲染的方式，这些问题就不会出现。作为华为的图形架构专家，他们清楚安卓为什么要选择分离渲染：安卓开源的图形管理框架，是为移动而设计的开放系统，它追求设备厂商和芯片厂商的广泛协同，但安卓自己既不深入做产品，又不做芯片，其核心放在操作系统上，这正是安卓设计分离渲染功能时的底层逻辑。而鸿蒙需要的是多层合一、统一渲染的能力，让动效的体验极致流畅，工程师还可以基于它做性能上的提升和优化。

在做类似性能工作的过程中，华为工程师其实尝试过各种软件补硬件的工作，可是谷歌框架下的整体性能的天花板就这么高，基本不具备"可以提升"的基础。工程师想要奋力一搏，做点安卓底层优化工作时，又百般受阻。

以内核为例，彼时 Linux 拥有 2000 万行代码，无论怎么优化，都庞大且复杂。AOSP 在十几年的演进过程中，或许有 1000 万行代码是对终端设备冗余或无效的。而单框架鸿蒙内核仅需 200 万行代码即可实现终端需要的功能，并且更安全、纯净，也更有优势。

安卓操作系统的垂直整合能力弱也是有目共睹的。由于是奔着灵活性和兼容各种芯片平台而去的，安卓操作系统做了大量兼容设计，软件的分层越来越厚，以至于安卓操作系统内部几乎没有太多精力去做垂直整合工作。虽然安卓也尝试着把垂直整合的工作交给手机厂商，但大家各扫门前雪，不同手机厂商的关注点和发力点不同，垂直整合能力参差不齐。在应用场景和手机厂商里，高通或者MTK芯片只能发挥出部分能效。

鸿蒙替代方案因此产生了两种可能的方向：一个是基于AOSP，在安卓生态里用抽屉式替换的思路，将核心模块替换，大家称之为"双框架"鸿蒙；另一个是不兼容安卓，也不是安卓的平替，大家称之为"单框架"鸿蒙，它只为自己的先进性负责。

虽然安卓的不足之处很多，但华为内部依然有多数人赞成鸿蒙系统"保留安卓，兼容安卓"。他们认为，安卓和iOS都有大约20年的历史，主导了中国几乎所有的智能手机，它们向上承载了中国几乎所有的移动应用，向下驱动了中国几乎所有的硬件设施，可以说，当今中国整个数字产业生态和数字社会生活，近乎都建立在这两个美国操作系统之上。仅仅因安卓的不完美就开发新系统，理由不充分，而且安卓长期使用没问题，谷歌也没限制使用，反而在增强用户黏性。反观华为的处境：华为要在恶劣的研发环境里保持正常运转。所谓正常运转，就是正常推出新产品，继续给消费者提供高品质体验。所以华为只要解决芯片问题，双框架产品就能快速盈利。

坚持独立操作系统的人非常反对这种说法，他们认为，双框架虽然能同时支持安卓和鸿蒙的应用，但终究只是一个权宜之计，而非华为的长远发展之道。华为绝不希望自研的操作系统给人留下这么多负面印象。芯片的路径都被堵死了，华为的芯片架构跟美国、台积电这些所谓的先进制程的芯片架构相比，必然存在差异；从软件层面发挥系统优势、综合优势去提升硬件性能，是华为眼下最需要的。对近乎全线牵扯华为产品生态的安卓来说，一旦断供，华为的手机、平板电脑、PC统统得停产。更麻烦的是，谷歌系统融入太多欧美开源软件，断供任何一个，华为都会遭殃，脖子始终卡在别人手里是很危险的。其实大家都能看清楚，如果鸿蒙选择基于安卓的系统继续走下去，将永远达不到软件的极致以及与硬件的高度协同。鸿蒙操作系统要区别于其他系统，必须紧密配合自己的智能芯片，自己的芯片必须有自己的架构，只有这样，才能构建由"芯片、鸿蒙操作系统和围绕鸿蒙操作系统打造的生态"三者配合形成的生态。

单框架支持者坚持鸿蒙的连续性和先进性，从整体思考，也做了更长远的打算。这几年应对美国的打压，华为在解决业务连续性问题上可以基于AOSP开源代码。可是采用双框架，即使代码全部换掉，生态还是安卓生态，框架还是安卓框架，运行方式也类似安卓，它的天花板仍然无法被打破。即便华为芯片能够回归，也只能说明芯片可以使用，不代表系统整体的先进性。如今，芯片先进性这条路被堵死了，而鸿蒙操作系统真正要实现价值需要获得先进性。鸿蒙操作系统走单框架这条路不敢保证一定能走通，但是走这条路有实现先进性的可能。

华为在"要不要安卓"的争议中推进和构建单框架，其过程非常痛苦且缓慢。华为的产品越是依赖谷歌，安卓断供的破坏力就越大。华为必须深入分析安卓，与安卓之间是合还是分，怎么合，怎么分，都必须做个了断。

徐直军是主张彻底与安卓分的，在他眼里，真正的鸿蒙不应再兼容安卓的代码。

但是单框架鸿蒙需要巨额投入，这和华为的销售困境构成了一个难以调和的矛盾。此时的华为是一个陷入困境的商业公司，要做自研生产，不仅需要投入巨额的人力资源，还要投入大量物料和技术，且短期内根本看不到回报。在安卓还能使用的情况下，华为内部没人敢拍板，做出以投资百亿元的代价重建生态的惊天决策，包括余承东在内的公司高层都下不了这样的决心。但是被打压之后，又没人能找到华为"不受制于人，站着挣钱"的合理发展道路——要么彻底退出手机行业，要么把别人禁掉的芯片、操作系统和生态等全部自己干出来，自给自足。华为已经从GMS被禁、芯片被禁的一次次围剿中，深刻思考了自己的未来：想要进入一个行业，不掌握这个行业核心的技术，就等于把高楼建在浮沙上，别人想捏死你易如反掌。华为不仅要分层，还要掌握每一层的核心技术。

华为也曾和自己的终端合作伙伴激烈讨论过OpenHarmony的未来走向。合作伙伴支持华为发展自主操作系统，如果一直兼容AOSP，未来"自主操作系统"这个名声可就有点名不副实了。

华为不得不在内部开启了一系列持久的、足以写入华为史册的重大决策会议。

2020年年底至2021年年初，鸿蒙生态发展委员会主任何刚频繁地召集鸿蒙生态发展委员会会议。2021年4月至5月的一次经营管理团队战略务虚会上，他召集了王成录、余承东等几乎所有经营管理团队领导参会，就单框架还是双框架问题各抒己见。

讨论会上的交锋非常激烈。

一派意见是支持双框架，在HMS替换GMS时代，用户只需简单切换后台账号、消息通知提示、支付服务提供商等，即可保持整体功能的稳定。然而，自研的鸿蒙意味着技术栈的全面革新，以及所有功能的重新设计。

从技术层面来看，单框架鸿蒙需要从Java过渡到TypeScript语言，这不仅是语言层面的简单切换，还牵涉集成开发工具、编译器、芯片指令集的全面切换。除此之外，在HMS替换时期，团队成员无须重新接受培训或学习新技能，因为开发环境、软件工具、编程语言和参考资料都保持不变。然而，自研的鸿蒙必须彻底打破这一现状：集成开发环境和工具都将面临全面变革，工作量可能激增10倍以上。如此大的投入，最终的结果也不一定能超过安卓。

再从生态看，开发单框架生态很难像安卓那样建立一个拥有百万应用软件的生态。在HMS保卫战时期，对国外消费者影响较大的应用软件数量大约为3000个，而鸿蒙系统仅在中国市场就需要支持高达5000个应用软件，这还不包括全球范围内已经存在的百万个应用软件。随便拎出这几项工作，华为这些人干到吐血也干不完。

双框架支持者还有一个共同的观点：像谷歌这样的科技巨擘，集合全球先进技术，联手多家公司与机构，才铸就今日的操作系统。华为孤军奋战，能否完成这等伟业？华为凭什么能搞出来？即便搞出来了，怎么赚钱？怎么把过去付出的成本赚回来？所以，他们当中有人建议，鸿蒙可以尝试通过物联网硬件来寻求发展，即利用芯片加载物联网硬件，来实现手机与周边设备的远程控制。这个观点展开就是：既然手机这个单一设备无法全面带动整个生态的发展，那么就应该鼓励更多辅助设备涌现，特别是那些数量众多的小型设备。

　　最后，双框架支持者抛出了一个大家都难以回答的问题："谷歌有那么多的专家，在安卓上深耕了多年，操作系统也只能干成现在这样，华为难道比谷歌还牛吗？"

　　但另一派，包括手机产品线总裁在内，却对双框架的持续发展前景表示担忧。如果没有芯片问题，他们自然也倾向于投资小、风险低的双框架方案。但现实情况是，华为的芯片受美国打压，工艺无法提升，性能体验将持续恶化。谷歌通过HMS控制了整个生态，相当于让华为在芯片"无法获得最先进工艺"的问题上雪上加霜，华为继续走双框架之路是"不得已而为之"，对鸿蒙的发展没有根本性的好处。如果继续基于安卓双框架发展，性能会因为应用负载的增加，每年恶化10%~15%，持续到2025年，芯片在安卓双框架系统上的表现可能只能与低端机相提并论。因此，学习苹果的iOS经验，从软硬件芯片协同的角度构建系统优势是迫切的需求。安卓作为一个开放系统，无法像iOS那样从操作系统层面进行深入优化。如果不上单框架，就无法保证优质的用户体验，这种情况只有"华山一条路"能走得通。未来单框架推出时，生态体验肯定会有所不足，但如果不迈出这一步，生态更是永远无法成熟。

反观此时的华为，凭借多年的深耕和积累，已经拥有了鸿蒙内核、毕昇编译器、网络协议、MindSpore等一系列基础软件能力，这些技术完全可以组合成自主可控的基础设施，整体竞争力不落后于世界最先进水平。鸿蒙也已经实现了一些新的性能优势：极低的能耗、高效的任务执行、云端协同、分布式操作系统等。这些优势使自主研发操作系统有了些基础，尤其是分布式操作系统，它能够让手机、平板电脑、PC等设备共享同一套操作系统，从而彻底改变原生体验，实现设备间的无缝切换和高效协作。

在经营管理团队的后续会议中，双方的辩论还在继续。双框架支持者提出基于AOSP进行抽屉式替换的方案，即逐步将核心模块替换为自己的模块，以确保用户体验和整机性能的同时，不影响开源的推进。然而，单框架支持者却认为，这种抽屉式替换或许在部分环节上能够实现，但架构创新严重受限，最终很可能替换出一个安卓复刻版，同时在芯片的直接整合和优化上仍存在明显的不足。

各种观点辩论到最后，龚体也抛出了一句所有人难以反驳的话："（如果我们）不这样走，还有没有另外一条路。如果没有另外一条路，那么这条路就是我们唯一的路。"

自我评判是华为克服以自我为中心的有效手段，也是一种纠偏机制。支持双框架的人，咬着复现安卓生态的巨大困难不放；

支持单框架的人，咬着芯片的困难不放，双方僵持不下。谁的方向走偏了，人们难以分辨。

邵洋从更为宏观的战略角度出发，主张将鸿蒙做深、做广，并认为鸿蒙的定位应该更加贴近当前的战略方向。

望岳当时还在专心于 HMS 海外生态的建设，并未直接介入鸿蒙的方向之争。但他从另一个角度婉转地表达了自己的观点：华为尚未走出 HMS 的阴影——当年，不惜一切代价搞 HMS 生态有多难，经历过的人都懂，现在的"单框架鸿蒙"，大概是许多个 HMS 的超级增强版。二者最大的差别就是工作量的规模，单框架的技术投入加上鸿蒙合作伙伴的投入，总工作量将达到一个非常恐怖的量级。

会议伊始，大家尚能维持和气的讨论氛围，但随着观点的差异逐渐显现，大家的情绪越发激烈，争论几乎演变成争吵。

我们不难理解这场漫长、激烈的争论主要缘于单框架研发的难度极大，而且代价过高。重写操作系统只是第一步，基于一个全新的操作系统建立一个全新的生态，才是这项艰巨任务令人望而生畏的关键。谷歌和苹果是少数成功建立起自己生态的公司，华为作为后来者，早已错过了开创单框架生态的最佳时机。单框架需要华为投入大量的精力去完成新系统和新生态的建设，同时华为还要兼顾现有的产品线，这样的挑战太冒险了。更何况，华为在遭受制裁后，还需要更加谨慎地考虑自身的经济实力。如果没有充足的科研经费，单框架的研发进程很可能会受到严重影响。

经营管理团队会议经历过多次这样激烈的单框架还是双框架

的争论，一直难以做出决定。或许，单框架还是双框架之争并不存在绝对的对错之分。单框架的可怕之处在于，每个想法最终都需要依靠实践来验证，而一旦实践就意味着没有退路；双框架的可怕之处在于，留的退路也不一定能通向成功。在安卓系统依然可用，双框架鸿蒙依然有"过渡性"价值的情况下，找到一个大家都信服的理由来做单框架几乎不可能。

2020年年底到2021年年初，形势已经越来越清楚：华为不仅在GMS上受限，整个操作系统都遇到了更大的危机。如果在安卓基础上做优化和改造，会有几个方面的后果。一是从生态角度看，谷歌对欧美的开源软件兼容奠定了其主控地位，一旦谷歌断供，就会对中国生态造成毁灭性打击。因此，构建自主可控的操作系统显得重要且迫切。二是断供会对华为终端产品造成致命打击，这是华为无法承受的风险。在终端领域，操作系统要充分发挥芯片及硬件模组性能，提供高效系统调度，支持应用顺畅运行。三是从技术层面看，谷歌是一家"硬件无忧"的国际软件公司，注重与海外开源系统的融合性，而非极致性能和流畅度，这种系统设计原则的弊端就是软件支持的场景越多，运行效率就越低，这与华为追求"极致性能"的目标存在差异。四是中国与美国在芯片制造上存在差距，这种差距一时半会无法弥补，华为需要用时间换空间，用软件创新提升性能以弥补硬件不足。

这一切利害关系——展开，无不说明操作系统对终端技术、生态生死的操控能力。未来，一切围绕操作系统的努力都将意义非凡。

这也是徐直军始终带着悲情色彩去看待鸿蒙的原因，他说：

"我们是被逼的。如果当年苹果做 iOS、谷歌做安卓时，我们就同期坚持自研国产操作系统，现在也不至于如此悲惨。如果中国有美国的生态，那华为今天只需找个很好的品牌携手合作，成长的过程也不用走得这么坎坷。一个生态型企业想要做好基础科学领域，必须抓住先发优势，就算没有先行，也至少能够同步。华为的智能驾驶就是'先行'很好的证明，我们现在不那么累，是因为我们是先行者，放到美国我们也属于先行者。而鸿蒙的艰难则是生态'后行'者的结果，后行者填补高科技的时间差，要付出难以承受的企业代价和历史代价。"

"造车"阶段

（2022 年开始）：

别无选择，决战生态

第十五章

背水一战：深耕单框架

> 单框架从设立之初就定下规则，每段代码都要有"田主"看护，从生到死，人员可以转岗，但是看护部门必须有人承接。这让我想起改革开放后的包干到户。只有这样，才能激起大家的积极性，主动思考如何多长粮、长好粮。
>
> ——鸿蒙操作系统战队

2021年春节前的一个冬日午后，徐直军拨通了何刚的电话，专门深入探讨单框架鸿蒙的未来。徐直军一直是单框架的坚定支持者，在他心里，双框架鸿蒙不是真正的鸿蒙。他认为华为一直不够勇敢，虽然做单框架资源投入多，技术难度也大，但这是构建自主可控的操作系统的必经之路，只有坚定地走单框架鸿蒙，才能够真正解决根技术的潜在风险和竞争力问题。也许他从骨子里就不愿看到华为从高端滑落至低端，华为应该拿出更大的勇气迎接单框架鸿蒙的挑战。何刚也认为，生态不是一蹴而就的，双框架的意义在于培养了消费者对鸿蒙的认知，让消费者理解华为逐渐被逼向单框架鸿蒙这条路的原因，但是鸿蒙的未来依然需要义无反顾地做单框架。

徐直军不仅给何刚打了电话，还给华为海思总裁何庭波打了电话。徐直军的观点是，绝对不能简单复制，要做就做一个全新的操作系统和生态。何庭波提出，既然要做全新的，那就必须具备竞争力。Rust 语言是一种非常好的软件编程语言，可以极大地减少内存泄露，增强安全性。Rust 语言还没有在移动端的操作系统里得到大规模应用，如果把它放到移动终端，开发 Mobile Rust 作为下一代编程语言，利用其极优的安全性打造一个全新的生态系统，鸿蒙的竞争力有望超越安卓和 iOS。

在构建新生态上，单框架意味着要基于新编程语言构建自己的代码库。苹果的成功已证明这一点：苹果使用 Swift 进行核心编程，底层采用 Objective-C 语言编程，这样的组合使其系统安全性远高于安卓。安卓的 Java 虽便于开发，安全性上却存在着很大隐患。同时，TypeScript 语言在业界被广泛使用，特别是在前端开发领域。华为的 ArkTS 基于 TypeScript 增强优化，针对移动端特点适配、改进。这些历史悠久的编程语言虽有直接植入的硬件能力，但常伴内存泄露和安全问题。因此，选择更安全高效的编程语言构建新生态显得更为重要。

与何庭波的深入交流坚定了徐直军推动单框架鸿蒙的决心。2021 年之后，徐直军专门写了几页材料，向任正非及公司的管理团队系统讲述了鸿蒙的情况，以及他希望将未来的鸿蒙打造成什么样子。他想让鸿蒙做单框架，成为一个自主可控的操作系统。

徐直军多次强调单框架战略方向，高层历时半年反复论证技术路径，鸿蒙团队也力求方案周全后再行部署，华为上下对此始终保持审慎的态度。很快，时间到了 2021 年 6 月，万众瞩目的双框架鸿蒙 HarmonyOS 2.0 迎来了大规模升级的重要历史时刻。

王成录和他的团队在发布会的前三个月，就开始每两天开一次晨会，紧盯鸿蒙操作系统的进展。他们一连做了三四遍大型演练，对各种各样的场景进行验证、测试并且制订方案，尽其所能地考虑周全，对大量产品进行升级。在发布会前一周，所有的人都感觉压力快要到达极限了。

这时，有传言说华为做的鸿蒙其实是安卓"套壳"，这样的鸿蒙可能会在知识产权方面被投诉，会吃官司。网上也出现了一幅嘲讽鸿蒙"套壳"安卓的漫画：一条名叫红红的小蛇，把一个叫安卓的大象给吃了。在这种时候，如何定义"自研操作系统"，华为应持有严肃的态度，并建立起明确的界限。因为外界不会耐心地听鸿蒙自辩，理解鸿蒙完全继承了安卓的优势，同时又做出了很多特色和创新突破。被骂以后的王成录只能尽可能多地对发布后可能产生的舆情做预案。不管怎么样，鸿蒙马上就要发布了。

漫画的风波还未平息，外界又传来了王成录是"鸿蒙之父"的传言。这传言也不知从何而起，王成录看到网上夸张的言论后，希望平台删除相关帖子，但帖子不仅没有被删，转载量还与日俱增，王成录百口莫辩。如果深刻地理解鸿蒙技术，你就会知道,这个世界上不可能有任何一个人能被称作"鸿蒙之父"。鸿蒙从内核,到架构,到编程语言,到分布式安全,再到应用生态,这个庞大系统的每一层都是一个尖端领域,每一层都有若干顶级专家,谁能被称为鸿蒙这个集大成者之父?不堪忍受风波和传言的王成录,将心中的郁闷都发泄到工作上,每天都干到凌晨1点多。

6月1日下午,公司内网忽然出现一纸公示,龚体接替王成录成为华为终端BG软件部总裁,王成录被任命为终端BG AI与智慧全场景业务部总裁。AI是华为下一个重要战略布局,但一直跟随鸿蒙孵化成长的王成录对鸿蒙更有感情。他严重怀疑这和不久前网络上掀起的"鸿蒙之父"的舆论风波脱不了干系。但如今,他也没有时间应对了,因为第二天,发布会就要开始了。

6月的深圳潮热难耐,此时的王成录正在复盘调任细节:在中央软件院一年多的时间,他通过"不断地沟通",给华为招募了60多位18级以上的高级工程师。他享受和这些具有技术实力的高级工程师沟通的过程。比起团队中很多不愿意做面试工作的同事,他更享受这种特别的快乐:在一两个小时的面试沟通时间里,突然受到对方的点拨,自己的思路会一下子豁然开朗。他对企业价值观有着深刻的理解:一个公司组织就是一个生命体,它的基因不能过于单一,筛选新入职的高级工程师,就像在丰富这个生命体的优质基因。

回过神来,王成录又回到"往事不可追"的现实,知道回想再多或许已经没有了意义,只是用这样慢慢回忆的方式,他可以与鸿蒙岁月做一个温和的告别。毕竟在华为工作了20多年，毕竟他见证了鸿蒙最微小的生命细节。

6月2日的发布会终于到来了，表面上看，王成录依然保持着不错的状态。这倒不是因为他心理超乎寻常地强大，而是他对鸿蒙超乎寻常地熟悉。谁也没想到，这一难熬的夜晚几乎成为华为产品发布会有史以来声量最高的一次，这场发布会把笼罩在鸿蒙操作系统上的众多疑云逐一驱散。

6月2日晚上8点，终端开始升级，到第二天早上，设备端升级了440万台。一天升级440万台已经是非常夸张的数据，原来需要两个月左右才能达到的排队量，被集中在了一个晚上。服务器"全部瘫掉"居然成了一种捷报、一个喜讯，因为HarmonyOS 2.0在手机上表现惊艳，超长续航、分布式特性都做得非常出色。

这次发布拿到了华为历史上的最高净推荐值。软件团队兴奋得通宵工作，因为大家从来没有享受过这种"在线排队1000多万人"的"神仙待遇"。积极的用户反馈意味着在万物互联时代，华为软件生态战略中的"基座"建设宣告完成。

柳晓见所在的整个队伍的士气大大提升，他们是鸿蒙近距离的亲历者。每个人在朋友圈发布信息以后都会引发热议。和鸿蒙项目无关的同事讨论的话题也总是围绕鸿蒙。生态伙伴的合作意向活跃，中国移动表达了合作意向，整个产业界的机会和合作意愿在增加，社会各界的友好交流也增加了。

外界评论几乎全是正面的，时任公共及政府事务部总裁陈黎芳给任正非汇报，鸿蒙这次发布，海外媒体非常罕见地几乎全是正面评价。以前华为发布任何一个产品，评价基本上是三分之一是负面的，三分之一是中立的，三分之一是正面的，但鸿蒙这一次发布，几乎全是正面的！

高层几乎每天都要打两个电话追问王成录鸿蒙进展。当升级排队人数到了 5000 万的时候，网上没有什么负面消息，整体评价非常好，消费者的反馈也非常好。大家都放下心来，并对王成录团队表示祝贺。

鸿蒙红火到这个程度，强力推动了鸿蒙的兄弟项目欧拉后续的开源捐赠等决策，高层几乎是一路绿灯地大力支持操作系统的发展。

在向单框架过渡的执行策略上，公司并没有明确的公文，但龚体作为坚定的单框架支持者接管鸿蒙，华为高层的战略意图，以及龚体未来的行动方向，已经非常清晰。

6 月 2 日，开放原子开源基金会也将孵化的 OpenHarmony 2.0 同期全量开源发布。在全量开源发布之前，何刚召集了会议，让大家针对"开源开哪部分"展开讨论，大家确实达成了"双框架这条路走不下去"的共识，但是又在开源"开哪部分"的问题上分成了两派：一派主张把鸿蒙的兼容系统（混合系统）开出去，另一派则主张只开放自己拥有版权的代码。

这场讨论变成了争论，争了足足四五轮。龚体、王成录、盛行、终端云服务部总裁朱勇刚等二三十个鸿蒙相关的高管几乎全部到场。虽然没有投票，但路线越辩越明晰——把兼容安卓的系统开源是有极大风险的。林振辉特地向徐直军汇报，徐直军紧急叫停已经完成的开源版本："不管独立自主的路途多艰难，也要坚定不移地走单框架鸿蒙的路线！我们只开放自己拥有版权的代码，不能开混合系统。"

这等于直接把鸿蒙向单框架的方向用力推了一把。用林振辉的话来说："这个决策算是力挽狂澜。"

一旦开源混合系统流向市场，华为就很可能面临难以招架的官司，声誉更会因此严重受损。箭在弦上，徐直军迅速决定开源只能开"单框架鸿蒙代码"，这是用实际行动告诉鸿蒙团队和鸿蒙外围的合作伙伴：华为不会"骑墙"，更不会两边搞，占两头的便宜。

2021年，随着美国对华为的制裁持续升级，华为在推出新产品时面临着严重的芯片短缺，智能手机、通信设备等领域长期依赖的芯片供应链被严重打乱。余承东拿到的一系列惨烈数据显示，华为一整年的手机发货量还不如制裁前一个月的手机发货量。智能手机业务遭受重创，海外业务偃旗息鼓，市场份额跌出了前五。

为摆脱困境，华为加大了在芯片自研领域的投入。虽然这些努力保证了华为产品的正常生产和供应，但在外界眼里，华为自研芯片仿佛是拿着大刀长矛去跟别人的机枪打。但华为还有选择吗？华为的手机最多只能硬撑两年，拿大刀长矛去打还有生还的机会，不打只能等死。

大举投资半导体的决策一出，终端BG软件部立刻向终端决策核心经营管理团队递交了一份意义深远的报告。在这份报告中，大家强烈呼吁深耕单框架，并将此观点以最高级别的形式递交给了顶尖技术专家和终端经营管理团队成员，包括余承东、何刚等产品线主管等。

这份报告直击华为只追求芯片优质，忽略操作系统的核心风险：在台积电代工的时代，华为只需专心研发芯片，上层系统只依靠成熟的安卓系统进行优化，就能轻松提升手机性能和用户体验，同时保持低成本。随着芯片供应受限，软硬件协同的策略虽好，但实际做的过程中，却受到了安卓框架的束缚。安卓内部有诸多不可更改的代码，稍有不慎就可能导致软硬件接口不兼容，这种不兼容将引发一系列严重问题，包括影响第三方应用的运行，甚至造成手机死机。在此背景下，华为将被迫重新考虑是否修改上层系统的问题，但安卓的僵化架构又让大家束手无策。因此，自研操作系统成为唯一可能的破局之道。

自研操作系统对终端来说可谓极端重要：已近优化极限的安卓、依赖安卓又难以抗衡安卓的华为、缺乏实质性创新，这些因素叠加，只会加速华为的衰败。天下没有免费的午餐，那些标榜最便宜的或者免费的往往才是最昂贵的。让大家从拿来主义转为自主研发，是一项极其艰巨的挑战。报告还明确指出，历经多次实验的单框架鸿蒙，已向大家充分展示了它与双框架相比，有着更广阔的前景。报告还说明了华为未来为什么一定要研发鸿蒙操作系统，发布的产品为什么一定要坚定地采用鸿蒙操作系统。

这份报告印证了，除了芯片，旗舰机要解决的问题还有操作系统。因受芯片工艺限制及台积电代工中断影响，在芯片领域，华为哪怕只是追赶一个普通的商业周期都显得力不从心；安卓一直以来的约束，也将华为推向了操作系统的战场。无论华为有没有能力开发出卓越的操作系统，现在已经身处"时不我待"的关键时刻。坚定创新，是华为唯一的路。

在芯片供应未受限前，徐直军、余承东、王成录等高层，以及产品线主管，都认为单框架并非独木桥，与双框架并行不悖。虽然华为产品在市场上稍逊一筹，但销量还是能够稳住的——只要华为能稳定获取最新芯片。

新上任终端 BG 软件部总裁的龚体非常清楚芯片对终端的影响力。华为的主要收入和芯片工艺密切相关，相比之下，软件收益显得微不足道。而芯片断供的影响持续到 2021 年，库存几乎耗尽，华为两三年都没能推出新的旗舰机型，他们仅在 2021 年 2 月 22 日推出了折叠屏手机 Mate X2，用的还是数量非常有限的麒麟芯片。华为手机的未来靠什么支撑？

2021 年年中，在龚体接手终端 BG 软件部一个月后，终端经营管理团队召集研讨会，对原有的操作系统团队进行了整合与重组。原团队被拆分为三个专项团队：负责操作系统底座基础能力的 OpenHarmony 团队、专攻应用解决方案和产品化的 HarmonyOS 团队，以及协助开源社区进行 OpenHarmony 版本更新与鸿蒙生态合作和赋能的 OpenHarmony 使能团队。

这次重组被视为走单框架路线的基础，因为单框架鸿蒙的底座就是 OpenHarmony，与社区同源。设计原则也清晰地显示了单框架的倾向：一是拒绝使用反商业条款的开源代码；二是完全避开安卓的任何组件；三是继续使用有友好许可的开源软件。这些原则不仅确保了项目的合规性，也为未来的商业运作打下了坚实基础。

此时外界纷纷传言，华为已秘密研发出单框架鸿蒙，只是秘而不宣。但真相是，单框架鸿蒙仍在紧锣密鼓地研发中，尚未完成，双框架也没有完成它的历史任务——要用它保底，要用它支撑现有的生态。龚体提出的三大产品战略方向中，依然包含双框架的过渡政策：一是持续推进双框架的交付，支撑好产品的销售；二是重点推动单框架鸿蒙工程机走向商用；三是激发鸿蒙的生态潜力。

徐直军决定跟任正非做最终的汇报："我们现在没有选择了！芯片上不来，必须把软硬打通，垂直整合。顺着 AOSP 往上爬，是发展不出一个好的操作系统的，因为它也是从 Linux 过来的……"龚体说，搭载鸿蒙的华为手机要对标全球最优的产品模范——苹果手机。

2021 年 9 月，单框架正式立项，并制定了一个三步走的策略：第一，要有坚实的、有创新性的架构底座；第二，要将用户体验做到极致；第三，要有一个繁荣的生态。龚体把这三步总结为"新架构，新体验，新生态"，在他看来，这三个要素是构建一个成功的操作系统的核心。

在望岳看来，单框架获得正式立项，是因为任何芯片、操作系统都是和生态绑定的。x86 是和 Windows、Linux 绑定的，IBM 的芯片是和 AIX 操作系统绑定的，太阳计算机系统的 SPARC 芯片是和 Solaris 操作系统绑定的，ARM 是和安卓绑定的，从来没有一种生态会以芯片和操作系统分家的形态出现。这种情况下，如果中国跟美国分成两个技术阵营，那么一个阵营的操作系统和另一个阵营的芯片很难长期保持合作。所以从技术方面讲，AOSP 搭配华为的芯片注定难以为继，华为将不得不冒着生态不完整的风险，把单框架鸿蒙干出来。

单框架是个耗资巨大的项目，单是底座研发每年就要耗费十七八亿元人民币。若算上应用开发，费用可能会超过20亿元。更别提与生态伙伴的合作成本了。

高泉被领导要求联合团队骨干写材料，要说清楚团队如何实施单框架。一直士气低落的高泉团队，明显感受到了一种"改头换面"的新气象。

早在2019年年初，高泉团队就对单框架系统充满了热情。原本专注于安卓优化的团队整体转入了终端BG操作系统部，与中央软件院的100多名操作系统专家联手，共同组建了一支规模不小的鸿蒙团队。当时的轻鸿蒙已经得到了业界的认可，但在自适应直方图均衡化界面设计和编译器的研发上，他们几乎是秘密进行的，因为上层领导并未在单框架的业务上给予充分的认可，他们的研发状态一直止步不前。好在高泉身边有不少志同道合的同事，让他的斗志一直不减。他曾与李毅一同前往上海周庄附近，参加经营管理团队战略务虚会。会上，大家对单框架都比较认同：华为必须有自己的操作系统，甚至关于"产品是否上市"等具体的投资策略等问题，都引发了大家的讨论热情。然而，HMS会战的巨大投入，使阴影一直笼罩着鸿蒙项目，大家的热情讨论始终难以真正落实到项目中。

如今，鸿蒙战队的规模大增，OpenHarmony部投入六七百人，中央软件院派出四五百名精英，外包人员达七八百人。东软集团、江苏润和软件股份有限公司（以下简称润和软件）等软件公司也投入数百人力，加入了开源鸿蒙社区。内核、图形、编译器、界面设计、工业设计和媒体专家等悉数到位，他们的首要任务就是做好心理建设，让团队成员坚信"单框架鸿蒙必将成功"。

中央软件院操作系统内核实验室主任贾宁的团队也感受到了鸿蒙的变化：过去的鸿蒙操作系统开发团队，是自主分配精力，团队更倾向于做"短、平、快"，能马上看到效果的事情，因此对鸿蒙框架的投入和长期竞争力的投入有限；但现在龚体从整个操作系统团队里单独拆出了上千人，专心搞长周期、搞鸿蒙框架，陈海波也成立了华为公司的鸿蒙联合架构组去定义和看护鸿蒙架构演进。经过多方深入研讨与反复论证，大家一致认为鸿蒙的提出已占据天时、地利、人和的优势。在终端BG战略委员会务虚会上，鸿蒙的策略迅速得到上下一致的支持与响应。

整个单框架鸿蒙的演进，似乎正上演着一场全面的、撕开一个口子向前冲的战役。单框架鸿蒙开始有了质的飞跃。

龚体也代表终端BG管理团队，给任正非做了将近两个小时的鸿蒙专项汇报。任正非当场就回应式地对他们提出了要求：终端BG除了要把鸿蒙做到商用，做到能支撑产品的销售，支撑产品的竞争力，还要把鸿蒙做成中国的数字底座，做成中国操作系统的底座。

"面对美国的打压，做一个东西出来没那么难，难在先进性。"龚体也给鸿蒙定下了产品目标：鸿蒙不能成为iOS的简单模仿者，不做翻版，而要成为技术上的引领者，要为用户提供比iOS更出色的体验。他对产品的"出色"程度也定了一个评价标准：鸿蒙的产品至少拿到100分的保底目标。如果一个产品研发出来只达到"可以使用"的地步,那只能打 70 分。70 分和 0 分没什么两样。消费者不会购买一个用户体验"更差"的手机,更不会管手机是基于鸿蒙单框架还是双框架。所以,所谓 100 分保底,意思是鸿蒙产品带给用户的体验要优于双框架产品的体验。要做到 120 分,超越自己的预期,甚至超越官方公布的体验预期,才是他们真正追求的产品目标。日后,无论是开启新产品项目还是汇报进展,大家都要讲清楚,华为到底比友商要强多少,比最优秀的还要优秀多少。

龚体想在一个优秀的产品上证明一件事:如果一个芯片受限的产品,做出了一个可以对标苹果的手机,那么它的最大变量将是单框架鸿蒙。

但是对标苹果谈何容易。何刚在研究苹果手机时发现,安卓手机在内存占用和续航能力上都与苹果存在明显的差距。比如,安卓手机占用的内存是苹果的 1.5 倍。安卓手机可在最佳能效下运行 9 个多小时,占用的是 4500 毫安时的电池,而续航能力最强的 iPhone Pro Max 则可以运行 11~12 个小时,电池只需 4000 毫安时左右。华为想要赶上苹果就必须消除自身的不足,这让一直基于安卓机发展的华为有了强烈的危机感:假设未来几年内,华为的半导体没有达到世界领先的工艺,那么华为如何拿着相对落后的工艺去打苹果的旗舰机?这简直是痴人说梦。

鸿蒙团队开始针对鸿蒙手机、PC、手表等终端做全面转向单框架鸿蒙的测试。

正当项目组摩拳擦掌,准备大展拳脚的时候,他们才发现,自己竟然连一台像样的专门用于加载单框架鸿蒙系统的工程机都没有。工程机的重要性不言而喻，团队需要工程机来测试，"让鸿蒙走向商用"的每一步都意义重大。最终为鸿蒙单框架准备的工程机被命名为"medal"（金牌），直白的命名，表现出工程师们对品质的无限憧憬，以及强烈渴望鸿蒙成功的愿望。

但工程机测试的过程充满了各种细碎的、关乎用户体验的问题。比如分布式功能频频失灵，团队不得不向产品经理求助，当被告知必须同时开启 Wi-Fi（无线保真）、蓝牙并登录账号才能正常使用时，他们瞠目结舌。在追根究底后，他们才了解到，这竟然是技术限制所致，据说苹果手机也未能幸免。陈晓晨对此心存疑虑，决定一探究竟。通过与苹果手机的实际操作对比后发现，原来苹果手机上的 Wi-Fi 和蓝牙除了常规的开关状态，还隐藏着一种"半开"状态。华为的工程师和通信专家都没有注意到这一细节。深入剖析后，大家恍然大悟：当 Wi-Fi 表面关闭时，系统仍需保持一条数据通路以确保分布式数据的顺畅传输。为了提升用户体验，苹果巧妙地采取了这种折中方案，让用户在蓝牙活跃状态下实现 Wi-Fi 与常规数据通路的自动切换。

2019 年开始，华为的笔记本电脑就不断遭到来自美国的"突袭"：第一次突袭，是美国宣布禁运、禁用英特尔 CPU 相关芯片和微软的 Windows 操作系统，华为的笔记本电脑业务几乎面临业务关闭；等一年后英特尔芯片和微软的许可申请通过，华为笔记本电脑销量持续攀升时，第二次突袭来了，即 CPU 以外的周边芯片再次被禁运，大家又开始想方设法解决这部分芯片的供应问题……在一波又一波的突袭造成的动荡中，华为内部产生了自我怀疑：这块业务如何能够稳定生存下去？是否应该关掉这块业务?"活下来,求生存,谋发展"也成了最高目标。

奋战到 2019 年 11 月,即第一期结束时,工程机的准备进度也只缓慢爬到了 35% 左右。它的意义仅仅在于让大家有了单框架项目的"落脚点",让工程师能实实在在地摸到设备,建立起了一些零星的"工程感觉"而已,与徐直军最初设想的"准备就绪"相去甚远,甚至有人形容说"系统安装后,手机简直像个玩具"。

而他们所遇到的这些困难只是冰山一角,华为要打的硬仗才刚刚拉开序幕。

2021 年年底,大家又互相打气,坚持单框架鸿蒙手机:"再难也得做旗舰,只有打造出顶级的旗舰产品,才能确保公司的长远发展,否则终端 BG 就得关门。"龚体要拿出攻坚单框架的魄力推进项目。

接下来几个月,华为在鸿蒙的方向问题上多次研讨论证,从宏观层面审视鸿蒙的定位和发展,内容涉及架构、演进、双框架到单框架过渡、生态拓展及 Mobile Rust 应用等方面。

就在这时,何刚也找到了一个关于旗舰机研发的颇具价值的线索,他急切地上报高层:散热这个要素对手机性能影响甚大,手机散热一旦受阻,就不是性能下降,而是性能发挥不出来的问题了。所以手机越热,性能表现就越差。何刚猜测,或许还有其他棘手问题"潜伏"于芯片内外,软件专家应该和硬件专家协同办公,提升产品性能。团队也明显感觉到,在双框架上持续优化的空间将越来越小。安卓系统中的许多顽疾无法根除,这些问题对团队的芯片和整个硬件的设计都极为不利。

徐直军非常重视这些问题,他每两个月就听取一次汇报。2022年年初,海思麒麟解决方案部汇报了iOS与安卓之间的差距对比报告。这份报告显示,苹果的性能、功耗和内存优化之所以出色,核心原因在于其实现了"软硬芯"的科技融合。相比之下,安卓体系在生态管控、安全性、性能、后台管控和技术实现等方面,都与iOS有显著差异。如果华为未来要进一步拓展战略空间,就必须像苹果那样,注重"软硬芯"的垂直整合。

第十六章

绝密543：王者如期归来

> 2022年1月，新年伊始，领导对我说，给你个"大活"，随即丢来一堆资料，内容涉及之广度和深度，令人一阵目眩。心中暗道，"苦日子"要来了。
>
> ——鸿蒙操作系统战队

2021年7月，华为成立了一个名为543的战略级绝密项目，行动的目标是让芯片与手机紧密结合，垂直整合"软硬芯云"，做出有竞争力的旗舰手机方案。

项目名的灵感，源自一部颇受欢迎的电视剧——《绝密543》。在这部电视剧中，一支专门击落U-2飞机的导弹精英部队，代号就叫543。543的作战风格是"全营一杆枪，瞄准目标"。华为渴望以这样的作战风格，从芯片限制的阻击战中突围。这个决策背后，是愈演愈烈的中美科技战，美国持续扩大对中国科技领域的封锁遏制：2021年4月8日，美国商务部将七家中国超级计算机公司列入"实体清单"，禁止美国公司向其出口产品。4月21日，美国国会参议院推出《无尽前沿法案》的新版本，目的是提升美国本土的科技投资和竞争力，同时遏制中国在关键领域的技术发展。

在美国泛化遏制中国的人工智能、5G通信、量子技术等关键领域发展的同时，华为也遭受了更沉重、更持久的打击：华为的竞争对手在芯片制造工艺上不断取得突破，产品能效几乎比华为领先两代，而且差距在继续扩大。华为手机的市场份额从超过30%迅速下降到了不到10%，未来面临的严峻形势清晰可见。手机业务是否还能继续下去？想要继续，又该如何扭转局面？华为技术体系和生态体系如何实现"再平衡"？

543项目召集了强大的领导阵容：余承东、何庭波、何刚、龚体。他们的责任，是让终端软件部、硬件部、华为云、2012实验室和海思团队等部门紧密地团结在一起，形成一个坚不可摧的"543部队"，通过垂直整合芯片、操作系统、生态，实现能效倍增。

加入543项目的部门与终端领域关系密切，因为它们瞄准的第一个目标，就是2023年要发布的"王者归来，聚力新生"的保密机型Mate 60。

543项目被细分成543-1、543-2等几大分支。

543-1主要聚焦于通过"软硬芯云"的深度融合，围绕Mate 60系列旗舰手机来优化和解决鸿蒙的卓越性能。它的推进将分为两个阶段：阶段一是解决鸿蒙双框架下性能问题，通过

"软硬芯云"垂直整合，实现 Mate 60 手机业务回归；阶段二是解决鸿蒙单框架性能问题。为了给鸿蒙集结更多力量，他们动员了包括海思、云服务团队、公司领导层等各方资源，甚至还发动了各代表处和市场部，短短一年内，近三万人月投入鸿蒙开发。

543-2 则围绕 Mate 60 的生态应用展开。陈晓晨和生态发展部确定了总体目标和分项任务。从手机最核心的 66 家应用，即"Top66"切入，并进一步扩展到"Top225"。确定应用范围后，他们进一步思考如何以更具吸引力的方式向合作伙伴展示潜在的商机，而非简单粗暴地推销。

在 543 项目战役之前，公司内一两万软件人员各司其职，硬件与软件之间泾渭分明，而"软硬芯"垂直整合，意味着华为要打破原有框架，进行一次翻天覆地的新体系构建：各部门的系统方案要广泛变更，个人权限要大幅度调整，变更和调整都可能触及多个团队的利益，因此跨部门、跨领域的合作本身就充满了挑战。但是，当华为内部的顶级专家真正聚集到一起，加上任正非亲自挂帅并号召"软件的力量，需要汇聚起来"后，来自上层迅速果断的联合行动，在华为内部产生了巨大的化学反应，软件团队快速选拔出了一批年轻人才，组建了一支鸿蒙特战队。

"在芯片先进制程受限的情况下，未来如何通过'软硬芯'联合打造产品竞争力，迎接手机王者归来？"这是整个鸿蒙战队出发前所有人拿到的任务。

龚体接管鸿蒙后遇到的第一件大事就是 543 项目，他将这场战役分解成三大核心战场：底座之战、体验之战和生态之战。在龚体看来，这三个要素是构建一个成熟操作系统的关键，而成功的标志就是 Mate 60 的回归。因此，作战计划明确下来：2023 年以前要完成前两场战役，2024 年全面启动生态之战。

543-1 的工作重点围绕用户体验展开，为了打赢底座之战和体验之战，在 5000 多人的软件部门中，有近半数人员参与了 543 项目，一两千人专注于底座研究。543-1 不仅是对技术底座的深刻反思和重建，也是对用户体验的全面升级。鸿蒙操作系统团队肩负着双重使命，必须在技术与体验的双重战役中，确保手机业务能够在激烈的市场竞争中再次崛起。

543-2 项目启动三个多月后，陈晓晨向徐直军坦言，构建生态的难度并不比攀登 543-1 的技术高峰小。他以游戏引擎为例指出，游戏开发者通常选择在游戏引擎上开发，因为这些引擎便捷、高效且工具齐全，广受欢迎的《王者荣耀》就是借助引擎诞生的。如果鸿蒙无法与这些主流引擎兼容，那么主流游戏的开发将面临重重困难。虽然游戏不是鸿蒙手机的重点，但手机得有游戏，鸿蒙生态得有游戏引擎并适配游戏，而适配面临的巨大难题是，这些游戏引擎的开发公司主要集中在欧美，华为没有办法直接合作。

还有，终端的算力看似绰绰有余，在声音、画面，以及回复信息、敲击键盘等轻量级操作方面的即时响应速度还可以，但玩个游戏就需要"火力全开"。为了解决这一技术难题，鸿蒙架构设计引入了"以云补端，端云协同"的战略思想，它将一些对响应延迟要求不高的任务，如云游戏的编译、处理，以及集体拍照后的云端处理等，尽可能地转移到云端处理。如此一来，既减轻了终端的运算负担，又确保了用户体验如丝般顺滑。

游戏引擎问题只是鸿蒙面临的诸多生态挑战中的冰山一角。第三方框架ARM、Flutter，以及各种软件开发工具包、应用市场的分发问题接踵而至。同时，是否要打造唯一的应用市场，以及第三方开发者如何适应新的编程语言，都是亟待解决的问题。

陈晓晨从头到尾，几乎把自己能想到的困难都细数了一遍，徐直军中途完全没有打断。他听完后沉默片刻，说了一句："从来没人跟我讲过这些事情。"这次自曝短板的汇报，为鸿蒙生态的构建带来了转机。陈晓晨发现543-2项目的经费审批变得更为顺畅，徐直军不打折扣地给鸿蒙特战队批下了很多资金和人员。

在543鸿蒙战队的全面攻坚下，2022年下半年，华为的战略重心正式转向了Mate 60系列的上市筹备。

李小龙经历过Mate 30、Mate 40和Mate 50等系列的研发，在他的记忆里，这几代产品里没有任何一代给研发团队留下"好的开发体验"。

研发Mate 30时，恰逢美国2019年发布行政令之后，鸿蒙生态几乎为零，李小龙称自己"几乎不知道如何销售产品"。

一年后，他继续带领团队攻关Mate 40。然而2020年5月17日，美国商务部工业与安全局又发布了一条很不利于华为的消息：严格限制华为使用美国的技术和软件设计、制造半导体芯片。那时Mate 40已经箭在弦上，Mate 50在规划中，Mate 60、P50和P60的希望都寄托在麒麟芯片上。所以攻关Mate 40，本质上就是为麒麟芯片的上市备战，以防不幸发生。结果到了8月17日，美国商务部工业与安全局发布了对华为的修订版禁令,禁令让麒麟芯片的出货受到严格限制,华为旗舰机的路被彻底堵死。使用麒麟9000处理器的Mate 40首当其冲,被精准打击。为了确保Mate 40能够在2020年10月22日顺利上市,李小龙带领团队,至少准备了8个版本的方案,以应对各种零部件供应不上产品的可能。到2021年,整个终端库存陷入坐吃山空的局面,未来"希望落空",华为手机的销售堪称在万丈悬崖边走钢丝。李小龙忧心地说:"筋疲力尽的地主家也快没有余粮了。"更何况华为还不是"地主"。

到2021年P50发布时,华为手机的发布节奏已然陷入混乱。之前的新机发布规律是上半年发布一款P系列,下半年发布一款Mate系列;节奏被打乱之后,P50被推迟到7月发布,原本应在下半年发布的Mate系列手机没了声响,旗舰机从过去的一年一迭代变成了两年一迭代。推迟与混乱让很多终端人员感到灰心,大家普遍认为手机芯片回不来了,手机业务也回不来了。原本近7000人的手机团队,因为业务收缩和自然流失,最后只剩下3000多人。李小龙虽然相信芯片回归只是时间问题,但抱有同样信念的人很少,无论他怎么给兄弟们打气,他都无法挽回手机团队的人员流失。不仅李小龙处于几近崩溃的边缘,据传连余承东这样向来信心高涨的人,都因为压力在深夜里独走,时常走到天亮才回公司继续上班。

2022年,终端团队在接到543项目任务后,花费了两个月的时间深入剖析各种可能的机会。他们在全面分析了性能、功耗、散热、通信、拍照、图库等相关软件模块后发现,在软硬协同的任务中,软件层面表现偏上,芯片偏下,中间有不小的差距。在之后的一年时间里,"软硬芯"协同团队以 Mate 40 为基础,设计出了一套让 Mate 40 效率提升 10% 的方案,又以 Mate 40 为核心,展开了近 10 个专题方向的研究,并成功实现了 15%~20% 的性能收益提升。2022 年 9 月 6 日,华为在艰难的处境中交出 Mate 50 系列。

Mate 50 系列的问世,意味着华为最困难的低谷期终止在了 2022 年,因为所有的限制令都没能阻挡华为前进的步伐。Mate 50 系列虽为 4G 设备,未能搭载最新的 5G,却凭借独特的产品竞争力脱颖而出。它首次将"北斗短消息"卫星通信功能融入手机,还采用了昆仑玻璃,这种材质显著提升了手机的耐摔性能。这些贴心的设计和优化,多少弥补了其缺少 5G 功能的遗憾。更能证明其实力的是,发布还不到两天,另一高端机阵营的主力玩家苹果,也在 9 月 8 日发布了年度旗舰产品 iPhone 14 系列。两个产品短兵相接,Mate 50 系列在这样的同台对垒中,死死守住了高端国产智能机的阵地及底气。

对整个研发团队来说,这真是极大的鼓舞:既然 Mate 50 系列能正常活下来,Mate 60 系列就应该追求脱胎换骨。

Mate 60 系列背后的鸿蒙支持团队,开始加大冲刺力度,但是到 2023 年年初,终端 BG 软件技术规划与产品管理部部长张栋浩接手规划团队时,竟然惊讶地发现,华为软件部还残留着"双线作战"的痕迹,这很不利于冲刺单框架。其实,Mate 60 系列攻关期间,麒麟芯片团队曾传来软硬协同后的捷报:后续研发的麒麟芯片动态性能指标很不错,它把原本 600 次的卡顿降到了 217 次。卡顿次数越少意味着手机越流畅,这相当于麒麟把性能提升了300%，远远超出大家的预期。当然，卡顿次数只是其中一个指标，综合的动态性能指标远远不止这一项。麒麟的飞速进步让软件团队看到了希望，如果再叠加软件的突飞猛进，大家软硬协同，足以带动整个鸿蒙生态的发展。操作系统领域的人才本就稀缺，现在正是需要将所有力量集中在一条主线共同发力的时候。因此，在全力投入单框架的战略目标下，双框架的人员投入越大，人力资源的浪费就越严重。

2023年3月的业务集团战略务虚会上，张栋浩提出了一个战略性调整方案。他主张以单框架鸿蒙作为作战主线，同时紧密关注产品及用户群体需求，集中优势兵力，去打造真正将新操作系统商用化的单框架产品。出乎意料的是，手机产品线团队的反应比他预想中更热烈，在他们看来，推出一款商用产品和全面升级鸿蒙，二者压力相当，工作量相差无几，因此他们大胆提议，不如一鼓作气，将所有产品都升级到单框架鸿蒙。

这捅破天、扎到根的提议，听得张栋浩热血沸腾，他想起一段关于南昌舰的故事：曾经有记者问海军南昌舰的首位女班长徐文茜，如果外舰强行闯入中国领海，可能引发碰撞，该如何应对？徐文茜毫不犹豫地回答："思考这个干吗？干就完了！"单框架也需要这样"干就完了"的精神，既然大家对单框架鸿蒙的推进意愿如此强烈，那么就切断一切后路，大胆地干吧！

张栋浩进一步深化了单框架这一核心理念，将全新鸿蒙的成功要素做出了五点总结。一是彻底转换关键基础应用，无论应用大小，从畅连、图库、拍照，到微不足道的计算器、手电筒，都必须基于单框架重新开发，这是一项涉及上万项任务调整与优化的浩大工程，但也是让单框架脱胎换骨的第一步。二是关注转换后的性能，目前在工程机上的测试结果相当令人满意。三是让生态伙伴"有利可图"，让生态伙伴充满信心是构建生态的根基。四是做生态要一鼓作气，因为生态伙伴一旦投入开发就意味着巨大的成本，必须迅速取得成果，否则可能导致项目停滞。因此，他建议允许用户尝试体验新系统，甚至提供刷机服务。更重要的是，若用户不满意，可轻松回退到原系统。这种用户可反悔的机制将极大增加用户对鸿蒙的信任与好感。五是团队应重点考虑国内用户出海场景的体验问题。目前，用户在海外使用单框架仍有限制，但团队已计划将现有双框架下的海外使用体验无缝迁移到单框架上。

李小龙和一直坚守下来的那3000名团队成员感到，Mate 60的开发体验或许将一扫阴霾，接下来整个终端业务应该会有一段高歌猛进的冲刺：P系列和Mate系列交替上场，PC、平板电脑、手表、耳机等产品通过各终端形态逐步覆盖中国消费者的需求。大家带着非常积极的心态，正式启动Mate 60的研发。在他们看来，只要Mate 60成功，就意味着华为在软硬件技术链条上的短板能被补齐。

由于芯片短缺，Mate 60系列的发布时间其实已经比计划中至少晚了一年，这反而也让Mate 60系列有机会成为华为开发周期最长的一款产品。为了确保在这个"漫长的开发时间"内不发生意外，华为的保密工作可谓做到极致，无论是研发、科研还是后续生产，都严格遵守保密协定。即便是柳晓见这样已经是OpenHarmony使能部部长级别的专家，也只知道Mate 60会用到自己参与的技术，但不知道 Mate 60 系列相关的芯片制程。谁制造、什么时候上市等，他一概不知，甚至对 Mate 60 系列的"绝大部分"技术也不知情。在这样的保密状态下，Mate 60 系列还是架不住三四千人的研发团队中有"耳目"——保密的手机在开发过程中竟然中途丢失过好几次，好在最后都"有惊无险"地被追回来了，但还是让人心有余悸。

上市前夕，对拼尽全力换回的 Mate 60 系列能卖到什么程度，大家都已不去做预估。张栋浩用"游刃有余"来形容 Mate 60 系列。他的团队自 2023 年 3 月开始就在秘密奋战，以确保鸿蒙系统的交付，他知道 Mate 60 系列将迸发的能量。

李小龙对外说着"有几斤面，就做几斤的东西，卖多少的量"，心里想的却是，只有 Mate 60 系列大卖才符合大家的预期。在华为内部，有一套科学的方法去测量销售目标，那就是销量是"能卖"、"好卖"还是"大卖"。"能卖"是基础，"好卖"是满足最基本的生态，"大卖"是和产能挂钩。由于华为在 2023 年芯片战役中活下来了，5G 也回来了，团队有信心确保 Mate 60 系列"能卖"和"好卖"。而 Mate 60 系列到手后，李小龙隐约觉得，它应该会"大卖"。

鉴于研发期间保密手机三番五次地丢失，Mate 60 系列上市前的保密工作几乎做到极致。手机发售前 4 个小时，柳晓见还在跟何刚开鸿蒙生态伙伴会议，已经知情的何刚没有透露任何信息，只是疲惫地说，自己天天加班到凌晨三四点。生态团队的伙伴纳闷，到底是什么项目，需要他这么玩命地加班？终于有个机灵的同事问道："是不是 Mate 60 系列快上市了？是不是要在

9月12日开发布会？"何刚笑而不语，说等消息。到中午开会时，何刚忽然说："大家可以抢手机了！"

手机发售前3个小时，华为AI芯片的首席科学家临时接到通知，让他中午12点去大会议室开会，他12点01分进场，一进场，他就看到会议室的大屏幕上醒目地显示着Mate 60系列产品，华为的领导远远地对着他喊了一句："你来晚了！"

手机发售前1个小时，华为的工程师都收到了来自上级的口头提醒：中午去华为商城看店面。12点整，Mate 60系列毫无征兆地出现在了VMall商城的首页，十分醒目。包括华为的众多科学家在内，几乎所有人都是在最后一刻才恍然大悟：Mate 60系列问世了！

2023年8月27—30日，美国商务部长吉娜·雷蒙多历史性访华。这是雷蒙多任内首次访华，也是时隔七年，美国商务部长再度访华。因此，她此行理应备受瞩目。

8月29日中午12点整，Mate 60系列忽然出现在华为官网，没有预告，没有宣发。从中国第一家媒体报道，到消息传遍全球，仅仅用了1个小时。如果说乔布斯手持第一代iPhone是全球智能手机历史最"长夜破空"的一刻，那么华为官网上的Mate 60系列则是历史上最"举世震惊"的一页。

手机发售后，老牌港星刘德华以"HUAWEI Mate 60 RS非凡大师品牌大使"身份强势加盟，更是让Mate 60系列从科技圈突围，成为全民狂欢的焦点。网友对Mate 60系列的广告创作热情空前，一则"刘德华为在，不怕没柴烧"的短视频，火速将Mate 60系列送上实时热搜第一名。

事实上，常人难以体会 Mate 60 系列的开售意味着什么：它意味着 Mate 60 系列实现了在鸿蒙系统、麒麟芯片、玄武架构上的一系列重大技术突破，意味着华为面对数年来一系列打压行为实现了一次有力回击，意味着华为正在让"一切皆有可能"。这是绝境中的华为进行的一次绝地反击：Mate 60 系列搭载了麒麟 9000s 八核处理器，预装了 HarmonyOS 4.0 操作系统，后置了 5000 万像素主镜头、1200 万像素超广角镜头和 1200 万像素长焦镜头的组合。Mate 60 系列上市前，iPhone 15 还没有发布，华为内部曾用 iPhone 14 Pro 进行测试，比对基本体验，结果在功耗和散热方面，苹果手机使用了先进制程的芯片，更有优势，而 Mate 60 凭借强大的工程技术，增大散热面积，以及"软硬芯云"的协同策略，最终使用户体验达到了 iPhone 15 的水平，销量也拿出了"足足比 Mate 40 提升了 300%"的绝佳战绩。

李小龙说 Mate 60 系列这一代产品，是软件、硬件、芯片和云端真正拉通之后的联合之作。全球知名咨询机构 Counterpoint Research 数据显示印证了"联合之作"的威力，2023 年全球高端手机份额，苹果手机以 71% 的市场份额位列第一，三星手机以 17% 的市场份额位列第二，华为手机则以 5% 的市场份额位列第三。更耀眼的是，华为全球高端手机份额比 2022 年上升 2%，Mate 60 系列功不可没。

事实上，Mate 60 系列作为牵引 543 项目完成第一段旗舰机征程的关键产品，其真正的历史意义不仅在于它自身的价值，还在于它里程碑式的突破之处：它为整个鸿蒙生态带来了真金白银、实质性的发展机遇。原本还在犹豫、观望的外部生态合作伙伴的态度发生了前所未有的转变，变得空前热情。

Mate 60系列背后倚仗的强大推手543项目，不仅在技术上取得了突破，还收获了一笔极为重要的财富——人才。在项目过程中，许多软件专家开始懂得如何通过软件设计来优化处理器的性能和能效；同样，硬件专家也开始明白如何定制硬件设计，让软件性能最大化。这种跨领域协同合作，为华为内部培养了一大批系统级及子系统级的专家。整个543项目的实施，促成了多个Fellow级专家诞生。Fellow是华为工程师可以获得的最高荣誉。华为的Fellow申请条件极为严格，主要有两个：一是个人的技术任职不低于8级，从初级升到5级之后差不多每一次升级都要间隔2年，其间必须有相当的业务贡献和拿得出手的产品技术方案；二是要在一个规模高达15亿美元的产业里有核心贡献。同时满足这两个条件，可以参评Fellow。在鸿蒙团队里，多个Fellow级专家见证了中国科技公司人才制度与世界的接轨，也让中国的操作系统从拿来主义的温室走进前途未卜的科技创新暴风雨中。

在单框架鸿蒙逐步商业落地，543项目的全面攻坚下，华为的科技重塑之旅终于启程了！

第十七章

脱胎换骨：HarmonyOS NEXT

> 以高端精致、极致流畅、简单易用为目标，鸿蒙的首次体验必将让消费者大开眼界！
>
> ——鸿蒙操作系统战队

如果说 Mate 60 系列代表了终端产品的王者归来，那么 HarmonyOS NEXT 的问世，则代表着华为的战略目标从终端的成功全面转向生态的成功。

HarmonyOS NEXT 聚焦的问题是：如何让全社会都使用鸿蒙。

这是一场展现中国 IT 业整体力量和意志的超级战争，绝不仅仅是一项技术和一款产品，而是一个超级生态的打造。鸿蒙要与安卓和 iOS 这两大超级生态直接竞争，这两个生态都会聚了数百万应用软件、数十亿级活跃用户，以及这些用户背后庞大而复杂的社交网络和数据积累。难度之大，超乎我们的想象。胜利绝非轻而易举。但是，华为别无选择，只能义无反顾，志在必得。这场战役不仅关乎华为的未来，更关乎中国高科技能否真正站立起来，实现真正的自主自立。这是一场前所未有的大考，考验着华为，考验着整个产业，也考验着中国。

鸿蒙战队需要研发一个供开发者使用的操作系统——一个脱胎换骨的、不再兼容安卓的新系统，它要抛弃安卓的 AOSP 代码，甚至连同安卓使用的 Linux 内核一起抛弃，只支持鸿蒙内核和鸿蒙应用。它被称为 HarmonyOS NEXT。

在 HarmonyOS NEXT 完成之前，它曾有一个充满理想主义的名字——鸿蒙星河版，攻坚战也叫作"星河会战"。这是一场面向开发者的会战，也是鸿蒙生态战打响前，即黎明破晓前的最后一战。为了实现从编程语言到编译器全栈自研的作战目标，参加会战的团队以"一周 7 天，一天 20 小时"的工作强度加速研发，版本推进速度快到凌晨 4 点出，6 点就可以升级。大家相信，HarmonyOS NEXT 和芯片回归的那一刻，就是鸿蒙真正迎来光明之时。

单框架鸿蒙在诞生过程中，华为做的最重大的决定，就是用鸿蒙内核替换安卓 Linux 内核。

鸿蒙内核替换的意义非同凡响。鸿蒙就像华为造的一颗"人工心脏"，可是"造一颗心脏"和"替换一颗心脏"二者的挑战截然不同。"全面替换"更是犹如心脏移植的大手术，要求以"无缝兼容"的方式精准对接每一条"血管"，平滑地把 Linux 内核换掉。

别说真正的替代，即便是用鸿蒙内核切换替代 Linux 的测试过程也压力巨大。过去，鸿蒙内核在面向嵌入式场景的测试时，通常仅需数千个测试场景就可以基本覆盖场景要求，但是当操作系统处在一个完全开放的环境下，场景范围的复杂性决定了它极难进行完全测试，一旦出现纰漏，就可能给用户体验和品牌带来巨大的影响。

正因为替换难度大、风险高，所以在华为内部，只有安全部门调用过它的部分功能，没有人敢全面替换。那么华为有什么理由必须将原有的健康跳动的 Linux 心脏替换成自己的"鸿蒙心脏"？更何况，Linux 的公益性比谷歌 AOSP 更高，华为完全可以继续使用 Linux 内核。

或许，一方面是因为 Linux 历经数十年，其代码所对应的很多应用场景或已成历史，或重要性日渐式微。为了迎合这些边缘化场景，Linux 积累了大量冗余代码，这些代码如今已成为沉重的包袱。开发者每进行一次改动，都必须谨小慎微地考虑兼容性问题，这种负担严重拖累了 Linux 的整体发展速度。相比之下，鸿蒙内核更为高效和灵动，它摒弃了那些陈旧的架构，更容易实现与芯片硬件和上层应用框架的垂直整合。在鸿蒙新架构下，公司只需根据终端场景的不断变化进行相应调整，每年倾注一些人力，便能让鸿蒙保持竞争力。

另一方面，在业内，有能力做一个"小内核"的公司或组织很多，在相对简单的嵌入式场景实现商用不是难事，但有能力真正做出适应复杂环境的通用操作系统内核的公司极少。几十年来，除了苹果、微软这些老牌操作系统公司，几乎没有其他公司能做出复杂场景下对标 Linux 的内核。而华为中央软件院操作系统内核实验室在早期实行抽屉式替换的几年中，一直在进行存储与文件系统、内存管理、调度等核心机制的替换，内核实验室与终端 BG 软件部联合打造的一系列内核技术，已经让鸿蒙内核具有了一定的先进性。

所以，华为要选择走哪条路也有了判断的依据：作为底层核心的"心脏"，想要在先进性上拿出有竞争力的单框架鸿蒙，要基于什么内核发展？仅仅撬掉安卓 AOSP 这层壳是远远不够的，内核的选择，已经成为华为对 HarmonyOS NEXT 要"先进到什么程度""纯净到什么程度"的一次历史性抉择。

2022 年年初，徐直军在华为上海研究所，听取了陈海波关于鸿蒙内核与华为操作系统的技术进展和场景落地的情况汇报，他做出了一个关键的战略决策，要求鸿蒙内核瞄准手机场景进行压强式投入，实现"麒麟芯片、鸿蒙内核和鸿蒙框架"垂直整合，实现工艺代差下华为手机性能可持续提升。据亲历这次汇报的操作系统内核实验室的钱梽杨回忆，在了解了鸿蒙内核的成熟度和其他场景的进展后，徐直军当时无比坚定地说："鸿蒙内核要上手机，我们要打造真鸿蒙，只有实现内核、框架自研，才能与我们的芯片真正形成软硬协同，实现性能可持续提升。"当天中午，徐直军还与他们在会议室一边吃盒饭，一边详细地探讨目前差距还有多大，有什么技术路径能够快速补齐差距，等等。

这一决策形成之后，2012 实验室总裁查钧、谢桂磊等人迅速进行了资源投入的部署调整；欧拉部长万汉阳亲自挂帅，协调了大量兄弟团队的资源投入保障；陈海波担任总指挥，贾宁及项目总监赵鸿江等带领数百位工程师，从此开启了历时超过两年之久，值得他们骄傲又十分具有挑战性的技术攻关之旅。据说，即使很多老华为人，也从未经历过如此长时间的高强度工作。很多人在相当长的一段时间里没有在晚上11点之前回过家，直接打地铺过夜的老华为创业期的传统又回归了办公室。

团队内部以稳重、谨慎著称的缪鳃是一位资深的内核技术专家，对终端领域也十分熟悉，他曾经带领团队打造出手机内存、存储等多个"黑科技"卖点技术。在设计或评审技术方案时，他往往能够见微知著，看到别人所看不到的风险。即使这样一个在同事眼里"极其稳重"的人，他深知替换内核的战略意义，清楚替换内核的挑战之大，也开始一夜又一夜地彻夜难眠。

为了让高层领导能够及时、直接地掌握这场技术攻关的具体进展，赵鸿江每个月月底以电子邮件的形式向徐直军、余承东、查钧等公司高层进行汇报。徐直军也高度重视，连续两次在华为上海研究所听取鸿蒙内核的进展情况汇报，并结合实际进展对替换节奏和策略等给予了许多指导。

鸿蒙内核和华为的很多产品一样，一方面受到欧美的排挤和打压，另一方面又要得到欧美的认可。近几年，欧美对华为的误解和提防心阻碍了华为海外市场的前进步伐。任正非曾说："别人越封闭，我们就要越开放。"当时操作系统内核团队专家付明被外派到德国组建团队时，就发现当地的普通技术人员对华为公司有很多误解和排斥心理。华为只有加强技术和人才上的交流，才能消除误解。2023年，鸿蒙内核开始挑战全球安全最高峰——业内操作系统最高等级的CC EAL 6+安全认证，如果认证成功，不仅可以让鸿蒙内核"自证清白"，还可借助权威机构的"他证安全"，产生全球广告效应。

与鸿蒙内核如火如荼推进形成鲜明对比的是认证机构所在地荷兰，其松弛的工作氛围和华为的企业文化差异巨大。中方员工哪怕很"注意影响"，到了下班时间就走人，也无法避免被对方投诉"给他们太大的压力"。这种文化冲突对安全认证的影响尤为突出——当地认证机构的核心成员会"接力休假"，导致整个认证流程两个月毫无进展。为了保证内核替换和生态推进工作不受影响，进入认证的关键节点时，中方团队几乎会集体祈祷"认证机构的人千万不要出什么意外"。曾有中方专家愤愤不平地说："这些国家的人凭什么每周躺几天就可以拿高薪？还不是因为前几辈积累的技术和话语权。等我们干成了，之后几代人也可以不这么累！"

鸿蒙内核最终如愿拿到了 CC EAL 6+ 这项最高安全认证。认证的安全等级划分如同金字塔般层次分明，6+ 这种最高级别的安全认证，通常仅在飞控系统等极少数关键领域才会有需求，因此每年都有无数企业向这一顶级认证发起挑战，渴望获得技术巅峰的认可。2023 年，只有鸿蒙内核成了这个"业界唯一"，华为也因此把这份无上的荣耀写入了年度贺词，还专门发了新闻稿做大量的宣传，以此昭告鸿蒙独特的优势竞争力。

2023 年 8 月 4 日，HarmonyOS NEXT 正式推出。不久，百度百科的词条"HarmonyOS NEXT"里显示，它是华为公司自研操作系统。

对外发布的 HarmonyOS NEXT 要直面生态伙伴和用户最关

心的两个问题：一是好不好用，二是安不安全。

在 HarmonyOS NEXT 上，与内核紧密相关的鸿蒙单框架安全机制被命名为"星盾安全"，取意"星河璀璨，星盾护航"，它已经正式通过 HarmonyOS NEXT 融入新系统框架。从硬件安全，到内核，再到上层的数据安全，以及隐私保护和应用治理，它不再是缝缝补补，而是基于新的系统架构完成重新设计和落地。

安全团队负责人杨开封带领团队在过去积累的基础上，结合内核，对整个系统机制和架构进行了优化设计和实现，让整个原生架构和机制建立在"软硬芯云"协同一体化的架构中。

星盾安全架构的安全思想可以拿生活中的取钱类比：我们取小额的钱只需到取款机；取大额的钱就要到银行柜台，出示身份证，进行人脸识别；再大额一点，比如变卖家产、房子或者债券，还需要带上户口本和结婚证。这些规定的目的是一步步加强你的安全防护：你是不是你？你的意图是不是真实的？你的配偶知不知道？星盾安全防护也是一样，它基于两种理念设计，一种是用分布式安全，另一种是以切片的形式制作密钥。

分布式安全会先划分"你是取小钱还是大钱"，也就是你需要的安全等级。第一类是最高等级的保护对象，即绝对不能泄露的身份证、密码、生物特征等。第二类是各应用软件产生的交互数据，安全等级稍低。第三类是公开流动的数据。分类完之后，系统再根据不同的等级提供对应的保护。如果让设计更完美一些，那就是分布式之间还能互助协同。比如手机与手表之间可信连接，证明手表是属于手机用户的；同理，用户的指纹、脉搏等生物特征互联，只要指纹是用户的，那么指纹和脉搏都可以为手机安全解锁。在证明"你是你的生物因子"的过程中，安全团队进行了大量探索：骨骼、脉搏波纹、声纹等作为更新、更强的安全因子，叠加进分布式安全协同理念。只不过鸿蒙星盾安全没想马上进行产品化推广，因为想要拥有后发优势，他们必须比苹果和安卓更谨慎。

在面对高级黑客的攻击时，密钥的安全性也是必须超越的环节。这需要让安全回归密码学的本质：密钥切片技术。具体而言，就是将密钥以切片的形式进行拆分，将密钥切片放置在不同的地方，就算黑客攻破了某个地方的密钥切片，但因为黑客不知道每一块密钥切片的具体位置，就算能窃取密钥部分片段，也无法凑出完整的密钥。

除了分布式安全，在隐私保护创新机制上，他们也有所创新。工程师先从数据的安全保护入手做出改变。很多人在工作和生活中遇到过这样的情况：给朋友转发一个文件或者图片后叮嘱一声"请不要再转发给别人了"，但随后是否转发已经完全不在自己的控制范围之内了。鸿蒙原生安全将负责解决这样的后顾之忧，鸿蒙系统给发出去的文件进行加密，只有被允许的用户才可以查看这个文件，其他人即使收到文件也无法访问。这仅仅是鸿蒙数据保护的一个例子，鸿蒙整体数据保护远比这个更强大。比如在获取数据的场景中，一般的应用在访问数据时，需要从系统提供的各种服务和原生组件中调用，而不能直接访问。鸿蒙数据保护可以做到，用户访问通信录，只需要给他选中的人，不需要把整个通信录给他；用户选择系统服务，也将实打实地"选一个，给一个，选两个，给两个"，相当于收一个快递就给一个快递，而不需要给全部的钥匙；在保存数据的场景中，保存图片不需要访问整个图库权限。这个机制对开发者也非常友好，不会存在过度收集用户数据的不合规风险，他们通过调用精准的系统服务，大大节省了工作量。

可以说，此后开发者不需要跟用户申请一堆权限，消费者不需要再管理一堆权限，隐私就能得到保护，用户花在不知所云的权限管理上的时间和精力也会减少，这才是真正从机制上完成了隐私保护。

在解决问题的同时，是否好用成了开发者和用户最容易感知先进性的关键。身处不再使用说明书的智能时代，倪元强常常想起乔布斯在苹果2010年全球开发者大会时展示过的一张经典图片：十字路口的科技与人文路牌。那张图不仅定格在了倪元强的记忆中，也启智了整个中国的科技行业——一上手就能轻松易懂的使用，体现了人工智能时代的人文水平。

但是，理工科思维的华为工程师常常为了给用户"多一种选择"，反而把产品功能做复杂了。余承东对此不满，他专门召开过一次临时会议，让人力资源部门组织一次包含管理者和高级专家在内的全员沟通大会。他希望借此机会促使团队反思，为什么所有人都带着如此强烈的工程师思维，而忽视了消费者的视角？为什么不追求"把复杂留给自己，把简单留给消费者"的设计理念？他强烈反对工程师为了刷设计的存在感而添加一些消费者根本不必知道的细节。

那次会议让倪元强印象非常深刻，他认为，那是一次鸿蒙文化和产品理念的植入。鸿蒙在面向消费者的设计中，也要追求乔布斯般的美学特征和人文气质——那种一看、一用就能上手的简单易用和贴心，以及极其精准的直觉式交互。倪元强也很欣赏微软打造的 Windows Phone，它虽然是商业上的失败者，却是设计风格上的成功者，因为用户轻易就能认出它是 Windows Phone。

倪元强从崇尚极简美学的苹果手机，以及独具特色的 Windows Phone 身上领悟到，人文就是对人本身的心理和生理研究。鸿蒙对科技人文的终极理想，是拥有鸿蒙独有的设计语言和风格，它要让人感觉非常熟悉，又焕然一新。

是否好用在技术层面被归纳成六大体验：原生安全，原生智能，原生精致，原生流畅，原生互联，原生易用。其中，三个是基础体验，三个是差异化体验。这些体验的一切设计原则，都是围绕"把复杂留给自己，把简单留给消费者"进行有针对性的优化。龚体要求鸿蒙的用户体验在整体上能够跟苹果持平，甚至部分超越苹果。

鸿蒙在原生互联方面是非常占据优势的。鸿蒙当初从整个产业链视角出发提出了 1+8+N 战略，希望鸿蒙能通过车机、手表、平板电脑等多个场景串联在一起，像一个虚拟超级终端一样去联动所有的终端，玩出炫酷感。这就等同于向外界宣布，鸿蒙诞生之初并不仅仅是为手机单独设计的系统，多场景互联是鸿蒙区别于安卓和 iOS 的特质，这也是为什么整个鸿蒙系统会在分布式能力上花很大的力气。为内核提供运行环境和基础的同程旅行鸿蒙首席架构师俞锦星，曾经从生态角度强调了这一架构设计理念独特的生命力所在：如果只拿手机系统做比较，鸿蒙并不能发挥出它的全部实力，它更多的亮点要借助万物互联的场景来发挥。相比安卓、iOS 两大操作系统只是围绕手机开发，华为一开始就判断，未来商业的下一个落脚点是物联网，是万物互联。

在 HarmonyOS NEXT 中，各种智能控件被巧妙地分布在各个角落，其职能是支持原生应用和第三方应用的随时调用。随着 AI 的兴起，它们的先天优势将得以发挥，能支持部分大模型的运行，从而让智能变得更加触手可及，所以在六大体验目标中，如今最被重视的是原生智能。

大模型的端侧一直是用户体验 AI 最直接、最便捷的领域，可惜它庞大而笨重，更适合在云端运行。如果能将其轻量化，或者实现云端训练与端侧推理的结合，大模型就能在端侧运行。龚体想起，三星就曾把谷歌的大模型集成到三星的系统上，为三星所用。现在，华为也可以朝着这个方向尝试，把盘古大模型或者其他大模型的能力集成进鸿蒙系统，为开发者提供更为便捷的服务。

如今，大型公司自身实力强大，它们有自主研发 AI 的能力，而那些受限于能力或成本的小型公司，更需要华为对外开放的 AI 能力。鸿蒙的原生智能将为中国数以千万的中小型公司带来全新的鸿蒙化发展速度和质量提升。这些公司可以通过鸿蒙的 AI 能力，快速实现智能化转型，提升产品竞争力。

鸿蒙发展到这一步，已经可以让人看到它未来的走向了：华为正努力将 HarmonyOS NEXT 打造成原生智能的操作系统，它将积极响应当前手机 AI 能力的旺盛需求，尤其在面对自研大模型竞争时，各大手机厂商因缺乏标准化接口而运行效率低下的问题将得到解决。鸿蒙的开发者则能通过 HarmonyOS NEXT，预先了解并适应新系统的各项特性，从而在竞争中占据优势。

有了原生智能的支持，未来的鸿蒙操作系统将从两个技术维度来打造：一是面向用户，要给用户一个流畅、高效、炫酷的使用体验，整个界面要满足用户基本需求；二是面向企业，要避免任何人在代码应用这个动作上花费精力——至少设备开发人员要能轻松适配鸿蒙，适配过程甚至比适配安卓应用"更简单，效果更好"。

360 集团创始人周鸿祎在 2023 财年的第一季度就已深度"牵手"这一版的鸿蒙操作系统。在 4 月 HarmonyOS NEXT 还未对外发布时，360 浏览器就早早开始适配，到了 8 月华为开发者大会前夕，双方已经完成了 360 旗下的浏览器、360 天气大师等产品的鸿蒙原生应用开发。360 极速浏览器的鸿蒙单框架版本，还实现了一次开发就完成手机、平板电脑和 PC 等多个硬件环境的多端部署，降低了产品研发成本。

起初，周鸿祎并不相信华为真的能干成生态，他只是非常佩服华为这几年不但没"躺平"，反而做出惊人产品的这种精神。当获悉鸿蒙操作系统真的做成了，自己也适配成功时，周鸿祎就立即在直播中旗帜鲜明地表态，在任何情况下他都会支持华为。周鸿祎的支持不仅限于口号宣传，作为网络安全防护的头部企业，360 适配鸿蒙具有双赢的广告效应：360 本身的杀毒和清理能力，与鸿蒙系统的纯净安全强强联合，更能凸显 360 为消费者、企业客户打造的纯净安全的环境和用户体验。

在 2023 年 8 月的第五届华为开发者大会上，360 与华为正式举办了鸿蒙生态合作签约仪式，宣布在技术创新、产业应用、商业合作等领域将开展全方位、深层次的合作。在一系列合作中，最大的动作或许是将 360 的大模型能力融入鸿蒙，双方不仅当下会协同打造智能化浏览器和搜索功能，未来 360 还会推出"鸿蒙版 360 全系列产品"。

2023 年年底，HarmonyOS NEXT 宣布彻底摆脱安卓的束缚，开始全力培养和孵化鸿蒙的生态应用。HarmonyOS NEXT 的宣告完成，足以说明鸿蒙内核已经扫清了技术障碍，更意味着庞大的鸿蒙体系已经具备了强大的生命力。鸿蒙内核作为整个泵的"心脏"，开始有力地跳动、压泵，向鸿蒙的分支体系输送新鲜血液。11 月，鸿蒙内核合入鸿蒙主干，整机性能提升了 10.7%。内核贡献也不是一锤子买卖，到 2024 年，内核整机性能又提升了 10.44%，并且人们预估未来它还能每年提升 10% 左右。

同年，HarmonyOS NEXT 通过了开放原子开源基金会的认证测试。

2024 年，HarmonyOS NEXT 在专业领域的推广语中，释义也多了一项——"原生应用全面启动"。它提醒所有的开发者注意，HarmonyOS NEXT 配备了丰富的 AI 算法库，提供了一系列与 AI 相关的应用程序编程接口。据说，它的硬件资源池概念的确在开发者中大受欢迎：资源池提供了原生服务组件，在应用想要获得权限时，可以不直接访问数据，而是先访问这个服务，资源池只调用用户指定的文件。这些曾经因受限于安卓做不了的特性提升，鸿蒙通过革新实现了。

2024年，龚体在第三届开放原子开源基金会OpenHarmony技术大会上说，HarmonyOS NEXT现在已经到了马上见分晓的阶段，因为申请公测的人数已经超过百万，实际使用的用户有几十万，华为非常有信心，未来用一至两年的时间推动OpenHarmony在其全系列的消费品里逐渐走向产品和生态的成熟。

陈晓晨粗算过一笔账，2024年华为投入HarmonyOS NEXT的成本，达到了4万人月的工作量，这是一个惊人的投资规模。作为对比，在2024年上半年，占据华为90%以上营收现金流的旗舰机型P系列和Nova机型，开发和维护所需要的工作量也不过4000人月。这意味着，HarmonyOS NEXT的投入成本远超双框架鸿蒙。

这是华为用真金白银向业界表明它所承担的重要历史使命：它将脱胎换骨，独立发展，成为未来鸿蒙应用生态"三分天下"最有力的抓手。

第十八章

Top225：突击头部应用

> 自从去年加入 HarmonyOS NEXT 的征程，发现鸿蒙被誉为全球十大工程之一还是名副其实的。
>
> ——鸿蒙操作系统战队

余承东在发布会上宣布 HarmonyOS NEXT 的那一刻，标志着鸿蒙历经近四年的砥砺前行，开始打响生态之战。他们圈出了手机应用里的 Top225 头部应用，进行鸿蒙的第一批生态伙伴适配。

京东、阿里巴巴、腾讯等互联网大厂都有自己强大的平台系统。以阿里巴巴为例，其本身就是一家平台型公司，安卓的体量在其庞大的业务体系中反而显得微不足道。鸿蒙如何服务好这类企业，同时兼顾大量第三方应用开发者的需求？还有一些整体规模不大、应用场景分散，但在细分领域有着优秀表现的小型应用，鸿蒙如何服务好它们？即便搞定了和互联网大厂的合作，这些互联网大厂与操作系统厂商、手机厂商之间，到底由谁来掌控平台话语权？这些问题都是鸿蒙生态战中难以处理的挑战。

其实早在 2023 年年初，华为就已经想要 All in 生态，并进行了试探性的接触。但是人们当时正在观望鸿蒙是否成熟，他们能从中获得什么好处。有的生态伙伴试着跟华为谈些有利于自己的条件，一些大厂向华为列举了自己要投入的人力、物力、资源、资金，阐述了长时间维护一个版本的各种不易。

开发者平台部副部长龚继华当带领突击团队如火如荼地开干时，不曾想过自己会处处遇冷。4 月到 8 月，基本上没什么人搭理他们。他们想要找几家典型的应用伙伴，比如腾讯的《王者荣耀》、阿里巴巴的淘宝等，但客户听完鸿蒙的介绍后都会客气地说："你们跟我们的商务拓展先对齐一下合作策略，再来交流。"或者干脆说："现在很忙，没有时间。"这时候飞蛾扑火会没命。没办法，"山不动，我来动；路不通，找人通"，他们变换思路，联系之前合作过的工程师及其他相关人员，争取先见面再说其他。为了"对得起"沟通的机会，龚继华的团队成员甚至提前精心设计了一份沟通表，请生态伙伴在沟通表上对鸿蒙开发的产品、能力进行满意度勾选，并备注建议与需求。

在电商领域，京东属于鸿蒙第一批沟通对象，也是首批签约的鸿蒙生态伙伴。京东的终端、发达的物流，全是鸿蒙完美的适配对象，如果能与京东合作，鸿蒙将迈出第一步，这也会是里程碑式的第一步！

京东看到鸿蒙的血液里流淌着 1500 万行代码时相当震惊。

他们几乎可以计算出华为工程师写代码的巨大投入：按一个人、一个月写500行计算，两个月写1000行，一年写近1万行。1500万行，可能就需要1500个人写一年……1500个人的全力投入，对适配一个操作系统而言，是一个非常大的投入，而1500万行代码距离一个成熟的操作系统最基本的1.5亿行，还相差十万八千里，何况除了研发，搭建一个操作系统还有其他成本。京东也能迅速计算出自己要付出的成本。大型互联网厂商由于各种原因针对不同的端上系统有各自端上的研发，如iOS端侧开发、安卓端侧开发，并且对应的各SOA（面向服务的架构）、运营平台也存在端的判断。如果再加上鸿蒙适配，评估一下就可以知道投资鸿蒙生态的成本有多高。

作为一个头部应用，京东跟iOS、安卓的合作已经足够成熟。京东与华为的合作也迅速展开，成为华为重要的合作伙伴。京东与鸿蒙的合作历程包含三条清晰的发展脉络：开源鸿蒙的崛起、华为双框架的探索，以及HarmonyOS NEXT的适配。早在2020年，京东便敏锐地捕捉到鸿蒙的潜力，无论是其开源版本，还是与华为鸿蒙操作系统的合作，都预示着未来技术的新趋势。然而，当时鸿蒙尚处于孵化阶段，并未全面开放给用户。直到2021年6月，HarmonyOS 2.0开源，正式面向用户，京东与华为才开始通过一系列演示试验，验证了鸿蒙的系统特性。例如，在直播间场景中，京东利用鸿蒙的流转和分布式特性，成功将手机屏幕流转至大屏，提升了用户体验；在拼购场景中，两个用户可以在购买一个商品时互相分享，共同下单。这两个功能曾在双框架场景下实现，虽未正式上线，但也让京东了解了基于鸿蒙系统,京东可以发挥的潜在创新空间。

京东综合考虑了供货、市场资源、技术投入等多个方面,并做了投入成本估算,花了将近一年的时间了解鸿蒙,并与之磨合,京东希望自己在新生态下能有更广阔的发展前景。2023年,鸿蒙系统加速了双方的密切合作,华为派专家参与京东各个场景功能的开发迭代工作。2024年1月10日,余承东跟京东集团首席执行官许冉见面,许冉带着余承东参观了整个京东,并介绍了京东的物流、科技等发展状况。

当天晚上8点多,余承东兴奋地在微博上发布了当天的照片,并发文称:"今天我们迎来了重量级合作伙伴京东,奠定了今年鸿蒙生态又一座重要里程碑!京东将基于HarmonyOS NEXT的全场景无缝流转、原生智能等创新特性开发原生应用,为消费者带来简单易用、极致流畅、纯净安全、多快好省的购物体验。"

京东与华为签约完之后的一周左右,阿里巴巴也跟华为签约了。

阿里巴巴在2023年3月将业务拆分成了六大业务集团,包括云智能集团、淘天集团、本地生活集团、阿里国际数字商业集团、菜鸟集团和大文娱集团。原本只需与一家公司交流就可以完成的事,现在变成要与六家有着不同定位和经营目标的业务集团进行沟通。华为成立了"飞虎突击队",去推进与这六家公司的合作:华为先去找了淘宝(淘天集团旗下的核心业务之一),淘宝虽然表示可以合作,但实际上只是进行了评估,没有真的开干,合作进入了一个没有实质性进展的阶段。等到中间领导层换人，新来的领导说需要时间熟悉业务和人员，鸿蒙工作依然没法开展。随后，突击队跟UC、夸克、钉钉、闲鱼、1688等几个阿里巴巴旗下应用做了几轮交流，它们均认为，自己的技术架构和闭源库高度依赖淘宝和中台，只有淘宝干了，其他应用才能开干，才能商用。因此切入的重点应该是"只有平台支持了，其他应用才会跟着干"。

那时的钉钉通过接入AI大模型完成了17个产品线、60多个场景的AI改造，成为智能办公领域的标杆。钉钉有庞大的用户群和繁荣的开发者生态，鸿蒙要想开拓智能办公的版图，钉钉是其不二选择。但是最初找上钉钉的时候，钉钉的顾虑特别多。钉钉的初步担忧是，钉钉要安装在所有的客户端上，苹果得用，安卓也得用，如果未来鸿蒙还得用，就会变成三台手机同时用，三台手机的钉钉体验不一致的问题会是个麻烦。更深层的担忧还有：如何守住华为与钉钉合作的边界？如果华为不断优化通信录，钉钉的平台壁垒会不会慢慢被渗透？或者华为的服务不断优化，会不会直接把钉钉业务设计成手机端功能？钉钉现在要做AI助理，华为在未来会不会把AI助理直接搬到鸿蒙的底层？

在Mate 60系列发布前，钉钉已在构建复杂的"三钉五端"体系。苹果端、安卓端、信创端等，每个端都已经有不小的支持团队。钉钉团队都调侃这个体系堪比中东地区的"三洲五海"，错综复杂。多年下来，钉钉的功能特性越来越多。教育领域有学生打卡、上课功能；制造业、零售业有专属的管理工具；互联网行业也有定制化的解决方案……如此复杂的端，如何适配鸿蒙？

钉钉以适配安卓为参考做了初步评估，安卓适配差不多要300万行代码，再加上底层的一些C++代码，如果从零开始做，钉钉粗略预估要投入120个人做整整一年。这几乎是一个不可能完成的任务，因为钉钉整个终端团队可能也就120个人。钉钉也努力想了一些解决办法，比如复用庞大的桌面C++代码，如果尽可能复用这种底层C++跨平台代码，就不需要从零开始写一遍ArkTS代码，这大概可以节省一半人力，只需投入60个人。算完这笔几乎不能保底的账，在看不清鸿蒙项目的未来之前，钉钉心中忐忑，很难下定决心全力投入。

但是从研发视角，钉钉和鸿蒙找到了一个重要的共通之处。华为的全场景优势是1+8+N战略，而钉钉除了手机平台，整个终端研发体系基本对应了华为的1+8+N战略的场景模式，鸿蒙可以通过一套代码在手机端、平板电脑端、电脑端等做多端运行和部署，就能够解决这种多平台的覆盖，这打破了传统的每个平台开发一套替代操作系统的传统。

这或许是在鸿蒙系统上研发更有优势的点。钉钉确实希望借鸿蒙系统的适配，优化自己的底层技术框架，并且希望使用一些软件开发工具包来实现这些功能。当前，华为有实力并且愿意马上支持钉钉攻关。而两家公司对接的领导，对鸿蒙化的未来也有相同的愿景：一个说鸿蒙有"三分天下有其一"的生态决心，另一个说做鸿蒙生态就要第一波做，通过新技术重塑钉钉体验，尽早入局，不要等待市场成熟。

晚宴上，巴布远程向钉钉总裁叶军汇报了鸿蒙生态的潜力和成本，获得了叶军非常有力的支持，钉钉最终作为鸿蒙体系

"第一批签约合作伙伴"与华为展开合作。华为拿出自己的最佳服务：派遣驻场人员与钉钉协同工作，快速响应和解决问题。钉钉终端团队负责人石佳锐也做出了判断，认为鸿蒙有一个更为重大的意义，就是鸿蒙或许能避免市场上"第四个操作系统"的出现，因为适配多个操作系统这件事对开发者来说"太苦了"。巴布此前接触过包括中国工程院院士倪光南在内的很多业内专家和政府领导，他们都有国产操作系统的情怀。当鸿蒙把自己定位为与iOS、安卓这样的大系统生态比肩的系统时，阿里巴巴为国产自研系统添砖加瓦几乎成为必然。很快，钉钉与华为签署了鸿蒙合作协议。如今，已经有很多钉钉的大客户都在问，钉钉的鸿蒙版什么时候上线。

蚂蚁数科的移动开发平台mPaaS，是唯一入选高德纳2022年《多体验开发平台市场指南》的亚洲产品，在市场层面，mPaaS服务了超2000家客户，已经成为市场的主流选择。尤其是在金融领域，mPaaS被国内超60%的金融机构持续使用。华为鸿蒙团队第一次感受到蚂蚁mPaaS在行业的影响力，并从多家金融机构口里得知它们都在使用蚂蚁的mPaaS，适配开发需要找蚂蚁mPaaS才行。

2023年10月的一天，华为鸿蒙团队拨通了时任蚂蚁数科移动科技产品总监訾春平的电话，双方深入探讨了华为鸿蒙发展进展与未来前景。在此之前，訾春平及其团队也在关注华为在手机市场的高歌猛进、在芯片方面的突破，以及鸿蒙生态整个战略的实施反馈。他们认为，华为已经走在强势回归高端市场的路上，鸿蒙在智能终端市场上应该会具有非常大的潜力。但是他们一直对单框架鸿蒙有顾虑，为了打消顾虑，华为鸿蒙团队专门给蚂蚁数科团队寄了一台基于 Mate 40 的单框架原型工程机。

经过多次开会沟通，双方明确合作定位与方向后，訾春平在内部组织了会议专题探讨鸿蒙的合作价值和风险。大家针对受限的文档、工具、配套设施和能力，以及鸿蒙和 iOS 的差距与优劣性做了多方综合评估，最终确定，从基础设施来看，华为确实有能力实现单框架鸿蒙，而在生态布局上，单框架鸿蒙也日趋完善，至此，他们打消了单框架鸿蒙是纸上谈兵、画大饼的顾虑。

2023 年 11 月 12 日，蚂蚁数科和华为在蚂蚁集团的全球总部蚂蚁 A 空间完成了签约仪式。2024 年 1 月起，mPaaS 的核心产品和各类工具逐步进行了适配升级，鸿蒙 Beta 全量开发能力集也相继推出，使 99% 的 mPaaS 客户能够在鸿蒙上使用与在 iOS 和安卓上一样的产品。

2024 年 3 月 14 日，阿里巴巴旗下多款应用与华为举行鸿蒙合作签约仪式，宣布将基于 HarmonyOS NEXT 启动闲鱼、1688、飞猪、饿了么、盒马、菜鸟、点淘、淘宝特价版、大麦、淘票票、灯塔专业版共 11 款应用的鸿蒙原生应用开发。这是继 2024 年 1 月 25 日淘宝启动鸿蒙原生应用开发后，阿里巴巴再次深度融入鸿蒙生态，这极大地丰富了鸿蒙生态的应用版图。阿里巴巴支持自主创新的鸿蒙系统，并交上了完美的答卷。

搞定京东和阿里巴巴，再去谈新闻类应用就容易得多了。2023 年 12 月，鸿蒙团队联系到搜狐视频团队，希望能够开发鸿蒙星河版的搜狐视频应用。

搜狐新闻是首款鸿蒙系统上的新闻类应用。通过鸿蒙系统的分布式技术，搜狐新闻实现了跨平台无缝阅读，用户可以在不同设备上获得一致、流畅的阅读体验。2023年12月，该应用已经首发上线，并在2024年持续迭代更加深度融合的版本。与此同时，鸿蒙团队也联系到搜狐视频团队，希望能够开发鸿蒙星河版的搜狐视频应用。基于鸿蒙平台的"一次开发，多端部署"能力，搜狐视频的鸿蒙星河版实现了普通手机、折叠屏手机、平板电脑间的UI、交互和功能统一，并于2024年9月正式上架。

在合作过程中，鸿蒙团队发现搜狐开发人员的电脑设备有ARM架构芯片的iMac电脑、x86架构芯片的iMac电脑和Windows电脑，而最初鸿蒙星河版只提供支持ARM架构芯片的iMac电脑的模拟器。由于在不同类型的电脑上开发和调试鸿蒙应用，需要适配不同架构的模拟器，为了拿下搜狐，华为工程师在短短一个多月内又研发出了支持x86架构芯片的iMac电脑和Windows电脑的模拟器，全面解决了模拟器适配问题。

借着Mate 60系列持续不断的市场热度，以及生态伙伴对鸿蒙逐渐接纳的态势，何刚在2023年上半年接触了10多个不同的公司，尽力去了解大家的困难，以及大家想要什么。华为争取把生态伙伴想要的内容真正落实到鸿蒙的资源储备上。通过对第一批应用软件头部企业的生态战初探，他们已经预感到，生态将牵动未来的华为做出巨大的改变。过去他们只需找到一个类似"天生快，一生快"的软件优点，就足以支撑一系列产品的热卖。但是做生态和做市场的打法完全不同，华为必须让大家找到共同的利益价值点，只有共赢，生态才能"共推"。这样的重任，小公司无法承担，以华为的体量和研发能力，它必然承担起"奉献者"或领头大哥的角色，而且这个领头大哥的干活速度还不能太慢。因为所有人的目标都是赚钱，太慢了，小企业等不起，大企业也等不起，甚至政府都等不起；活干了两三年，如果干不成，让人家的投入打了水漂，未来又如何让对方有信心投入生态？

龚继华提出能不能与伙伴沟通，提前启动几个应用开发，作为打样的应用？他想先去摸底、打样、做成样板点，再把能力赋能给更多的伙伴，这样可能会更稳妥。随后，他们根据应用的规模、垂域的覆盖程度和技术方向三个维度，选择了5个应用作为打样的先锋——美团、小红书、高德地图、抖音和WPS。先投入"重兵"，把这5个应用快速催熟，做第一批深度适配鸿蒙系统的应用，然后再把这些能力赋能给更多的合作伙伴。

鸿蒙生态快速结束游击战模式，以一种正规军的作战姿态进入生态战场，走出华为的大门。在实施过程中，他们会跟5个应用厂商展开定期交流；平时，也会通过微信和电话聊一聊它们目前遇到的重点问题。

时任鸿蒙开放能力部部长的黄津在跟新浪、美团、高德等公司的研发团队见面时，除了询问有什么困难需要支持和帮助，也会关注生态伙伴通过鸿蒙的支持，再结合自身产品的特点和场景，能否打造出属于各自的创新机会。因为鸿蒙的对手是安卓和iOS，如果鸿蒙的能力只是跟iOS、安卓"差不太多"，就很难真正得到消费者的认可，也等于没有真正的价值。鸿蒙需要比别人做得更好，让生态伙伴从鸿蒙系统中找到更有利于自己的创新点，配合一定的用户规模，鸿蒙才算有"生态的价值"。生态伙伴在完成核心基础功能开发后，围绕各自主打场景的创新将是下一步的重点，这个时候，用好、用足鸿蒙的开放能力就是其中的关键，从而更好支撑简单易用、高端精致、极致流畅的鸿蒙新基础体验。

　　与美团合作，是因为它有一系列复杂的业务形态，是鸿蒙分布式系统的最佳应用场景。出人意料的是，美团竟然是鸿蒙化开发进度最快的企业。更让华为意外的是，美团并未把鸿蒙应用开发当作适配负担，而是把这次升级视为平台应用升级的一次会战，最终促成了双赢的局面。

　　美团平台技术部负责人雷志兴，主要负责美团的基础建设及关键页面。此前，出于兴趣，雷志兴曾调研过鸿蒙，但因华为迟迟未发布细节，放弃了追踪。直到2023年9月25日，华为宣布不再兼容安卓应用的鸿蒙星河版正式启动，他才开始全面加入鸿蒙原生应用计划。在雷志兴看来，虽然在科技创新及业务上有很多合作可能，但华为和美团的业务有较大差异。华为的主营业务是通信设备制造，而美团是诞生于数字原生时代的互联网公司，通过"零售＋科技"战略为用户提供产品和服务。

　　虽然美团早先已经与华为有不少合作，但在加入鸿蒙原生应用计划之前，雷志兴依旧谨慎地做了很长时间调研。从评估结果上看，美团面临的是一项较为宏大的技术工程：一个原生应用需要海量的代码，如果按照开发iOS或安卓系统那样的替代思路，从头到尾把所有的代码在鸿蒙上面重写一份，周期很长，代价极高。美团希望能够将更多精力放在为鸿蒙用户提供最优质的体验上。

此外，不同于其他应用，美团的业务既有外卖，也有美食团购、优惠券、酒店、民宿、娱乐，还有像小象超市、美团优选这种涉及大量供应链系统的业务，这对双方的技术磨合与创新提出了更高要求。

出于上述考虑，雷志兴及其团队在详细了解鸿蒙后，下定决心投入资源进行联合研发。雷志兴说："安卓和 iOS 毕竟有近二十年的生态积累，鸿蒙想要实现安卓和 iOS 级别的服务集成和应用质量将是一个非常艰巨的挑战。但做好一件顶级难度的事情需要两个关键要素：一是魄力，一是实力，而华为恰好都具备。"

2023 年 11 月 13 日，美团与华为正式启动开发鸿蒙原生应用，着手开发鸿蒙上的美团应用。

作为"鸿蒙化开拓者"之一，美团的工作难度可想而知。比如美团开发部门用的是苹果电脑，鸿蒙的工具对于苹果电脑的支持并不完善；美团拥有大量 C 端用户，其图文混排的复杂首页、高频场景性能的体验，以及多入口、多业务线等特点，都给鸿蒙化的美团应用带来了巨大挑战。华为和美团的工作方式也存在差异，从决策到需求落地，往往需要经历较长的决策链和周期。这些不仅考验了双方的技术能力，还对管理、协同等提出了更高要求。

这时，美团的互联网作战风格开始发挥作用，美团以最快的速度集结了一批工程师投入鸿蒙方案的验证和设计，并且特批了一整层的办公楼攻关鸿蒙适配。整个团队拿出来创业公司的拼搏气势，大家挤在一个会议室里，每个人都精神饱满、充满斗志。

鸿蒙开放能力部部长黄津在现场时，感觉自己单单看一眼美团工程师的工作劲头，就相信他们有完成任何使命的战斗力。

双方前后花了差不多一个月的时间进行前期的技术磋商与统筹。其间，美团还结合研发的经验对底层架构进行了统一，为安卓和 iOS 版的复用奠定了基础。这种以鸿蒙为主，辐射到安卓和 iOS 上的形式，可以减少多套开发的投入，可谓一举多得。

2024 年春节前夕，经过 100 多个日夜的奋战，美团的首个鸿蒙星河版核心功能的版本终于上线。一个在美团驻场的工程师颇为感慨地发了一个朋友圈："100 多个日夜到凌晨的讨论和坚守。"龚继华在美团一战中最为感慨的是，当他焦虑的时候，美团的工程师反过来安慰他："不要这么焦虑，我们一定可以搞定的。"短短的 100 多天，双方团队相处得像是同一鸿蒙战队中的战友。

目前，美团已经建立了测试基站，上架了 30 个左右的应用，截至 2024 年 12 月，美团旗下的美团、大众点评、美团外卖、快驴进货等多个应用已完成商用版正式发布，小象超市、美团优选、猫眼完成开发待上架。其中，美团移动端应用程序已有包括外卖、美食、酒店、美团优选、小象超市等二十余项业务上线。

小红书是中国女性用户特别喜欢的热门应用。鸿蒙选中它，是因为它在技术上没有那么"重型"，但是它的多终端适配很适合作为鸿蒙的重点合作样板：鸿蒙系统可以通过一套工程、一套源代码和不同屏幕尺寸的适配，确保小红书在手机、可折叠机、笔记本电脑和平板电脑上的运行体验相对一致。华为邀请过小红书来参加华为开发者大会，也派了一些专家驻扎小红书，双方一起摸排需求，并联合设计方案。小红书首次上架，就适配了手机的应用。与其他应用相比，华为工程师相当喜欢这个样板案例，他们在与小红书攻关期间，以小红书为案例，紧赶慢赶地写了一篇《华为鸿蒙开发避坑指南》给其他生态伙伴，没写完的部分由接手工作的人续写。华为团队给这篇指南起了个花名，叫"鸿蒙开发红宝书"。

高德是个对性能有着极高要求的企业，正是因为高德的高要求，鸿蒙得以挑战生态伙伴里最严苛的目标：鸿蒙版高德地图的性能体验要超越苹果。

高德地图由一个大渲染图层组成，上面又叠加了众多小图层，比如搜索推荐的地址、购物、酒店预订等，每一个都是独立图层，华为要解决自己从未考虑过的"大图层叠加小图层"的复杂场景。此外，为了确保同一套代码能在 iOS 和鸿蒙等不同平台上顺畅运行，高德地图采用了多层次的框架设计。高德地图本身具有出色的准确性特征，尤其在搜索地址时，它的返回效率往往比常规地图导航快一两秒。这样高要求的公司，当然给华为工程师带来了新的体验：和高德并肩作战，每次打完仗总会发现新的问题，总有打不完的程序错误，但也有新的收获。

2023 年 11 月开始，高德投入了足足几百人搭建鸿蒙平台，并计划在一年内实现商用。

双方合作很顺利。高德和美团一样，对华为万人协作、高效开发的流程非常感兴趣。同为大型公司，高德感叹驾驭如此大体量的鸿蒙生态技术研发绝非易事，要保证许多人同步推进一个项目，这背后一定有一套了不起的设计流程。高德的员工甚至买了很多书，来了解为什么要这样设计流程。这些茶余饭后的交流，让双方结下了深厚的战斗友谊，非常有利于双方高效开发。

金山是这次鸿蒙头部应用突击战中，开发规模最大的企业。

金山办公（金山旗下核心业务之一）副总裁姚冬选择在华为危急的时刻加入。2019 年 5 月 16 日，美国发布行政令之后，他心里暗暗赌"华为能成"——与其说"赌"，不如说他是"希望"华为能成。因为中国的软件行业被美国压制了太久，芯片、操作系统、应用框架几乎完全依赖美国。他自己写了 20 多年代码，基本是基于美国的基础框架、集成开发环境、编程语言开发应用完成的，连他引以为傲的 WPS，虽然实现了源代码自研，但相关的工具链（编译器、编辑器、调试器等）都还在依赖微软，更别说对 Windows 这个操作系统的平台依赖度了——相当于 WPS 的命运始终攥在微软手里，攥在美国公司手里，这种日子并不好过。

当然，跟微软打了二三十年的交道，金山也发现了微软公司的"弱点"：微软一旦离开 Windows，战斗力就显得"很有限"。比如，金山的 WPS Office 在 iMac 上，就比在 Windows 上的口碑要好。大型软件是成千上万名工程师与强大有耐心的管理团队长期合作开发而成的，像 WPS 这样复杂的桌面应用软件，非常需要一个强有力的组织来协调和管理。无论是"单枪匹马"的英雄、"志同道合"的两三个人，还是"横空出世"的几个天才少年，都无法替代成千上万人的默默努力，这也是他们眼里，开源的 OpenOffice 做了 20 多年还是比不过 WPS 的原因。

所以他非常理解鸿蒙存在的意义，或许这一次，金山能通过鸿蒙改变这一切。

金山与华为有着天然的亲近感，两家公司骨子里很像。两家公司都有着浓厚的工程师文化，骨子里也都十分崇尚理想主义，换句话说，双方都对技术有着纯粹的热爱、理想主义和家国情怀。他们甚至对鸿蒙联手WPS在商业上"挣不挣钱"这件事都有相似的看法：能不能挣钱是其次，大家更在乎拥有一个"属于自己的、自主可控的操作系统平台"，让中国人用起来，甚至最后能够出口海外。

2023年6月，金山就已经做出了要参与鸿蒙生态的决定。金山办公副总裁姚冬认为，如果中国要有一个自己的桌面操作系统，那么他最看好鸿蒙，这也是金山坚决支持鸿蒙的原因。但是往鸿蒙上移植，要比移植到其他任何一个平台都有挑战性。当年WPS开发安卓版的时候，安卓连原生开发工具包都没有，大家都没法用C++来编写内核代码，只能拿Java写。Java写的内核虽然支持绝大多数功能，可还是会缺少小部分功能和一些小特性，而现在的鸿蒙用户界面设计和内核是异构的，采用两种不同编程语言，WPS完全可以借着鸿蒙化移植的机会统一整个内核架构，并分离内核和界面，使用户在安卓上也能使用WPS的全部功能，这也算是把欠了底层开发十几年的账给还上了。

WPS虽然不是最早参与鸿蒙生态的，但作为国内最大的应用软件企业之一，其在系统适配上的投入堪称大手笔。为了全面支持各大系统，金山办公曾投入多方力量，比如Linux版投入了100多人，Mac版投入了40人左右，维护纯粹基础内核的团队投入了两三百人。整体来看，WPS在操作系统适配上的人力已经达到了千人规模。它同时支持四五十种语言,在海外有超过一个亿的月活用户,几乎支持市面上所有的 PC 和移动平台,包括 Windows、Mac、Linux、iOS、安卓五大民用的平台,以及 Linux 下所有主流发行版。它还支持所有芯片的组合,包括 x86、ARM 和国产的龙芯等。在华为公布的 100 多个比较重要的合作伙伴里,WPS 在代码行数上名列前茅。

桌面操作系统和大型应用软件属于大军团作战的项目,Windows、Office 可能都有上亿行代码,比起它们,有 4000 万行代码的 WPS Office 并不算大。如此重量级的应用,功能自然也非常复杂:除了各种文档格式的读取、编辑和保存,还有端侧和云侧的工作量。

其实 WPS 也不想写这么大,但为了发展只能如此,这是用户的需求驱动的。这些大型工程开发的工作量大,管理难度和成本都非常高,如果不是《财富》500 强级别的企业,怕是很难支撑这种级别的开发和维护成本。鸿蒙团队做过统计,Office 上所有能被称为"功能"的东西,包括公式、菜单、命令在内,点一下按键就能有个反馈的功能多达 1 万多个,常用的功能有 500~1000 个。一个用户可能终其一生也就用 20% 的功能,但是因为每个用户用的 20% 不同,所以这些功能还是得全部开发出来。

WPS 的代码体量巨大,编译构建、架构设计的复杂程度远远超过了鸿蒙的预期。可以说,全世界范围内能把单体软件写到千万行以上的应用凤毛麟角。WPS 的人评估后发现,鸿蒙化工作要配置 2000 多人,即便有心理准备,华为也十分意外。经过分析，华为发现，由于 WPS 的手机版和电脑版架构不同，所以这些工作量里有近一半是在优化架构。好在 WPS 和美团有个相似之处，就是 WPS 完全可以利用鸿蒙落地的机会，顺势让自身的优化和鸿蒙化的工作融合成一个项目，彻底将老版本框架统一化。所以，可以让原本的安卓、鸿蒙、iOS 这三个团队合并成一个团队，能力共享后再分头开发安卓、鸿蒙和 iOS 的三个版本，双方可以分工协同，有重点问题再灵活调配。

2023 年 9 月，金山花了大概半个多月的时间，组建了一支 30 多人的团队。姚冬要求团队年轻、年轻、再年轻，50% 的成员年龄要在 30 岁以下，且平均年龄不超过 30 岁。之所以强制年轻人参与，主要是因为年轻工程师不可能靠日常做维护、改程序错误、做需求成为高手，他们需要参与一次大重构、大移植、大改造，哪怕最终不成功，他们也能在这个过程中吸取经验，获得成长。过去，优秀的工程师都是在大的技术改造、创新、移植或者优化工程中成长起来的。所以金山调集的鸿蒙团队，绝大部分是 20 岁出头的年轻人，直到最终加入了几位 40 多岁的资深工程师，才把团队的平均年龄拉高到了 30 多岁。年龄和资历并不影响合作，因为 8 月之前，团队中没有人见过鸿蒙，一行鸿蒙代码也没写过，IDE、真机是什么样也不知道，大家都要从头学习。等待他们的工作也颇具挑战性，单单将 4000 多万行 C++ 代码在新平台上重新编译这一项，就耗费了将近一个月，更别说还要让代码顺利跑起来。姚冬感觉有一段时间，好像程序错误永远改不完，各种各样的兼容问题、依赖问题，以及以前在别的平台上都不会遇到的问题，现在统统遇到了。在问题高峰期，华为派出了 10 多个资深工程师在武汉驻场，为 WPS 的鸿蒙化项目提供技术和商务支持。

在面对全新、有挑战性的事情时，金山工程师干劲十足。哪怕为了解决一个程序错误，熬一宿也不会觉得累，反而还很有成就感。虽然姚冬从没要求过这个年轻的团队加班，但是鸿蒙团队成员不仅仅是在做一份工作，更像是在做一份事业，存在鲜明的意义感，也十分具有获得感。

鸿蒙最早是一款手机操作系统，手机上没有多窗口概念，都是单窗口，所以整个窗口体系的设计对多窗口模式支持并不好，很多能在 Windows、Mac 上实现的界面交互，在鸿蒙上面反而实现不了。借着 WPS，华为完善了鸿蒙对窗口体系的支持方案。比如，双方曾经在 WPS 鸿蒙版的测试过程中发现了一个程序错误，经过追踪确认是华为编译器的问题；之所以会出现程序错误，是因为复杂的 WPS 会用到很多一般软件鲜少使用的编译器特性。通过处理这个程序错误，华为的编译器团队也得以完善了自己的产品。在华为看来，WPS 绝对是一个"拍档型"的生态伙伴。

12 月底，WPS 第一个最原始的预览版交付，且能正常运行。移植成功了！

整个 2024 年第一季度的战绩算下来，华为在中国智能手机市场已跻身前三，而这些卖出的产品搭载的基本是鸿蒙系统，这意味着鸿蒙系统的用户数在增加。当鸿蒙系统的用户数足够庞大，必然会有更多企业加入鸿蒙原生应用的建设中。

这组数字很多人并未察觉，华为鸿蒙的用户数已悄然突破了

3亿大关，越过了手机操作系统那道看似不可逾越的"生死线"。

2024年4月7日，4200多个应用正式加入鸿蒙生态，用户越多，应用越多。厂商们愿意真金白银投入开发原生应用，是对鸿蒙最大的支持与肯定。在公司每年举办的年会上，龚继华已经连续两次抽中奖品，不少人听到他得意地说："看到没有？做鸿蒙生态的人运气一定会比较好，你们一定要过来做鸿蒙生态。"

鸿蒙生态初始阶段需要传递给外界的初心和本意是，从根基上看，鸿蒙立足于自己的半导体工艺和中国已有的技术能力；从目标上看，鸿蒙力争成为一个拥有良好消费者体验和产品竞争力的生态，所以它正尽力从生态角度为公众提供更加完善的隐私和数据安全保护。

通过初期的一线生态接触，华为从整体上感受到了国内互联网企业、应用层企业对鸿蒙生态发自内心的支持。华为几乎没有碰到有哪个企业一上来就明确表示不支持华为的生态，不支持华为的解决方案。有条件的企业，如美团、小红书、哔哩哔哩、微博、高德等头部企业，阿里巴巴旗下的支付宝、淘宝、优酷这些大板块的产品，基本上没有任何附带的条件，都表示支持。在具体的执行过程中，这些企业各自投入了大量的资源。美团在最顶峰的时候，投入了多达900名工程师，这对企业来说绝对是一笔巨大的投资。京东为了出商用版本，在满足2024年"6·18"活动要求的情况之下，还紧急腾挪了一部分资源支持鸿蒙，这些支持都深深打动了华为的鸿蒙团队。

华为明白对方的支持是真诚的，因此，他们也针对生态制定了一系列友好的政策：提供流量资源，帮助开发者降低成本；对于难以靠用户订阅收费维持运营的工具型软件，华为自掏腰包给开发者提供现金支持。此外，华为还积极与外部和第三方培训机构合作，由华为承担费用培训鸿蒙开发者，帮助他们融入企业，提供技术支持。

短短几个月的打样驻场，华为与这些头部互联网企业的研发人员建立了非常友好、亲近的关系。这种亲密合作，不仅让华为得以持续洞察互联网的技术演进方向，更彰显了鸿蒙生态的开放与包容——它是属于整个行业、属于所有参与者的。过去的几年，鸿蒙以正规军姿态投身生态建设。头部的225个应用里面，有196个应用顺利启动开发。鸿蒙系统覆盖了手机、平板电脑、手表、智慧屏、音箱、车载等多种终端形态，并与多个主流品牌达成合作。从市场占有率为0，到鸿蒙配置的设备数量突破10亿，这一成绩背后，是众多企业和开发者共同努力的结果，是整个生态的蓬勃生长。

如今，鸿蒙这艘巨轮，在不断结盟生态伙伴之后，正式驶入了"面向全场景、多设备的场景，做全面的交互创新设计"的商用之路。

曾经很长一段时间，中国缺的就是一个像谷歌、苹果那样能够去倡导规则、引领生态的领头羊，而鸿蒙正凭借其开放的生态与创新的能力，成为引航之舟。

第十九章

千帆会战：把不可能变为可能

> 现在的 HarmonyOS 部，更是鸿蒙交付的第一线，我们在微信中收到最多的话就是"鸿蒙必胜"。
>
> ——鸿蒙操作系统战队

2023 年，徐直军看到了一个电信数据：中国通信行业的全网流量增速仅为 15.2%。它揭示了一个严峻的现实：不仅华为曾经引以为傲的产业停滞不前，流量消费的增长更是陷入停滞。这一数字提醒着业内人士必须迅速行动，将流量增速恢复至 30%~60% 的高位，动员一切可以动员的力量，在流量之水干涸之前，为华为寻找到下一个水源。

任正非曾将 IT 产业中最为关键的元素比作水，这里的水代表着流量，代表着流动的数据，它存在于公司的每一项业务之中。"水"，也是一种观察世界的视角，透过它，我们可以重新思考所有的业务和技术。水流越是汹涌，水的价值就越大。曾几何时，中国三大运营商的移动网络流量增速每年都能达到惊人的 170%~180%，如今整个产业的"水流量"却下降了百分之七八十。这或许是因为端侧和应用侧的创新力不足，或许是因为 AI 的驱动力未能得到充分发掘，或许是因为流量价值的变现未能做好。总之，运营商已经难以获得相应的回报。

IT 行业的市场同样遵循着水源逻辑，行业的大环境决定了业务的天花板。徐直军为鸿蒙战队所有的成员设定了目标："鸿蒙生态必须一举成功，因为在生态建设上没有第二次、第三次尝试的机会！"在邵洋看来，徐直军的决策能力缘于他看问题的系统性。许多人在思考业务时往往只关注单一领域，而徐直军则能够让多个业务相互联动，在一定的时间周期内进行综合思考，并做出最坏的假设，最终将结果落在"整个系统在几年内会发生的变化"这一核心上。因此，他总是会在关键、紧急、矛盾的时刻到来之前，提前做好安排。

为了彻底消除"鸿蒙变成烂尾房"的担忧，徐直军要求必须摒弃拖延，以最快的速度让大家看到实实在在的进展。这是一场与时间的赛跑，也是一场关乎未来生存的战斗。

谢桂磊曾亲历 Windows Phone 因生态准备度不足而失败。谢桂磊在十多年前购买过一款搭载该操作系统的手机。从用户界面的角度来看，iOS 和安卓的界面设计都明显受到了它的启发，这足以证明其设计之美。然而，Windows Phone 最终未能在商业上取得成功。首先，它的原生应用数量稀少，幸存下来的应用往往是功能受限的简化版。例如，iOS 版的微信支持十项功能，而

Windows Phone 仅能支持五项。其次，应用更新的速度极其缓慢。虽然微软推出了一些小众的 Windows Phone 版本应用，但其更新频率和问题修复速度远不及 iOS 和安卓。iOS 每周更新一次，安卓也能做到每两周一次，Windows Phone 则是半年才更新一次。这种滞后使 Windows Phone 用户始终停留在旧版本，用户体验极差。

Windows Phone 的故事为初入操作系统赛道的鸿蒙敲响了警钟：它必须具备与其他系统同样的速度和频率，才能避免落入其他版本频繁升级，自身却滞后半年的窘境。总之，鸿蒙原生应用软件要和其他选手一样优秀，全方位顾及技术层、商业层，才能正常与其他系统赛跑。这背后需要华为手机的销售情况稳定良好，保持庞大的用户群体，让应用厂商真正重视鸿蒙版本的开发投入。

因此 2024 年，鸿蒙的目标就是在 Mate 70 系列发布前，确保鸿蒙原生应用的完善，让手机 99.9% 的应用运行在鸿蒙系统上。鸿蒙团队需要找到并适配这 99.9% 的应用，并在未来保持这些应用正常演进和迭代。

望岳团队打全球生态硬仗时，曾整理出 Top3000 应用清单。该清单由两部分组成：一部分是每个国家时长和活跃度排名前 100 的应用；另一部分则是上百个国家的本地银行、公交、地铁、航空公司等主流行业应用。发达国家的应用超过 200 个，不发达国家一般只有几十个，全球加在一起则超过 3000 个。

现在，鸿蒙完全复制了这个方法。

望岳和他的团队拿着手机，为鸿蒙系统精心挑选出了 4796

个与国计民生息息相关的应用。这些应用虽然不及互联网超级应用那般热门，却是消费者日常生活中不可或缺的"垂域刚需应用"，简称 Top5000。有人认为，普通人的手机中装 200 个应用足矣，但为了确保应用多样性和兼容性，即便是那些活跃度不高，且市场细分几乎不入排行榜的应用，也必须纳入适配范围。例如，绍兴居民离不开的绍兴公交、医保应用必须实现鸿蒙化，除非鸿蒙手机不在绍兴销售。同理，团队不能忽视任何小众应用，这样筛选出的 5000 个应用，基本可以覆盖人们 99.9% 的应用需求。

要在 2024 年 9 月实现这 99.9% 的数据目标，难度不亚于手机行业的一次重大革新。好在中国市场虽然广阔，但这 5000 个互联网应用企业分布却有一定的规律可循。通常，广东、上海、北京等一线城市的企业数量较多，其中广东的互联网应用企业最多，达 700 个，北京次之，西部省份则稍少，有的仅有十几个。华为列出了排名靠前的企业清单，筛选出一批各省的公交、医保、政务、税务应用，大家围绕这份详尽的生态清单展开行动。清单内容非常细致，华为每个人对应生态伙伴的哪个企业、哪个决策人都标注得清清楚楚，他们每周汇报进展，明确搞定了多少客户，哪些客户尚未搞定。

面对构建鸿蒙生态的巨大挑战，查钧推动成立了鸿蒙突击队，由许家喆担任队长。突击队由 15 支专业技术分队和 8 支应用场景分队组成，他们采用特种兵模式，专门负责生态高水平建设工作。查钧还推动成立了鸿蒙技术架构专家组，由陈海波担任组长，聚焦鸿蒙技术与生态，帮助生态伙伴充分利用鸿蒙系统并进行系统性改进。这些改进工作会聚了 2012 实验室从操作系统内核、编译、视窗、Web，到安全可信、开发工具、编程语言等各领域的核心技术专家。

2023 年 12 月 25 日晚，徐直军召集了中国区 30 个代表处的所有代表，召开了一场生态伙伴动员会。徐直军进入会场的第一句话便是："这个动员会并不是给你们终端开的，因为终端不需要动员，中国区才需要动员，这个会是给代表处开的。"代表处属于信息与通信技术领域，代表帮助终端搞定合作伙伴并没有直接收益，因此动员会的主要目的是让中国区的所有代表都做好思想准备，大家不仅要支持终端，还要发动一切力量，以关键时刻"败则拼死相救"的姿态，全力支持终端打赢这场生态硬仗。

在仅仅一个小时的动员会上，225 个头部应用合作基本搞定的消息一直在大屏幕上循环播放，以鼓舞人心。会上发布的鸿蒙星河版应用也进一步强化了大家对鸿蒙原生应用支持的信心。徐直军相信，只要把抖音、哔哩哔哩、小红书、支付宝这些大应用都搞定，中国区的各个代表们再去谈其他企业会更容易谈成。他尽力跟代表说清楚开会的目的，需要代表干什么，各地的分会场如何确定。

启动会议定在一个月后，何刚在内部群里发言说："还有一个月，鸿蒙千帆起。""千帆"二字让望岳眼前一亮，他顺势给动员会起了"千帆会战"的名字，"千帆"二字贴切传神，它成了这场声势浩大生态行动的口号，鸿蒙队员的朋友圈、微博和帖子里面，也从此有了"鸿蒙千帆起"的口号。

2024年1月18日，华为正式举行鸿蒙生态千帆启航仪式，首批开发鸿蒙应用的225家头部应用厂商，一起在现场见证了鸿蒙生态的新里程。鸿蒙生态千帆启航仪式上，每个代表处都快速行动起来，不管是分管云还是分管政企，大家都分头把自己的客户从4796个应用中一一划拨出来。面对名单里的企业，华为表现得志在必得，接下来这些各地代表将开始马不停蹄地出差，走访大江南北。

过去，成熟的操作系统生态大多是自然长成的，而鸿蒙生态却不同，它需要依靠华为内外、四面八方的伙伴一起合作完善。中望软件的副总经理刘玉峰，曾以第三方中立视角说出了鸿蒙生态战即将面临的困难："这会是一场苦战。换系统的过程看不到收益，生态伙伴就不愿意适配到鸿蒙。如果系统不适配到手机，手机终端就用不了。靠鸿蒙一己之力去推动很难，用行政命令去做也不太可行，这是新生态替代旧生态非常困难的点。"他进一步指出："还有生态更替的先后顺序和同步性，工厂几秒钟就下线一部手机，生态却不能几秒替换完成，生产线又不能停下来等着生态替换成功再继续生产，所以鸿蒙必须一边进行全部替换，一边跟上生产线的速度。这个环环相扣的链条如此冗长，技术本身不能解决如此多的问题。"

在中国，做操作系统有四大难。第一，要兼容各种芯片平台，操作系统做得再好，没有芯片平台也跑不起来。第二，要兼容各种不同的应用生态。第三，需要大量开发者。第四，产品本身要能上量。这四点任何一点都是一座大山，这几座大山但凡有一座翻不过去，操作系统就必然失败。所以国内这么多做操作系统的公司,尤其是面向消费市场的,最终都没活下来。润和软件副总裁兼江苏润开鸿数字科技有限公司(以下简称润开鸿)首席技术官的刘洋就曾体会到操作系统的第一大"难":台积电断供时,海思、润和软件都在第一时间跟鸿蒙做了适配,但因为没有芯片可用,鸿蒙的推进工作几乎处于停滞状态。

在中国,"跟随"操作系统产业链是非常苦的一件事。没人理解华为为什么要做操作系统,很多人担心鸿蒙只能跑在华为自己的平台上,至少所有芯片公司都有这种担忧。为什么要投入,回报是什么?几乎所有的企业都希望在短期内看到商业回报,否则做一两年就会熬不住退出。鸿蒙团队也没法埋怨生态伙伴,因为生态伙伴"每年都有每年的难",跟随也不是一件容易的事。

华为更是无法像激励自家人似的,用鸿蒙的美好蓝图来吸引合作伙伴,说开发鸿蒙系统是为了支撑整个半导体产业的崛起,是为了支持中国在操作系统上崛起,是为了促成独立自主生态系统崛起。外界只会把这一系列的崛起理想当作空想和夸夸其谈。更难的是,华为要有能力自证。

紧迫感逼得龚继华在千帆会战后连续做梦,梦里全是生态的事,有时甚至半夜把自己惊醒,这是他在华为的职业生涯里做的最具挑战性的工作。更多的时候,他在梦里都在思考如何搭建出能力更为完备、有更好的体验、具备更多创新场景的鸿蒙。千帆启航仪式,以及跟开发者分享鸿蒙生态的场景,早已是他做梦都想实现的事情。当这场持久的梦想成为现实后,正如龚继华一直担忧的那样,大量质疑声和批评接踵而至:鸿蒙开发资料不完善、版本不稳定等问题如一张大网，扑面而来。

但这只是龚继华的一小部分烦恼，生态伙伴的鸿蒙共建意识才是真正的硬仗。

几千个生态伙伴，大家的能力参差不齐，困难也各不相同。优秀的互联网公司会提供一个平台性的服务，确认用户使用的是哪种操作系统，中台可以用来保证服务的连贯性和便捷性。而实力不足的公司，一个 iOS 系统队伍，一个安卓系统队伍，已经是其承接技术的极限，所以这类公司很可能会对鸿蒙产生误解，以为单独再建立一个鸿蒙系统队伍，这个队伍会变成"吃资源"的无底洞。华为想要让这类企业知道：其实鸿蒙是一个可以降低小公司资源投入，为中小企业带来价值的系统，它具备推动应用迈向更好状态的能力。

2024 年 1 月 31 日，终端管理团队约了任正非，围绕鸿蒙生态给任正非讲了一个多小时，参加会议的还有林栎辉、望岳等，望岳会后整理了会议纪要。这一个小时，大家多半围绕鸿蒙的困难展开讨论：不光是技术，他们还需要会聚众多与华为无直接利益关系的主体，无论公司、个人还是政府机构，要让各方齐心协力，按照同一时间进度及时交付。在场的华为高管们颇为动容，大家想起昔日的 HMS 会战时的困难，而眼下鸿蒙的严峻程度远比 HMS 会战困难百倍。

望岳在这场战役中，深刻体会到什么叫公司。他对公司的理解，是一群人为了一个相同的理念和目标组织起来做一件事情，鸿蒙让这个词的意义再一次升华。生态从来都是别人的，中国人没干过生态，鸿蒙根本没有构建中国生态的经验可学。即便开发者有积极反馈，双手奉上自己的开发计划，给出自己的进展，华为也很难一一掌握。在开发者比较少的时候，华为可以派人过去，一个个拜访和推动，对于进度能掌握得很清楚。但现在几千家生态伙伴同时扬帆，每一家乘风破浪的海上征战情况到底怎么样，华为就很难全方位细致地把握了。万一开发者提出了很多新需求，或者短时间难以解决的问题，华为就会陷入被动。

任正非听完大家的讨论后说："鸿蒙就像一艘大船，那些合作伙伴上了我们的船，我们就载着他们到全世界各地去。"任正非对鸿蒙有了进一步的定位和指示："在鸿蒙生态上，我们的首要目标是活下来，同时要让鸿蒙生态的开发者、伙伴获得利益。"鸿蒙出去作战，要让年轻人和有经验的人混合作战。此后，任正非开始在不同的场合支持鸿蒙生态，说鸿蒙生态应该让大家免费用，就像一块地让大家免费用，用得多了，土地自然就肥沃了。华为必须以交朋友的思维方式，在产业层面与生态伙伴达成利益共识。

朱勇刚有着丰富的一线经验，他上任后，改变了项目的运作逻辑。原来鸿蒙生态的推广逻辑是支持合作伙伴，适配产品的用户体验，现在他把目标转变为先要让合作伙伴"获利"，再谈产品的用户体验。

他在内部发起了动员令：企业和政企业务的市场人员在拜访客户时，要顺便跟客户推荐鸿蒙生态，推动企业客户快速地拥抱鸿蒙生态。因为华为客户的规模太大，有企业业务集团，有政企业务，华为即便不停地发展中国企业生态，也会有很多华为"不可视，看不见"的企业，而它们也很有可能并未注意到鸿蒙这一新的生态。动员令让鸿蒙一开始就具备的自力更生精神，扎实地生根在实践中。

终端云全球生态发展与销售部的主要工作被分为了两块。一是建生态，面向未来全场景时代，制定鸿蒙生态的发展战略、合作策略和未来蓝图，携手互联网应用服务商、技术服务商、硬件厂商、培训服务商等伙伴共建鸿蒙生态。二是打粮食，通过构建良性的生态发展模式，与优质伙伴开展商业合作，通过用户付费、应用联运等实现生态商业闭环。领导把这两块工作交给同一个团队的重要原因，是希望当短期的商业利益与长期的生态发展冲突时，团队的首要目标是建立起面向未来发展的鸿蒙生态商业模式，而不是去纠结短期内商业上的小利，树立"短期的商业贡献与长期的生态发展是鸿蒙生态的一体两面"这种理念。

俗话说，三流的公司做产品，二流的公司立标准，一流的公司建生态。部门主管偶尔也和同事开玩笑地说，他们这帮人是被"逼到生态这条路上来的，所有的工作都不得已而为之"，结果生态越做越大，事情也越来越多。

华为终端 BG 还把生态市场的策略改为"顺应时势，避免逆势而动"。时机未熟，竭尽全力也难以成功；一旦时机成熟，只需轻轻一推，便能顺利前行。

这里强调的"势"是什么？鸿蒙可以借的"势"又是什么？

一是国内用户规模和互联网创新之势。过去 20 年，无论是诺基亚在巅峰期打造的 MeeGo、三星依靠手机规模优势打造的 Bada，还是黑莓的 BlackBerry OS、Mozilla 公司的 Firefox OS，均以失败告终。在移动操作系统大战中存活下来的，只有拥有强大的市场和移动生态系统的 iOS 与安卓。当下的鸿蒙在海外市场难有作为，鸿蒙能倚重的只有国内市场，华为手机本身拥有非常强大的用户群体，这些因素造就了优秀的本土市场环境，成就了鸿蒙启动时需要依赖的"势"。

二是全场景设备之势。过去，鸿蒙做的消费电子和一些小的设备，并没有真正把鸿蒙推向成功。因为没有颠覆性的创新和用户体验，就不存在真正刺激消费者替换的动力。鸿蒙当下的生态还要从行业中寻求突破。开源鸿蒙以行业为切口，进行鸿蒙化替代。有的公司擅长金融和电力，有的公司擅长教育，有的公司擅长交通，大家根据自己擅长的领域分头去干，尤其要做中国刚需的行业。只有这样，才能让开源鸿蒙的生态在短期内建立起来。

为了抓住千帆会战的"顺势之机"，终端团队向上级申请各种经费。一方面降低合作伙伴合作的门槛，通过流量置换来吸引他们；另一方面一家一家地签约，并且用大量的签约仪式来造声势。生态这件事"气可鼓而不可泄"，要全力以赴做成。一旦泄了气，让合作伙伴真金白银投入了一年，最后却因华为自己而推迟，那合作伙伴的投入岂不是成了笑话？让大家颇为安慰的是，到 2024 年 2 月，上架的单框架头部应用已经有了二三十个，游戏类尤其多，华为与头部应用小红书、微博成功合作，抖音的演示版本也已经做出来了。

与此同时，望岳开了 30 场各省代表处的启动会。在启动会三周的时间里，代表处第一周拜访了 30 余家企业，第二周增加到 70 多家，第三周搞定了 100 多家。势头明显涨起来了！他们继续根据已有的 Top225 的经验，再次提速前进，继续向 5000 个鸿蒙原生应用推进。徐直军希望这5000个应用仅仅是开始，未来能因此慢慢走向正循环。有工程师调侃，华为领导的胃口真是"永远无法满足"：即使5000个生态伙伴做完了，华为高层马上也会把目标调整成10万个以上。

鸿蒙生态发展委员会也一连开了34场工作会议。在如何与开发者、生态伙伴协同的一系列问题中，统一思想成为最关键的工作。有共同的目标才能通力配合，鸿蒙团队需要聚焦打样、复盘、建模、再复盘、再建模，把整个事情循序渐进地推下去，寻找成功的路径。

截至2024年3月，千帆会战一共与1000多个生态伙伴建立了合作，生态的进度条在短短半年多的时间里已经跑到了总量的20%以上，整个鸿蒙系统在全球的市场份额达到2%，在国内占据了8%的江山。3月的常务董事会上，任务指标也被正式分发下去。3月底，Top5000应用里一大半都已开始启动，此时的鸿蒙终于可以说是"大势已成"。

千帆会战的工作快速推进，推广鸿蒙生态的这几个月来，仅仅是朱勇刚，就亲自签署了超过200家合作伙伴。这让他回想起20年前，华为刚刚涉足无线设备领域的奋斗场景，研发团队如何驻扎在客户的机房中；华为的工程师如何怀抱着台式机，在嘈杂的机房环境中进行调试与开发；遇到问题，他们如何迅速响应，现场解决并整合版本。没想到，鸿蒙如今也踏上了这条充满挑战的道路。

他为鸿蒙生态逐渐成势的过程打了个俏皮的比方："我肚子饿要吃米饭，发现没火，生个火要找煤，煤搞到了发现没锅，把锅搞到了发现没水,把水搞到了,米饭也蒸熟了,却发现没吃饭的工具。"他在短短的三个月内,头发斑白了许多,生态建设的巨大压力是过去所有的奋斗场景都无可比拟的。

第二十章

共同意志：鸿蒙是用出来，而非做出来的

> 鸿蒙操作系统战队的每个人都只有一句"我先上，跟我上，一起上"。
>
> ——鸿蒙操作系统战队

2019 年，对华为的制裁来临之前，相关部门领导已经嗅到了风雨欲来的气息。据传，有行业领导找过若干业内的头部企业谈话，和大家探讨一个"不可思议"的主题：可否用最短的时间，从芯片到操作系统再到应用软件，形成一套全自主，能满足国人基本办公和企业应用刚性需求的迁移体系。在场的企业顿时躁动起来，会议室里讨论不休，而且有很多人说"不可能"。他们中的绝大多数只把"国产化"这件事当作一件"必须做，但不赌上性命"的事，没有人愿意拿出如此巨大的精力和时间，投入一场大概率会失败的国产替代。第二平面的构想，开始在企业层

面萌芽。许多中国的互联网公司,甚至那些用美国服务器的企业,也开始考虑如果有一天自己被禁了怎么办。

中国的软硬件头部企业,都有自己的本土研发团队,但以这些公司的团队规模去完成国家级的历史性任务几乎不可能。这些企业都是中国最懂得量力而行、最善于理性经营的成功典范,它们更愿意把自己的战斗力当作国家主战场的补充,而不是真正进入国家主战场去贴身肉搏。它们的姿态是接受,是按部就班地做综合战略部署。虽然也有企业愿意支持国产化,支持华为,也身体力行地在公司内部做了部分国产化的综合战略部署,但哪个优秀的企业愿意丢弃自己的"全球化"梦想?它们不敢冒进,也不想把自己定位成一个狭隘的中国企业。美国市场呢?欧洲市场呢?谁能做到自己主动割断通向海外的动脉,把研发的钱都投入风险更高的国产替代,即便华为这样拥有雄厚实力的公司,也很难主动做出这种抉择。

没有谁对进入国家主战场有天然的欲望。在那个战场担任主角将完全处在外部被虎视眈眈、内部孤立无援的险境。

直到美国行政令颁布,华为被列入"实体清单",成为当时的爆炸性新闻,很多企业才恍然大悟,原来华为已经处在"向前一步生死难料,退后一步必死无疑"的绝境之中,中国也将加速进入一个更严峻的科技封锁阶段。有人理解了国家自主创新的急迫,"卡脖子"的危机真的有可能威胁到中国的所有企业,但更多的人是庆幸:华为没有办法,必须进入主战场,自己没必要陪着华为共生死。

彼时孤立无援的鸿蒙尚未形成真正的战斗力,它唯一能让人看到的仅仅是一个与安卓、iOS"三分天下有其一"的革命者般的宏伟蓝图，而在这个蓝图里，革命方向和革命道路都是未知的。

鸿蒙去跟芯片企业谈适配工作时，100家芯片公司，99家将华为拒之门外。芯片适配的确投入巨大，华为测算过，一款芯片从零开始，把它做到可以适配至操作系统的程度，投入令人咋舌。做一个大芯片的使能工作，整体的投入至少需要400万美元。从前在安卓时代，绝大多数中国芯片公司不愿意开放底层技术，因为这些公司忌惮跟谷歌签署《反分裂协议》，更忌惮美国将其列入"实体清单"，所以芯片公司会主动把整套做好的软硬件方案，给最终的行业用户或设备开发厂商。现在，这些公司没有理由配合华为，更没有理由在如此紧张的产业局势下给华为"陪葬"，主动适配操作系统这一环节在鸿蒙的萌芽阶段就停滞了，华为这个设备厂商不得不自己去做芯片公司原本该做的事情。

在这个阶段，生态伙伴对鸿蒙有一个清晰的定位：它是华为的操作系统。

国家的利益、地方政府的利益、生态伙伴的利益，本应在这场中国基础科技的危局中凝成一股力量，但因为华为饰演了"主战场上的主力"这一独特角色，这让华为备受质疑，华为想要撇清嫌疑。

其实鸿蒙并不能，也没有必要完全做一个新的操作系统。即便能和iOS、安卓同台竞技，鸿蒙也不一定是操作系统的未来。只是在不断变化和发展中的世界里，新生事物总有机会走到舞台中央，比如本来是全民购物首选平台的天猫、京东，忽然间被拼多多、抖音直播这样的新平台、新模式取而代之，消费者的购物习惯也随之改变。未来的手机行业，也可能因为设备互联的变化而快速洗牌。华为有理由相信，自研操作系统在万物互联的平台演进中，依然有机会迎来新操作系统与iOS、安卓"三分天下有其一"的全新历史格局。余承东多次在公开场合强调"三流的公司做产品、二流的公司立标准、一流的公司建生态"，将打造生态提到了很高的位置。

华为必须靠着自己的实力，吸引徘徊在身边的外围"补充力量"加入，让整个中国的科技底座不止有华为一家企业的身影。

中国建设银行

中国建设银行（以下简称"建行"）首席信息官金磐石说过一段非常经典的话：好的操作系统是用出来的，不是做出来的。大家不断地打磨，它才能变得更好。主机曾一直用COBOL语言，哪怕COBOL语言早就被淘汰了，主机也在不停地使用；早期的安卓也不好用，但全球人都在使用它和原谅它，现在它已经发展壮大。这些统统都是"用出来"的生态经典案例。有问题是正常的，遇到问题能快速解决才是最重要的。

建行与华为渊源颇深，华为推出手机时，内置了建行的手机银行。华为人的主动性、积极性以及拼命的精神，早就给建行留下了深刻的印象。但印象归印象，建行初接触全新的鸿蒙时，依然免不了犹豫和彷徨，因为他们不清楚鸿蒙的覆盖情况、用户接受度情况。建行手机银行里有4.6亿的客户，活跃客户高达2亿，他们一开始根本不敢轻举妄动。

做过大平台产品升级的工程师或许更能理解这种担忧，一个交换机一宕机，至少会有几十万用户受阻，所以这样的升级工作得从晚上12点开始，全体工程师趴在那儿目不转睛地看，熬上半个小时到两个小时是常有的事。那种百万级或者千万级别的升级，更让人有一种"怀里抱了个定时炸弹"般的惊心动魄。相比之下，手机的升级像稳定地走台阶，内部手机先升级2000台，用上两周没有大问题，再升级2000台，如果这4000台都没问题，那再升级10万台、100万台，直至数亿台。银行客户动辄上亿，虽然大规模升级是一个风险缓慢释放的过程，但任何风险的释放，都会让银行高度紧张。

但在决策过程中，建行并没有单纯考虑利润和技术风险问题，建行不仅要有"大行担当"，也需要对技术生态做出自己的判断。在建行眼里，鸿蒙的意义比技术定义更高：它不仅仅是一个简单的操作系统，还是整个生态的灵魂。

2023年12月，建行的鸿蒙化适配就已经完成了手机银行核心功能开发。到目前为止，鸿蒙系统为建行手机银行客户提供了良好的服务。

中国建设银行网络金融部副总经理殷勇表示，跟华为合作的鸿蒙项目，是他到现在为止做的最有成就感的项目。参加2024年6月21日的华为开发者大会时他都在想，未来会不会出现这样一种场景：人们开着搭载了华为鸿蒙系统的汽车，在收到当月电费没交或要给父母打生活费的提醒后，直接说一句"把电费交了""把生活费打过去"，就可以由系统自动完成相应的操作。他相信这样的场景一定会实现，而下一步可以憧憬的东西也会越来越多，建行为此已经做了一些准备。

拓维信息

2019年5月，美国对华为进行制裁。7月，徐直军和华为数字能源总裁侯金龙在北京开会，两位华为的重量级人物邀请各生态伙伴聚餐，顺势向大家介绍华为"备胎计划"里的重要产品——欲走国产化道路的鲲鹏芯片。在游说意图如此明显的饭局里，谁也不想出头接下如此生死难料的产品。大家心里都在想，被逼出来的国产化"备胎"能跑多远？况且华为左手已有泰山处理器，现在右手又推鲲鹏芯片，这不就是华为自己左手倒右手的买卖吗？别人的利益该如何保障？就在大家客客气气打退堂鼓的时候，拓维信息创始人兼董事长李新宇却认为，这是拓维信息，甚至是湖南省发展IT产业自主创新的大好机会。

李新宇是个典型的骨子里承载着"吃得苦、耐得烦、霸得蛮"基因的湖南人。1996年成立的拓维信息是国内最早一批成立的软件公司之一，它的英文名是Talkweb，意为"会说话的网络"，由音而取中文名"拓维信息"，意为拓新思维，创造未来。公司在中国IT发展的道路上敢打敢拼，一路狂飙，李新宇也追求"有温度、可信赖"的创新科技企业价值观。这一次，李新宇当场表态自己愿意冲锋陷阵，并希望得到地方政府支持。李新宇其实心里有底，因为长沙在当时已经具备发展鲲鹏计算产业的基础，长沙市政府领导也很有魄力和远见。果然，长沙市领导一周后就与李新宇一同来到深圳，和华为的徐直军、侯金龙二人沟通，表明长沙市政府的决心。在不到半年的时间里，湖南省政府、长沙市政府先后与华为公司签署合作框架协议，共同推动湖南全面落地鲲鹏计算产业。

为何拓维信息要在华为最凶险的时候，拼尽全力杀入华为的主场危局？一个极大的原因是拓维信息的董事长李新宇非常认可任正非的远见卓识。1995年，李新宇曾跟随客户一起到深圳拜访任正非，自此他每个月都会收到纸质版的《华为人》报。在信息不发达的20世纪90年代初，《华为人》报成为李新宇学习华为、了解华为的枕边读物。

以华为当时的实力，普通公司没有几把刷子根本不敢和华为合作，如果自身业务还要与华为重合，就更不敢合作了。拓维信息从做运营商的软件，到做互联网，再到成为供应商的信息港，经过28年的努力，一路逆势破局，创新求变，成为上市公司，进入了能与华为并肩作战的梯队。但是有一次，拓维信息和华为同时关注一个市场，拓维信息还没来得及叫价就被华为轻易地给"端"了，拓维信息直接出局。这让拓维信息深刻感受到，如果实力不敌华为，竞争的结果很可能变成"单方面挨打"。当时华为拿到业务之后，由于人员成本过高，后又以固定合同外包项目的形式分包给了拓维信息，拓维信息这个竞争者忽然又变身合作者。如今能与华为合作，对李新宇而言，是拓维信息在垂直领域的实力足够强的证明，也符合华为借助伙伴深入千行百业的发展意图。从竞争到合作，李新宇经历的是拓维信息与华为从"不打不相识"的博弈，到"同舟共济"的合作——一个非常过瘾的打交道的过程。

2020年年初，李新宇第一次深度接触鸿蒙。那时鸿蒙还没发布，他只知道，鸿蒙正由王成录带队进行C端的研发。在鲲鹏、昇腾上合作顺利的李新宇摩拳擦掌，想再次争当鸿蒙的第一批合作伙伴。没成想，他被婉拒了，理由是华为鸿蒙刚开始集结，业务还不成熟，也根本没有对外合作的计划。推进受阻的李新宇，借助中国开发者网络创始人蒋涛举办中国开发者网络程序员节的机会，把负责鸿蒙项目的王成录邀请到长沙参会。"来都来了"的王成录被请到了拓维信息，听完李新宇的合作请求后，王成录很坦诚地说了合作上的难点：第一，鸿蒙能否满足市场需求还是未知数；第二，鸿蒙没有资源投到行业；第三，鸿蒙对外合作的内部流程还不得其法。李新宇一听反而觉得大有可为，他马上抓住机会推荐拓维信息：第一，华为有做大产业互联网市场的基因，大家可以摸着石头过河，先试试；第二，华为没资源，拓维信息可以投入去找场景，去找产品支撑，华为只需要支撑拓维信息就可以了；第三，华为没有对外的商务合作模式，拓维信息愿意先投入，先不考虑商务模式。

2020年年底，双方就着手筹备联合创新实验室，先行先试合作备忘录。2021年上半年，拓维信息协助鸿蒙落地了很多教育场景，自行先到广州、西安、长沙等地调研。由于拓维信息2008年就已经上市，华为不能投上市公司，于是拓维信息自掏腰包，为鸿蒙项目专门成立了一家子公司——湖南开鸿智谷数字产业发展有限公司（以下简称"开鸿智谷"）。

早期参与鸿蒙开发的开鸿智谷副总裁李传钊曾和同事说："鸿蒙特性鲜明，商业化路径清晰，未来能够成为新浪潮的代表，而华为就是这波浪潮的引领者之一。鸿蒙发展轨迹与很多技术潮流相似：被人嘲笑—先知先觉—被认可—被疯狂跟随—普惠。"

2021年6月，华为鸿蒙开源，开鸿智谷加入开放原子开源基金会，成为OpenHarmony项目群A类候选捐赠人。2022年4月，开鸿智谷与华为签署了OpenHarmony生态使能合作协议，成为首批华为OpenHarmony生态使能伙伴，这一年还发布了基于OpenHarmony的"在鸿"操作系统品牌。走到这一步，合作的实际难度远比想象中要高得多，拓维信息副总裁、开鸿智谷总裁廖秋林再清楚不过："我们面临的是整个生态怎么打通的问题，从前期的产品研发到后期的市场推广，压力和挑战都是巨大的。"

到2023年，开鸿智谷已经成功推出面向教育、交通两大行业定制开发的操作系统商业发行版，即教育在鸿操作系统和公路在鸿操作系统，并且在湖南、贵州、宁夏等地率先跑通了商业化。

拓维信息的入局，也让华为在整个鸿蒙的主战场上收获颇丰：开源鸿蒙陆续完成了10多家芯片原厂的适配，以及国内40多家企业的100多款芯片的适配。拓维信息赋能鸿蒙如布道者般，不断用自己对华为的认可和对国产化的坚守感染身边一群人的价值观，把真正的优质操作系统"用出来"。

江苏电力

江苏电力最早响应国家号召,做信创替代工作。

2021 年,习近平总书记在中央财经委员会第九次会议上作出构建新型电力系统的重要指示,江苏电力就开始联合华为、江苏思行达信息技术股份有限公司(以下简称"江苏思行达")、南京苏逸实业有限公司科技信息网络分公司等公司研究信创替代。中国原始信创替代大多基于开源 Linux 的个性化的封装和改造。电网因其特殊性,只在终端上使用安卓和 Windows 系统,因为运营系统安全性和可靠性至关重要,关乎电网的稳定和安全,所以用的是自有技术。

"电"是一个对可靠性、安全性要求极高的基础设施。从整个 IT 架构上看,它虽然对外是互联,对内却有一套独立封闭的体系,有作为隔离的安全保护,有自己的国密算法。江苏思行达认为,即便是鸿蒙,也很难做到真正的信创替代,所以他们响应号召的路径,可以由传统电力系统的单向无源网络向供需互动的有源网络演变,通过两网融合技术,实现电网可感知、可控制的升级换代;而鸿蒙操作系统万物互联的特点,特别适合应用到新型电力系统的海量终端上。因此,大家可以先围绕终端的管理和服务展开,江苏电力还为此正式在公司内部成立了专门针对鸿蒙做适配和研发的研究院。

江苏电力选择开源鸿蒙技术路线进行适配,因为开源会不断迭代、演进,体系更有活力。而且物流体系、边设备、端设备都很适合开源的生态,尤其在边端设备使用鸿蒙系统,更容易实现变量的互联。

在研究 OpenHarmony 3.0 版本几个月后，鸿蒙团队先把电力鸿蒙放在实验室里测试。在测试阶段，它几乎没有暴露出技术难点；等真正进入复杂的特定场景后，版本升级又快又不稳定时，就需要鸿蒙团队反复适配了。没有提供硬件运行设备的 OpenHarmony 不能实现任何功能的连接外设，包括打印机、摄像头、高拍仪、读卡器、POS 机（电子付款机）等，甚至一个 USB（通用串行总线）口、一个串口，都要鸿蒙团队进行调试。到 3.1 版本时，还出现了编译不通的情况，鸿蒙团队将之全部返工，重新编译、调试、试错，直到 3.2 版本才实现了主要功能的全部支持。

2022 年，江苏电力推出了第一版鸿蒙化的营业厅自助终端设备。自助终端是一个必不可少的对外服务窗口，对可靠性的要求极高，尤其是在交费高峰期的无人厅场景，一两台自助终端设备的卡顿对消费者的服务影响是巨大的。全国可以生产自助终端设备的厂商很多，最早的自助终端设备多半基于 Windows 系统，出于安全性考虑，后续又换成了 Linux 系统，甚至有少量自助终端设备换成了安卓系统。但是江苏思行达站在市场竞争角度，更希望系统有独特性和竞争力，这是鸿蒙能介入的重要原因之一。另外，在电力系统上积极尝试并应用一个纯国产化系统，既能响应国家相关信息产业的战略，又能便利地获得华为的技术跟踪支持，解决一些根本问题，大家更容易在底层机制上形成体系，保持持续运转，还能促成国网江苏电力、江苏思行达和华为三方共赢。

这个思路得到了江苏电力信创替代团队的一致认可。2022

年下半年，鸿蒙继续被引向营业厅的宣传展示终端，以及营销的业务系统。国内信创替代试点成功的案例并不多，而江苏电力已经有5000多台自助终端设备在全省应用，营业厅原有的近3000台设备已经升级成鸿蒙操作系统，移动终端也完成了基于鸿蒙系统的适配。从自助终端到查询终端，再到柜台的业务终端，鸿蒙正以万为计量单位在江苏电力系统下规模化应用。江苏电力当时希望到2024年，从"点"到"面"形成一条具有地域特色的电力鸿蒙"链"。

到了OpenHarmony 4.0版本，江苏电力终于完成了实际使用全鸿蒙化的目标。2023年10月31日，中国南方电网与开放原子开源基金会在北京联合发布国内首个电力物联操作系统——电鸿物联操作系统（简称"电鸿"），尝试让碎片化的设备统一对话。2024年，全国首座电鸿物联智能配电房在贵阳建成，全面推动电鸿物联操作系统在配电生产领域的深度应用，成为智慧赋能生产的典范。营业厅在2024年已经实现了所有系统的鸿蒙化，自助终端等方面已经形成商业化的应用，这是极为少见的。2024年3月22日，还正式启动了网上国网应用软件鸿蒙原生应用及元服务开发。此次合作将为全国民生服务与鸿蒙生态的合作树立起新标杆。

中望软件

中望软件是另外一种鸿蒙化心态的呈现。

中望软件团队在 2023 年 8 月第一次接触鸿蒙，他们当时只零星知道鸿蒙在移动端的产品，或者说，大部分人只知道 Mate 60 系列应用了鸿蒙系统。那个阶段的应用商城里，与操作系统底层相关的应用倒是不少，鸿蒙应用却少得可怜，所以如此进度不足以让他们下决心合作。刘玉峰很务实，他不会仅凭一腔热血就盲目投入，更不会被国产的宣传体系忽悠，他相信华为一定会在自主研发创新上真金白银地长期投入。这是鸿蒙的终极背书，也促使中望软件立刻决定：加入鸿蒙生态！

中望软件与华为有着多条产品线的合作，鸿蒙只是其中一条。

华为在被制裁后的 B 计划执行期间，在全国范围内对工业软件做过对比和筛选，最终选择了中望软件。华为向来只用一流的工具，中望软件专注于研发设计软件超 25 年，目前已经发展成为国内工业软件的龙头企业，不过中望软件在全球算不上一流。中望软件自己也知道，如果不是这次限制令，其二维 CAD、三维 CAD 几乎没有机会服务华为，更不可能成为华为至关重要的工业软件供应商。华为对于中望软件的意义则更大一些，中望软件不需要，也不认为华为的生态可以一飞冲天，一出手就必胜，中望软件只是认为，鸿蒙存在"成功的可能"，当下对鸿蒙的投入，就是对中望软件自己未来市场的投入。如果鸿蒙成功了，中望软件就是鸿蒙生态中工业软件的最早介入者，更有可能成为其中的领军者。

目前，鸿蒙的绝大多数适配问题都进行得很顺利，就是研发流程不闭环颇让人头疼。中望软件的代码要统一管理，开发人员日常用的设备连接的是外网，而各种代码出于安全因素考量，必须放在内网开发，内网又设在网络中心，或者由IT部门管理，这个时候再去调试华为的设备非常不方便。中望软件每次都要拿着实体机跑到机房里去调试。虽然他们现在已经有技术解决这个问题了，但效率很低。

中望软件更常遇到的问题是一套代码在这个操作系统可以运行，跑到另外一个操作系统上就不行了。作为一个产品服务遍布全球90多个国家和地区的工业软件公司，中望软件要适配出多达几十种的软硬件组合产品，外人很难理解他们的研发工作中的那种巨大消耗和损耗。中望软件的研发总监孙凌云数了数，他们正在适配的主流操作系统就有将近5种，软硬件协同的环境有十几种。他们每开发一个版本，都需要在所有适配的机型上测试一遍，这个过程中的人力消耗是正常适配的5倍。

刘玉峰觉得这一切不是一家软件公司该有的状态。软件产品天生就不存在地域限制，能卖到全世界才是正常的商业业态。国内很多软件没办法走向全球，甚至没办法在中望软件内部的机器上跑通全部生态，只因其为了赚"特色"的钱，用行政或者用"技术"做壁垒，使产品的通用性或标准性无法呈现。所以，他们也肯定，鸿蒙的未来绝不能只打国产操作系统这一张牌，就算打了也打不长久。鸿蒙和中望软件都应走向国外，通过技术认证来增强用户信心，才是实现各自目标的成功之道。

润和软件

与中望软件、建行的合作模式,还是"人拉肩扛"的初始合作模式,华为认为,做生态最有效的是培养鸿蒙生态的种子推手,让种子推手去孵化更多的企业。

润开鸿是鸿蒙生态里的第一批种子推手,它负责帮助推动鸿蒙在各行业硬件领域落地。在润开鸿成立之前,其母公司润和软件已经和海思携手合作了 10 多年。

润和软件股份有限公司副总裁兼润开鸿首席技术官刘洋通过余承东的介绍初识鸿蒙,虽然对其具体形态和运行平台仍模糊不清,但多年的合作信任,让刘洋一开始就决定先深入了解鸿蒙。刘洋是 OpenHarmony 工作委员会的成员,该工作委员会是 OpenHarmony 最高的决策机构,所以在基金会层面,刘洋及其团队一直将鸿蒙的芯片生态、芯片使能以及外设生态等内容作为分内工作,帮助鸿蒙找到硬件载体也是他的责任和首要任务。

借着参与鸿蒙的契机,他们与海思共同策划并推出了三款开发套件平台,即面向小型系统的 Hi3861 芯片、L1 级别的小型设备 3518 和 3516 芯片,以及相应的开发套件,并于 2020 年 9 月在华为开发者大会上正式发布。可以说,此举算是润和软件成功地帮助鸿蒙首次在硬件平台上落地。此后,双方更紧密的合作开始了,大约耗时半年,润和软件成功地在 OpenHarmony 系统的基础上全功能打通了 RK3568 平台,并将所有经过调试的代码整合进了 OpenHarmony 的主线代码中。至今,RK3568 平台依然是 OpenHarmony 持续演进的标准参考平台。与鸿蒙合作后，无论是技术还是生态，润和软件都得到了快速推进，也加速了鸿蒙在各个行业进行初步落地的尝试。此后，润和软件的推广思路更加清晰了，2021 年年初，润和软件主要选择了金融和电力两个行业作为重点推广方向。

在这个阶段，润和软件取得了里程碑式的成果：向多家厂商展示 OpenHarmony 在刷脸支付设备等方面的应用方案。虽然因缺乏强有力的政策引导，这些方案最终未能成功投放市场，但还是成功地吸引了金融机具产业对 OpenHarmony 的注意力。2021 年 8 月 8 日，OpenHarmony 在金融支付和金融终端设备上更是取得了重大突破：外界首次看到 OpenHarmony 在金融终端落地应用。银联推出了一款新型的金融终端操作系统，并联合证通电子、升腾资讯、新大陆科技等多家厂商，共同和华为制定基于 OpenHarmony 技术底座的金融终端操作系统标准。大家希望基于 OpenHarmony 技术底座，真正把 OpenHarmony 写入标准层面。

2023 年，已经为鸿蒙化落地干出不少业绩的润和软件，索性出资成立全资子公司润开鸿，作为第一批鸿蒙的种子推手，全力主推鸿蒙操作系统。

刘洋对鸿蒙印象最深的是与电力行业的合作，润开鸿早期在电力行业推进较慢，其团队为电力营业厅开发了电力终端一体机，然而这一创新未能颠覆电力行业现状，也未能形成业界标准。在电力行业迷茫之际，华为和国家能源集团联合推出的鸿蒙矿山操作系统大获成功，它打破了以往东拉西扯、小打小闹的局面,系统化整合的多设备平台,让它一跃成为大型物联网项目实施方式的样板。刘洋团队因此大受启发,他们快速与华为、中国南方电网、润和软件广州公司共同合作,打造了"电鸿"概念。电鸿借鉴了矿鸿的经验,在电网场景中实现端(采集终端)、边(边缘计算)、管(信息传输管道)、云(云平台)的全面整合。随着电力鸿蒙操作系统的发布,截至2023年第四季度,已有超过100个伙伴加入电鸿物联产业链生态,涵盖了国内主流的芯片、模组和终端厂商,填补了国内电力行业在统一物联网操作系统领域的空白。

润和软件打响了金融和电力行业的鸿蒙战役之后,还切入了医疗细分领域,与南京一家专注于特殊药品管理柜的公司展开了合作。医疗行业对数据安全有着极高的要求。过去,医院大多使用安卓系统进行信息管理,但因为基因序列被国外公司盗取,医疗行业对信息管控变得极为严格。特殊药品从领用到最终销毁的每一个环节都需要全流程跟踪。过去,这些药品分散在各个地方,难以实现统一管控,一旦人工记录管控不严,就很难追踪到具体是哪个环节出了差错。润和软件团队深入了解后发现,这些药品柜体积较大,且配备有中控屏幕。于是,他们将鸿蒙系统集成到中控屏幕中,以实现对药品的智能化管理。2022年下半年,润和软件团队就成功开发出了鸿蒙演示版,并在2023年开始进行试点。南京的一些三甲医院已经开始投放和试点这款基于鸿蒙的药品柜。最终的结果不出华为意料:鸿蒙完全可以满足医院对数据安全的需求。

软通动力

同样是种子推手的软通动力，被定义为鸿蒙的创新中心和研发中心。作为 OpenHarmony 的发行版厂商，软通动力的发展史几乎就是一部与华为的合作史。其团队热衷于创新，对商业发行版的想象力极其丰富。

软通动力与华为的合作可以追溯到 2002 年，从软通动力只有 5 个人的小团队开始，一直到现在，单单跟华为合作项目的规模就多达四五万人。过去 10 年间，双方深度合作的领域包括华为云、Harmony 操作系统、欧拉、高斯、鲲鹏、昇腾、MetaERP、数字能源、盘古，如今又将深度共建 openEuler、OpenHarmony、openGauss、开放原子开源基金会 AI 大模型开源、云原生开源、开源教育等领域。双方足够熟悉，业务也足够同步，软通动力的影响力从全国信息技术标准化技术委员会，到开放原子开源基金会及相关开源社区，活跃在操作系统的各个层面。

纵使外界认为，鸿蒙与安卓、iOS 这样的主流操作系统竞争存在实力差距，但长期深度的合作关系让软通动力对华为，乃至对鸿蒙的理解、合作意愿都与其他公司迥然不同。

他们几乎以最快的速度成为鸿蒙的拥护者。疫情期间，软通动力就快速研发了智行电子哨兵，这是全国首款搭载 OpenHarmony 的富设备商用产品，产品以高灵敏度、高识别率、快速识别率在深圳、无锡、西安、雄安新区等地实现大范围应用。

2020年，华为将鸿蒙操作系统的基础能力相关代码捐赠给了开放原子开源基金会，形成OpenHarmony项目群，软通动力作为开放原子开源基金会的白金捐赠人、OpenHarmony项目群A类捐赠人及初始核心共建单位，见证了这一历史时刻。随着诸多开源项目的深度参与，软通动力董事长刘天文明确提出，"开源战略是软通动力发展的重大战略"。

不久，软通动力就基于OpenHarmony进行创新，做了一款智能船载终端设备。这个终端设备以前用的是安卓系统，被装在内陆河的船上，可以进行水上报关和船只管理，但软通动力觉得它功能单一，且不够安全。鸿蒙开源后，他们设计出基于OpenHarmony同根同源的鸿鹄操作系统。搭载鸿鹄操作系统的设备不仅可以实现全国产化的高安全性，还可以随时随地对船舶状态进行监控、检测、调度，现已成功应用到了长江流域和京杭大运河的船只上。此外，他们还携手交通运输部水运科学研究院制定"基于OpenHarmony的内河船载智能终端技术要求"标准，推进水运设备鸿蒙化，实现大国重器全国产自主可控。伴随全场景智能操作系统HarmonyOS NEXT的盛大发布，鸿鹄操作系统首批实现与HarmonyOS NEXT互联互通。

为了更快、更好地推动OpenHarmony的行业成功和生态繁荣，软通动力整合鸿蒙相关的LiteOS研发团队和HiLink（华为开发的智能家居开放互联平台）业务团队，于2022年正式成立了专注OpenHarmony操作系统研发和产业化的子公司——鸿湖万联。鸿湖万联的名字，巧取"鸿湖"与"鸿鹄"同音，寄托软通动力在OpenHarmony领域的远大宏愿与鸿鹄之志。"湖"

取自"太湖",表达大家的乡土之情;而"万联"源自万物互联,两者都共同指向公司总部无锡素有的"太湖明珠"和"世界物联网之都"的美誉。

至此,软通动力和鸿湖万联已经有实力、有能力,更有意愿,携手华为与合作伙伴一起将鸿蒙生态做大做强,它们要共同携手打造物联网操作系统第一品牌。

面对鸿湖万联的雄心,作为股东之一的华为哈勃团队曾专程与软通动力董事、鸿湖万联董事长黄颖沟通,提醒他要做好长期投入的准备,因为操作系统的研发和产业化是一个非常烧钱,且需要长期烧钱的项目,而黄颖十分笃定,坚信开源鸿蒙是软通动力的重大战略方向之一。

鸿湖万联最初设定的目标是迅速提升装机量,磨出一个响当当的商业发行版,聚焦几个能快速做大做强的市场。团队瞄准了两个方向:一是发布鸿鹄操作系统商用液晶显示器和交通行业商业发行版,并与行业内出货量大的头部厂商紧密合作,稳定出货量;二是借助华为这个投资方的力量,加强与华为的合作,打造样板点,让名声更响亮,例如在矿鸿、电鸿、移鸿等领域,鸿湖万联与华为及合作伙伴一起持续推动行业设备鸿蒙化,打造了多个 OpenHarmony 行业示范案例。

在这个过程中,鸿湖万联逐步明确了自己的商业模式,即基于鸿鹄操作系统围绕开源发行版和商业发行版,提供领先的产品和技术服务支持,并选定了商用液晶显示器、矿山、交通、教育、能源(电力)作为重点价值行业,实现快速突破。团队不仅为各路软硬件提供鸿蒙技术支持,还手把手教大家如何把芯片驱动融入鸿蒙系统，确保硬件在各个场合都能高效运转，加速推动 OpenHarmony 的产业化落地。

为了让中国智能手机应用市场上使用时间超过 99% 的 5000 个应用全面迁移到 HarmonyOS NEXT 上，软通动力积极协同华为，在教育、金融、证券、政务、新闻、零售、娱乐等多个领域快速进行业务布局，当前已完成包括高德地图、京东、淘宝、优酷、支付宝、北京一卡通等头部应用在内的超 600 个鸿蒙原生应用开发。同时，软通动力充分依托元服务（卡片）无须安装和信息外显能力，综合运用物联网、鸿蒙大模型预测、小艺智能推荐、鸿蒙卡片等技术，使得服务直达游客，助力头部乡村文旅企业打造乡野度假生活示范村。

2022 年，鸿湖万联助力乌兰木伦煤矿实现矿鸿操作系统的应用与融合，打造了具有示范意义的矿山智能化样板点。2023 年，鸿湖万联与国内领先企业联合发布了首款自主可控的矿鸿可编程自动化控制器，该控制器可广泛应用于煤矿井下综采工作面及运输系统等场景。2024 年，战略签约鄂尔多斯工业互联网平台，进一步推动了矿山智能应用生态的繁荣与发展。作为首批鸿蒙智联合作伙伴，软通动力已与 400 余家设备厂商建立了生态合作，帮助 1100 余款产品接入鸿蒙智联生态，其中有 600 余款产品获得鸿蒙智联生态产品认证，位居行业领先地位。

此外，软通教育（软通动力子公司）与全国 600 多所院校深度合作，在全国范围内推动高校开设鸿蒙课程及鸿蒙微专业，共建各种鸿蒙实践教学基地、全场景训练营及鸿蒙创新实验室，与浙江大学副教授谢立合编的《HarmonyOS 应用开发：快速入门与项目实战》一书已正式出版，该书可带领初学者快速入门鸿蒙应用开发。当前，他们在无锡和河北雄安新区分别设立了两个产教融合人才培训中心，专门负责鸿蒙的开发和训练营活动。

作为首批认证的鸿蒙操作系统开发服务商，软通动力围绕"操作系统＋南向生态＋北向生态"全链条体系，以鸿蒙星河版应用、鸿蒙元服务、鸿蒙智联为锚点，推动鸿蒙星河版应用建设，挖掘鸿蒙元服务应用场景，推进鸿蒙智联业务南北融合创新，全链条、全栈式助力鸿蒙生态繁荣。

2024年2月，软通动力并购同方计算机和同方国际的100%股权，同方计算强大的服务器硬件能力与软通动力的业务形成了绝佳的互补。黄颖在各个场合呼吁，所有参与鸿蒙生态建设的合作单位既是数字技术的合作伙伴，更是推动中国数字经济发展、建设数字中国的战友。

这一路与鸿蒙紧密的合作关系，也令软通动力感到骄傲。因为软通动力从来没想过，自己会跟国家命运、世界形势扯上这么大关系。华为强在研发实力，软通动力强在垂直行业和消费市场的影响力，能与华为来一场如此畅快淋漓的合作，就像是拼图上的两块完美契合的拼片，各自成就。

同程旅行

同程旅行为自己设定了一个小目标：力争在在线旅游行业中成为第一个完成鸿蒙版开发的公司，因为其团队对鸿蒙的未来判断非常乐观。

2019年，华为在东莞松山湖基地隆重发布鸿蒙操作系统。同程旅行首席营销官白志伟对华为那次在颇具西方哥特式风格的图书馆内举行的技术会议记忆犹新。现场不仅提供了大量的机会让与会者体验编程、交流技术，还展开了热烈的讨论。彼时，中美贸易摩擦的紧张局势让同程旅行的工程师们深感忧虑，他们担心谷歌会停止提供安卓系统的更新。那是一段被黑色阴霾笼罩、令人忧郁的日子。而这段记忆却充满希望，宛如黑暗中照亮前路的光。

同程旅行的业务涵盖交通票务预订（机票、火车票、汽车票、船票等）、住宿预订、景点门票预订，以及跟团游、自由行、邮轮游等，广泛覆盖了多个出行和度假场景。2022年下半年，同程旅行开始着手鸿蒙版应用项目的技术预研。2023年，团队进一步加大了资源投入，并在9月正式立项。当时同程旅行团队除了开发鸿蒙版，还需要同时兼顾安卓系统和iOS两套系统的迭代更新，这相当于一套人马开发三套系统。为了确保鸿蒙版的开发进度，团队成员不得不在周末和节假日加班加点。由于整个攻坚周期较短，有的同事甚至提出了把大家都关进"小黑屋"，进行封闭开发的攻坚建议，但他们的内心充实并且充满希望，因为他们坚信，同程旅行将会是首批完成鸿蒙版开发，也会成为首批交付软件包的合作伙伴之一。而他们的确在行业内率先交付了能在生产环境中稳定运行的软件包。

华为先后派驻了十几个驻场人员帮助解决专业难题，问题一旦解决，驻场人员就快速撤离。鸿蒙系统的更新速度极快。由于同程旅行团队一直基于 Beta 或 Preview 版本进行开发，当完成某一版本时，鸿蒙很可能已经做了更新，导致同程旅行的应用出现兼容性问题。这时鸿蒙团队就展现出了军队般的作战风格：在项目准备阶段，先由同程旅行鸿蒙首席架构师俞锦星针对现有应用内的所有功能进行详尽的梳理与拆解，同时整理出了所有闭源、开源及第三方的组件。其中，开源部分提交给华为进行兼容性处理。

如今，鸿蒙版的同程旅行应用软件已然可以在应用市场中供用户下载、体验。而同程旅行更大的目标是跻身行业前二，甚至成为第一。同程旅行坚信，互联网企业对于未来的"三分天下有其一"的鸿蒙既要给予支持，也要积极适应；既然决定要做，不如早做，占据先机。

去哪儿旅行

去哪儿旅行是华为的老朋友，它们共同经历了从白牌手机时代到现在各种终端品牌的变迁。2019 年之前，中国的旅游用户主要集中在一、二线城市，且具备一定的消费能力，因此去哪儿旅行的用户中，iOS 用户占比较大。然而，随着华为高端机型的崛起，2019 年，华为用户在去哪儿旅行的用户份额中首次超越 iOS，位列第一。虽然在华为受到制裁期间数据有所下滑，但去哪儿旅行还是看到了一点华为的奇迹数据：华为的新终端出货虽然受到影响，但存量用户基数未受影响，依然庞大。华为手机里的这部分旅游用户，对去哪儿旅行仍具有高价值属性。

2019年8月，华为在开发者大会上发布了HarmonyOS 1.0，这一消息令去哪儿旅行整个公司感到震惊。自研操作系统何其艰巨，华为又拿出了何等的实力和信心？得知此消息后，去哪儿旅行的首席营销官黄小杰团队立即与华为进行沟通。基于过去的合作基础与信任，黄小杰相信鸿蒙生态拥有巨大潜力。2021年，疫情给旅游行业带来了沉重打击，连续三年的疫情冲击让去哪儿旅行的人力资源也变得非常紧缺。在这种状态下，去哪儿旅行依然抽调了一个全新的团队去支持新的操作系统，评估鸿蒙项目的大小以及需要周期的长短和价值。而他们看到的，是自己的销售额或缓缓上升，或直线下降，起起伏伏都与华为的发展周期有着相似的曲线。多年的合作信任最终促成双方在松山湖的华为开发者大会上签下了鸿蒙战略合作的协议。它们都不将自己当下的困境视为阻碍。

在研发初期，去哪儿旅行投入了约50人的开发团队，其首席执行官陈刚也一直关注与华为的合作过程。2023年，华为正式发布了Beta版本，并在去哪儿旅行举行了开发启动仪式。作为头部几家与华为共同启动开发的开发者之一，去哪儿旅行一直跟华为鸿蒙站在一起，携手共同参与和见证鸿蒙生态的成长。同年11月，华为与去哪儿旅行共同参与了发布仪式。在发布会后，陈刚在内部说了一席令人感动的话："我们一定要全力支持华为的鸿蒙项目，这是一个许多公司想都不敢想的事情，但华为做到了。"在黄小杰看来，鸿蒙对行业来说是一个极具魄力和创新性的新操作系统，只有华为这样的企业，才能下定决心并具备将此事做成的实力。

这是一项复杂且具有挑战性的工作。起初，黄小杰认为，华为终端的出货量需要一定时间才能逐渐回归主流市场，然而鸿蒙的发展趋势超出了他的预期，以至他做出了比华为更乐观的预测：2024年年底鸿蒙正式应用后，用户数将达到惊人的规模。

中国科学院

武延军研究员也是在2020年5月华为最困难的时期加入了鸿蒙主战场。在此之前，他有支援华为另一个操作系统欧拉的经验，也正因为他有支援欧拉的经验，相关部门向中国科学院发出了合作邀请，希望他们的专家和工程师团队能够进入中国基础软件的主战场，加速孵化鸿蒙系统的研发。于是，武延军研究员与近30名中国科学院的专家工程师，进入OpenHarmony的初始团队中。

中国科学院早期对鸿蒙的支持，主要涉及驱动框架及驱动程序等核心部分的研发。OpenHarmony 1.0问世，中国科学院软件研究所的贡献率高达20%。此外，他们对行业内多款芯片进行了广泛的移植适配，向全社会展示了OpenHarmony的普适性和开放性。在中国科学院专家的眼里，对华为之外的芯片予以支持，表明了OpenHarmony不仅属于华为，还是面向全国乃至全球的开源项目。

中国科学院的优势不同于其他高校，除了学术前沿基础研究，它也有很强的面向经济主战场和产业的支撑能力，中国科学院软件研究所孕育了中科红旗、中科创达等多个知名操作系统厂商。和过去为企业提供技术支持的原则一样，技术中立是其恪守的原则，所以中国科学院专家能慷慨地分享自己的新技术，让自己的技术成果应用于鸿蒙操作系统。因为中立原则，他们不干涉华为对开源技术的合规使用，也不会要求华为必须将含有商业竞争技术的鸿蒙操作系统组件贡献到 OpenHarmony 中，他们引导但不主导 OpenHarmony 的发展。因为中立的身份，他们更能坚守真正的开源理念：开源遇到困难时，他们不会把开源当作一种义务，以道德绑架的方式强加给别人；当开源平台与优秀商业产品结合，并将造就 OpenHarmony 里程碑式的进展时，比如 OpenHarmony 操作系统和 WPS 的适配，他们也不会强行要求双方加速进程，而是通过商业共赢达成合作。中国科学院对华为的"我会帮你，但不会干扰你"的友好、松弛的态度，缘于双方过去的合作经历。中国科学院深刻认同华为在商业市场上强大的战略判断力，这与基于国家需求和学科发展规律进行决策的中国科学院体制截然不同。在这一点上，中国科学院与华为之间的合作展现出了高度的互补性。

和这些代码一行行融入鸿蒙一样，中国科学院的专家也一个个慢慢融入了 OpenHarmony 管理团队，并对 OpenHarmony 管理团队进行战略规划支持。来自中国科学院软件研究所的资深工程师，有的出任 OpenHarmony 的执行总监，有的担任生态发展负责人、驱动框架负责人等关键职务。武延军研究员也受邀成为 OpenHarmony 技术指导委员会委员，与 OpenHarmony 技术指导委员会主席陈海波等人共同推动 OpenHarmony 的高质量发展。继中国科学院下场支持不久，中望软件、九联科技、软通动力等公司也纷纷加入了鸿蒙的生态建设。随着优质企业对鸿蒙不断投入，中国科学院的代码贡献比例有所缩减，但武延军研究员说："我们非常愿意在初期发挥引领作用，乐见更多的企业和团队参与 OpenHarmony 的建设，因为这样能够汇聚更强大的力量来共同推动项目的发展。"秉持开放中立精神的中国科学院专家期望看到这样的变化。

高等院校

2020 年 7 月，任正非在复旦大学、上海交通大学、东南大学，以及南京大学举行座谈，他反复提到，"华为要搞基础研究，是因为信息技术发展的速度太快，传统的产学研模式，赶不上市场需求的变化"。这些言论对高校师生产生了极大的影响。陈海波的导师、上海交通大学的臧斌宇教授，多年来一直致力于产学研研究。为了产学研的紧密结合，他提出了两大人才培养策略：一是通过鸿蒙俱乐部聚集志同道合的人才，共同学习和探讨鸿蒙技术；二是将鸿蒙知识写入教材，让鸿蒙技术走进课堂，与实践相结合。他主动成为与教育界沟通的桥梁，致力于将学校的教学资源和工业界的实践经验相结合。

2020 年 12 月，华为与上海交通大学对人才培养的路径变得更为具体。针对研究生，上海交通大学开设了基础软件（操作系统专项）人才联合培养班——华为班。上海交通大学有 30% 的研究生加入了华为联合培养项目。除了理论授课，还有华为专家一对一辅导、课题实习等实践环节。这一校企合作模式非常受欢迎，"华为班"的毕业生受到了字节跳动、蚂蚁金服、阿里巴巴、百度、腾讯等知名企业的热烈追捧。

2022 年 7 月，OpenHarmony 进一步推动了产学研合作，发起了"OpenHarmony 技术俱乐部"，上海交通大学学生创新中心就成为国内首家落地鸿蒙课程的高校。这里还诞生了第一个鸿蒙俱乐部，俱乐部扮演着双重角色，一方面，师生可共同攻克鸿蒙发布的科研项目难题；另一方面，学生可借机提升技术能力，加速技术创新和应用。仅仅一年，就有 17 所"双一流"建设院校先后加入了 OpenHarmony 技术俱乐部，这一成就足以彰显该计划的巨大吸引力和影响力。

钉钉

原本对产品发布会没有什么兴趣、对鸿蒙也没有太多了解的钉钉，就是在 Mate 60 系列那场发布之后看到了华为在整个芯片，以及高端手机上的决胜之心。受到外界整个大气氛的感染，钉钉首席技术官巴布决定去真正了解一下鸿蒙。发布会前，他与终端管理团队进行了 40 分钟的面对面交谈，终端管理团队介绍了鸿蒙，没有照本宣科，他们非常坦诚地进行了深层次交流：在这样的生态下，华为是怎么考虑的？华为面临的困难是什么？鸿蒙代表国产半导体，以及立足于中国的移动生态，能达到一个什么样的高度？在各种复杂的情况下，如何突破芯片的封锁，如何自己构建生态？交流的内容彻底改变了巴布在合作上的想法。

巴布生于20世纪80年代，深深打动他的是对方体现出的那股自力更生、勇于创新和超越的劲儿，是"翻过了第一座大山，继续翻越第二座大山"的永不退缩、不畏艰难的价值观，这也是他在生活和工作中所坚守的。眼前的鸿蒙，正在翻越第一座产能的大山，鸿蒙翻得十分艰难，并且还有诸多困难需要克服，而软件生态的第二座大山已然在前方，等待着鸿蒙团队去挑战，鸿蒙团队依然在一往无前地坚定前行。他的价值观和鸿蒙产生了共鸣，潜意识告诉他，鸿蒙的方向是对的，做事风格也是对的，钉钉应该主动去帮助鸿蒙翻越大山。在鸿蒙生态这件事情上，要做就第一波做，做出表率，不要等别人做得差不多了再行动。

而后续与华为合作的细节，也增加了钉钉对鸿蒙的好感。

签约当晚，所有物品，包括签约桌、签到本和椅子等，都是华为方从上海精心准备并空运过来的。原钉钉生态负责人伊恒推测，华为可能是为了确保服务标准化，又考虑到其他公司可能缺乏相应配备，所以即使运输费用高昂，华为也没有将就，红布的选择、桌型的大小，都细致地安排下去。这一极小的细节让伊恒深刻感受到了华为的决心和对生态伙伴的尊重。双方合作后，华为迅速派出8名成员到现场进行支持。虽然华为是一家大公司，流程严谨，但华为对钉钉团队展现出的只有极高的效率、极强的决断力和对钉钉的重视。这种干脆利索的做事方式，和与其他大公司合作过程中的冗长流程形成了鲜明的对比。巴布觉得，华为看起来有着"不同寻常的灵活和高效"。

  鸿蒙，绝非闭门造车做出来的，而是在无数用户实际使用中蓬勃生长起来的。它不只是代码的堆砌，更是连接全球的创新桥梁。这不仅是中国开发者的黄金机遇，更是全球开发者共赴星辰大海的邀请函。

  此刻，等待便是错过。

第二十一章

走出丛林：生态就是规则

> 一方面，应用部门一直以来都在成熟系统上开发，切到鸿蒙版本后，他们发现了各种问题，文档不全、老旧，接口变更，平台功能程序错误，设计缺陷，等等，忍不住抱怨；另一方面，平台开发人员面对堆积如山的需求已自顾不暇，每天还要处理大量的问题，愤懑慢慢产生。如何化解两边的怨气是门学问，其中的诀窍是换位思考。
>
> ——鸿蒙操作系统战队

开源鸿蒙可谓中国开源事业的顶层设计之一。然而，这一创举却诞生在中国现行法律的微妙夹缝中。美国的基金会在中国落地仅需工商注册即可，而开放原子开源基金会则需在民政部注册。根据民政部规定，慈善公益需有一个明确的受益人，但软件开源的受益人是整个数字社会，这一矛盾如何解决？这不仅造成中美两国基金会在中国土地上取得"准生证"的难度不同,还让我们深思:在全球化的今天,如何为开源生态找到合适的法律与规则框架。

鸿蒙要构建的生态,绝不能是"应用随意弹窗,向用户要一大堆不合适的权限"的样子。"用细节打动消费者"的背后,不仅仅是"做出来的技术",更是"用出来的生态"。它需要的是规则规范和庞大的社会支持,尤其是各行业开发者的生态共建,行业开发者也需要认可系统规则。

京东作为第一批适配鸿蒙的电商企业,行动上最为支持,但京东与鸿蒙谈商务框架,一谈就是将近一年。钉钉倒是跟进得很快,但华为业务的"边界"问题始终让钉钉心存疑虑。两家公司都拥有各自复杂的生态,鸿蒙底层系统的边界感如何把控?

蚂蚁集团作为一家互联网公司,强调单兵作战,讲究的是快。一个内部决策,蚂蚁集团一般能在一周内完成,而华为需要一个月。作为中国科技企业,华为倡导狼性文化,干活会采取群狼战术,华为做鸿蒙投入大量人力,根本不看收入。而蚂蚁数字科技(蚂蚁集团科技商业化的独立板块)以商业化的逻辑运转,每一个面向市场的产品都有明确的商业模式。

所以在合作问题上,华为需要与多方生态伙伴经历各种推演,才能完成各方合作共建模式。

中国互联网一直在高速发展,必然要经历行业野蛮生长的过程。在鸿蒙生态建立之前,生态的规则是整个行业的需求。华为终端把2024年一整年的鸿蒙生态任务,定为了把智能手机上最常用的5000个应用全面迁移到鸿蒙操作系统上。很多生态伙伴不理解，为什么华为要全力投入单框架生态。既然鸿蒙不希望自己像当初在中国的安卓一样，系统权限都让人随意获得，那么华为做单框架生态的目的，是不是要人为地把操作系统做成一个封闭性质的生态？

外界对鸿蒙生态的治理规则尤为关注，这也成为鸿蒙生态推广中的关键点。鸿蒙生态建设不仅是技术的突破，更是规则的创新。它需要的不仅是华为的智慧，更需要整个行业乃至社会的共同参与和支持。只有这样，鸿蒙生态才能在规则的指引下茁壮成长，成为真正的数字社会的基石。

朱勇刚曾在一场闭门会上展示过一篇论文。该论文指出，安卓虽然让用户和开发者更自由了，但同时也忽视了用户的权利。安卓很难解决自己在诞生之初就形成的顽疾，那是一种生态动机的问题。与安卓诞生的动机大为不同，鸿蒙是被"逼迫"出来的产物。当全中国的半导体制造受制于人时，"软件突破"就成了科技生态里唯一的突破口。应用层的随意更新、系统权限的随意获取、系统资源的随意占用，这些动作都会成为操作系统冲出突破口的累赘。鸿蒙天然渴望在软件上具有先进性，因此从内核，甚至从整个理论基础开始，就进行了完全重写，做到了与安卓多方面的差异化。它不仅具有技术的先进性和竞争力，更充分考虑了消费者的隐私和数据安全保护，对中国整个数字生态来说，能做到这两点，意义非凡。

基于这样的生态动机，开天辟地的单框架鸿蒙不仅要补漏洞，要加速创新，后续还要与别人比力量、比速度。在生态层面，要硬生生从 iOS 和安卓的生态圈里再占领一片阵地，这样的硬仗会让华为遭遇比别人更多的困难。鸿蒙的征程如同在画一个未知的圈，画的圆圈周长越大，面积越大，接触到的不可知的东西也就越多。有工程师开玩笑地说："你知道的东西越多，你就会发现自己不知道的东西越多。"

正因为如此，外界很难在鸿蒙"质变"前看到它的动态。自2019年鸿蒙打响品牌一直到2023年，整整4年，鸿蒙系统的C端部署依然不成势，进入第五个年头，外界已经有人想要看笑话：如果鸿蒙生态无法成势，那么鸿蒙应该叫"永不封顶的鸿蒙大厦"。

但到2024年，这种情况得到了极大的改观。在海外生活过，或者在外企工作过的合作伙伴，开始不断加入鸿蒙，因为安卓系统一直以开源之姿示人，却突如其来地宣布对华为手机停止更新支持，这一变故极大地撼动了他们对西方世界"规则至上"的固有认知。他们无法相信，连Linux这样发展了数十年的开放的操作系统，也会突然用行动表达不同的政治立场。震惊之余，他们的内心更是被深深的忧虑所笼罩：中国IT产业的大厦建立在开放的商业环境之上，软件系统的根基深植于Linux，如果操作系统在底层被西方国家切断，我们又该如何应对？这种规则打破者带来的不确定性，让人们对未来的发展趋势感到迷茫与不安。

虽然鸿蒙系统的横空出世，让人难以一时间断定其可靠性，但它仿佛为中国IT界提供了一条令人安心的"后路"，暂时缓解了众人的焦虑。更为关键的是，越来越多的人开始相信，适度地展示中国自主研发的解决方案，或许能在一定程度上遏制外部无休止的威胁，防止局势进一步恶化。

面对各行各业、数十万规模的常规应用不断涌入，鸿蒙的适配不可能再依靠熟人社会的"人拉肩扛"战术，全世界没有一个公司是靠力气做起来、靠熟人做起来的。鸿蒙生态更多地寄希望于全社会的消费者和开发者，让他们通过极简的工具模板和规则迅速上手，因此，鸿蒙亟须构筑一套完整、严谨的机制与规则。这套机制与规则不应受资历、情感或人情交易的影响。只有这样，才能确保所有参与者同舟共济；只有这样，外界的视野才能与鸿蒙一样开阔，共同见证一个全新的万亿级产业蓝海。

建立这套机制与规则似乎不能完全借鉴欧美的经验。欧洲智库的人曾经问华为高层，为何他们的解决方案在中国反而行不通。对此，华为的高层推荐了一本费孝通的《乡土中国》，用以阐述中国社会的本土化特征。中国社会是熟人社会，充满了各种人情往来，这种波浪形、一环套一环的人际关系让中国人在行事时享有"从心所欲不逾矩"的自由，也与西方直线型的关系形成了鲜明对比。

规范化的技术操作要尽快展开。为了帮助生态伙伴尽可能做好鸿蒙化的规范工作，鸿蒙技术团队成立了开发服务部，对生态伙伴开放了应用程序编程接口。一旦在生态伙伴开发过程中出现突发需求，技术团队就可以快速响应支持。此外，原本应用于IT领域和云计算领域的并行机制，也被引入手机各团队中。

为了打磨好生态伙伴的适配工具，技术团队三管齐下。

首先，鸿蒙系统在开发模式上做了大转变——从"命令式"变成了"声明式"。在 iOS 和安卓的时代，程序员得像写剧本一样，不仅要告诉你故事的结局，还得详细描述每个情节怎么发展。但鸿蒙的声明式开发，就像是直接告诉导演"我想要一个快乐的结局"，中间的情节怎么安排就交给系统。这样，开发者能更专注于"我想要什么"，而不是"我该怎么做"，代码量减少了30%以上，应用逻辑和界面也变得更容易理解和维护了。比如高德地图界面部分的代码量，通过声明式开发后，就减少了30%~50%。

其次，鸿蒙系统用智能化的手段来支撑原生应用开发。比如做消费品，就得从用户体验出发去定义AI的标准。英伟达用算力来衡量AI，但如果强大的算力解决不了实际问题，不仅对用户、对国家都没好处，还会让我们陷入和美国竞争的方向性误区。

鸿蒙的AI原生智能，就是把AI的能力从应用层面下沉到系统层面。以前，做AI应用的工程师得懂算法、懂模型训练，要求很高；现在，如果把这些AI能力集成到系统里，再通过应用程序编程接口开放给第三方，那么调用AI功能可能只需要几行代码，就能解决以前看起来很复杂的问题。这样，AI下沉到系统，就能快速提升大家的基础AI能力。黄津的团队开发了90多个工具包，其中10个左右和AI相关，涉及语音、图像处理、文字识别等功能，关联了几百个应用程序编程接口。AI能力下沉后，更多的第三方也能轻松使用。

基于AI原生智能的理念，华为发布了AI白皮书，并与清华大学共同定义了AI标准。这套标准有点像自动驾驶的分级，从L1到L5。目前业界大多处于L2、L2+的水平，而华为希望自己能成为业界第一个达到L3级别的——在某些领域，只要提出意图，AI 就能独立完成闭环任务。

在过去一年里，华为和头部互联网企业一起打磨鸿蒙的服务团队和适配工具，把支付宝、美团、小红书、高德地图这些应用作为样板，率先开启了鸿蒙原生应用的开发，用户体验很不错。比如美团，他们的开发内容覆盖了 20 多个模块，代码量达到了千万行。那些性能要求高的代码，原本就用 C 语言编写，在迁移到鸿蒙系统时，几乎不用动刀，华为的毕昇编译器一编译，就能适应新系统，性能还能提升大约 10%。至于那些涉及众多第三方框架的代码，鸿蒙可以支持几百个第三方框架和库，30%~40% 的代码只需要做少量修改、重新编译和调试即可。

除了这些大企业开发的鸿蒙原生应用，还有一些用户基数不大但很稳定的应用，可以通过"生成式的代码转换"方式迁移到鸿蒙。AI 辅助转换工具让开发者把源代码输入 AI 学习，然后 AI 重新生成鸿蒙化的新代码，开发者再自己修改和调试，实现更高效的应用迁移。为了支持代码迁移，华为团队开发了很多辅助工具，那些在开发 Top225 应用过程中积累的良好的技术文档、优秀的常见问题和解答以及相应的工具，都共享给 4796 个应用开发者使用。

最后，鸿蒙系统适时推广仓颉语言，这可是面向商用和开发者的革命性设计。华为终端 BG 软件部的龚体说，这将"补齐鸿蒙系统生态基础设施建设的最后一块拼图"。

鸿蒙的技术支持三管齐下，就像一台强大的推土机，迅速扫清了合作伙伴在技术上遇到的障碍。这种技术支持不仅提升了性能，也改变了高泉团队的工作重点。随着技术障碍的清除，团队的工作要求也随之转变。过去,他们主要关注单框架鸿蒙的性能,单框架要比双框架好20%~30%,但现在,他们要投身另一项工作:回应第三方应用的新诉求。他们最清楚中国应用厂商和安卓、iOS平台打交道时的痛点。以前安卓和iOS对中国应用厂商的诉求不闻不问,它们只能被动接受安卓已有的框架和工具,自己的创新优势根本发挥不出来。现在,鸿蒙平台提供服务,他们要让第三方应用厂商充分体验"中国操作系统厂商"与"中国应用厂商"紧密结合的灵活和高效,让鸿蒙拥有与另外两大操作系统天然的差异化新优势。

但是,技术的进步并不是生态建设的唯一挑战。真正的生态壁垒缘于深层次的利益纠葛。技术之外的商业决策的复杂性,使生态问题层出不穷。比如客户要求提供10台样机,按照规则,华为只能提供5台,这样的供需矛盾在生态利益分配过程中非常典型。再比如,合作伙伴已经适配了安卓和iOS两大系统,再引入鸿蒙,意味着需要额外投入人力、物力去维护一套全新的代码库,这份运营成本的账该怎么算。鸿蒙生态团队需要不断寻找与企业的利益平衡点。

因此,保持应用活跃状态的另一项重要因素——商业,成为鸿蒙生态发展最重要的宏观部署。鸿蒙所有的技术都是为商业而服务的,没有真正的商业规则,技术就没有生存的土壤。

鸿蒙战队再次把生态的商业布局分为两大领域。

一是C端的手机销售,也就是普通百姓手里的华为手机。这个领域其实没什么好头疼的,中国有十几亿网民,手机用户数也有十几亿,在这个巨大的存量市场里,华为手机每年出货量数千万台。即便他们不急着升级，哪怕只有一半用户选择单框架鸿蒙，也有几千万台。想要用这几千万台手机去替换十几亿台的市场，那得花上十年甚至几十年。按照两三年一个换机周期来算，就算鸿蒙手机在国内的市场份额从 1% 提升到 3%，再到 5%，以年为单位，也得爬两到五年。所以，新机市场才是关键。中国大约有 6 家主要的手机厂商，2024 年第一季度的数据显示，华为占了 17% 的市场份额。能不能拿下这部分市场份额，就看华为在单框架鸿蒙手机上的替换速度和市场接受度了。如果新机市场表现不错，一两年内，市场份额提升 5~10 个百分点也是有可能的。

二是应用厂商的入驻问题。应用厂商和 C 端新机市场是紧密相连的，因为只有华为手机卖得好，有了庞大的用户基础，应用厂商才会更看重鸿蒙，才会有动力开发鸿蒙版本。这正是千帆会战在全力推进的工作。

随着鸿蒙生态的逐步成熟，我们见证了应用发展的起伏。有的应用发展势如破竹，超出了我们的预期；有的开发起来则像攀登险峰，比预想中更为艰难。但正是这样的起伏铸就了鸿蒙生态的坚韧与活力。2024 年开始，我们计划将更多的资金投入这个生态，鸿蒙的身影将不仅在 C 端、家庭设备、水杯、台灯等日常用品中无处不在，更将在矿山、港口等大型工业场景中展现其强大的生命力。这不仅是技术的革新，更是生活方式的变革。

回首生态之战，2024 年 6 月 21 日的华为开发者大会无疑是一个重要的里程碑。它不仅标志着鸿蒙生态的一次飞跃，更是对未来的一次宣言。如果鸿蒙测试能够达到 100 万台以上的规模，华为将有能力升级一部分存量手机，让它们焕发新生。当测试规模达到1000万台以上，我们有理由相信，未来的新品发布将逐步以单框架鸿蒙为主，这将是鸿蒙生态迈出的又一大步。这不仅是数字的胜利，更是生态力量的体现，是华为与全球开发者、合作伙伴共同书写的辉煌篇章。

第二十二章

誓师九月：一场盛大的开业

> 周末带孩子到公园玩了半天，3岁的宝宝在回家的路上高兴地问我："爸爸，今天玩得好开心呀，你什么时候再来我家玩呢？"
>
> ——鸿蒙操作系统战队

2024年9月10日，无疑是一个值得反复回味的日子。这一天，华为和苹果这中美两大标志性的高科技巨头，选择在同一天召开新品发布会。北京时间凌晨，苹果"高光时刻"秋季新品发布会落幕，iPhone 16系列携带最火爆的AI元素引爆全球。12个小时后，华为开启了"见非凡品牌盛典"，三折叠屏手机发布，热度碾压苹果。

这既是择日也是撞日。《纽约时报》开篇写道："美国近几届政府使用严厉的贸易限制措施来试图压制中国电信设备巨头华为。作为回应，华为则不放过任何机会来展示它仍然屹立不倒……去年（2023 年），在美国商务部长吉娜·雷蒙多访华快结束时，华为推出了一款使用中国制造的先进芯片的智能手机。这种造芯能力正是美国努力阻止中国研发的技术，这项努力是由雷蒙多领导的。中国将那款名为 Mate 60 Pro 的华为手机誉为中国企业冠军打破美国技术限制取得的胜利。该款手机在中国电子商务平台上几分钟就销售一空。许多购物者还为购来的手机选择了背后印有雷蒙多头像的手机壳。周二，在中国技术中心深圳，华为再次努力吸引公众注意力。"

华为 Mate XT 非凡大师是全世界首款三折叠屏手机。"我为大家带来了大家都能想得到，但是做不出来的产品。"余承东在发布会上说，"我们一直有一个梦想，我希望把我们的平板电脑装在口袋里。"这一定价 19999 元起步的高端级价位的产品，居然迅速在全社会热销。一天之内，预约人数接近 300 万。9 月 20 日 10 点 08 分，Mate XT 正式开售，各个版本均"秒没"。市场上不少黄牛价加价 2 万元以上，远超商品价格本身。

华为三折叠屏手机与苹果新品手机的同日竞技，诠释了"引领与追随"两种截然不同的境界。事实上，中国 IT 企业有史以来一直缺乏引领的基本意识。如今，华为一举打破了这个天花板——三折叠屏与鸿蒙，都是超越的开端，打破中国人想象力和信念的天花板，意义非同凡响，其价值超越了我们大多数人的想象力。今天，中国人已经不愿再让"跟在美国企业后面"继续成为我们的基本思维模式。从此，更多的中国企业、更多的中国产品，将走在美国前面，引领世界。

三折叠屏手机 Mate XT 非凡大师不仅改变了中国发展模式的思维定式，也让更多的中国普通消费者感受到，美国对中国科技封锁的影响反而促使中国企业砥砺创新，披荆斩棘。就在 2024 年 5 月 7 日，美国商务部撤销了美国芯片企业高通和英特尔两家公司向华为出售半导体的许可证。英特尔是华为笔记本电脑 CPU 的主要供应商，制裁直接打击了华为笔记本电脑的销售，而此时的华为 Windows PC 刚拿到国内细分领域轻薄本的第一。

这一轮制裁下华为的反应，让鸿蒙所具有的历史意义更加清晰、立体。制裁后的第二天，终端 BG 软件部和 PC 产品线就在武汉进行了一轮紧急讨论。

终端 BG 平板与 PC 产品线总裁朱懂东在会上说："我们要深耕鸿蒙单框架，感谢美国政府帮我们做了决策。"他知道让华为自己下决心走鸿蒙单框架路线有多难，在和平环境下谈论危机的底线，华为内部必然争议不断，讨论激烈，矛盾丛生……现在不用了，只有"华山一条路"。

这一次的从容与坚定，与往昔的紧张与忐忑形成了鲜明对比。自 2019 年 5 月 16 日以来，华为就如同被激发了所有潜能，启动了全领域的 Plan B，整个公司进入了一种全领域创新的备战状态，蓄势待发。多年的磨砺，让华为在风雨中越发坚韧；如今，这份从容正是多年积累的最好证明。

2024 年 5 月 25 日，OpenHarmony 开发者大会上，鸿蒙社区正式发布了 OpenHarmony 开源鸿蒙的技术标准和规范，这一举措标志着鸿蒙"同一个底座，同一个生态"的愿景得以实现。这不仅是技术的飞跃，更是生态构建的重要一步。从此，鸿蒙操作系统将统一基于OpenHarmony全场景智能底座，推动鸿蒙的南北向生态走向有序。华为内外部的行业或消费终端设备将共享一个北向生态，开发者只需进行少量的匹配工作，就能让应用运行在各种鸿蒙设备上；南向生态只要通过OpenHarmony兼容性测评认证，就能实现所有鸿蒙生态设备的互联互通。这标志着鸿蒙生态的统一，为开发者和用户带来了前所未有的便利。

鸿蒙的商用化路线也由此变得清晰可见：在不久的将来，鸿蒙操作系统将实现手机和"+8"智能化设备的全部覆盖。用户可以根据需求，将双框架鸿蒙升级为单框架鸿蒙。这不仅是技术的迭代，更是生态的演化。

一切的战后成果将围绕9月25日鸿蒙千帆会战誓师大会展开。整个生态战的大部队作战，将以鸿蒙全系列产品的队列集体亮相的方式打响。随着下半年的Mate 70系列发布在即，这一节点显得更加重要。为了确保会战成功，华为成立了特战队，并进一步分解为十几个战队，分别针对最难的技术方向进行攻关。随着各个技术逐步孵化和成熟，2024年9月，中国互联网的半壁江山都在此会师，鸿蒙在这一重要历史时刻交出了阶段性的成果。

这个阶段，怎样才算攻关"达成目标"？或许我们可以从余承东在2024年可折叠式智能手机Pocket 2发布会上说的话中窥得一二："在不改变硬件的基础上，2024年下半年发布的新版本，较上一个双框架版本，性能可以提升30%以上。性能提升目标不是一次性的，希望我们每年都能提升30%。"如果能真正理解余承东说的"在不改变硬件的基础上"这句话的含义，我们就能理解鸿蒙每年提升 30% 的性能几乎是一个客观存在的刚需：依照行业惯例，无论是苹果还是高通的芯片，工艺进步带来的性能提升每年 15% 左右，安卓应用对图形、图像、AI 等算力的增长要求也是每年增加 15%。在不进则退的操作系统行业，想要让每一代产品都保持竞争力，华为必须做到每年提升性能 30% 左右，才不会被别人甩开。

很明显，9 月的验收标准正是基于这个逻辑展开的。华为希望以实际行动向世界证明鸿蒙生态的力量和价值。这成了 543 项目的靶子，也成了鸿蒙特战队需要攻占的山头和终端部门必须通过的大考。在战略务虚会上，余承东一边反复强调"只许成功"，一边给出承诺，表示会在资源上给予更多支持。徐直军的态度也是同样的，一边强调鸿蒙的生态没有退路，一边表态如果终端缺资源，公司一定会全力支持。公司内部战略务虚会的 20 多名参会者，都对鸿蒙生态的当前形势做出了承诺：就算应用的进展超出了预期，应用的开发难度比预想中要难，应用的进展参差不齐，大家也要坚定地拿下整体目标。

华为内部各产品线主管组建了千名规模的 Beta 用户，为商用前的体验打磨做测试工作。2024 年 2 月，陈晓晨将测试机分发给各业务集团领导及经营管理团队的部分成员使用，还为合作伙伴提供了 2000 台研发样机用于调测。很多企业拿到了搭载单框架鸿蒙的手机，哔哩哔哩、支付宝、美团、去哪儿旅行、网易、WPS、钉钉等重磅应用都已经签约启动适配鸿蒙系统。谢桂磊拿到鸿蒙手机后，感觉新机在流畅度等方面比他预想中的要好。虽然这个评价还不错，但陈晓晨还是有点犹豫，要不要把这个阶段的测试机给徐直军送去。毕竟在鸿蒙发布前，公司内部会有数千人提前拿到新机，并且在接下来的四五个月时间内进行充分测试并发现问题。

在测试机阶段就能及时发现风险、系统漏洞的用户，被HarmonyOS部高级项目群总监史海谋称为"英雄"。他们会通过华为的自研应用（如华为音乐、华为视频、畅连等）和高频使用的第三方应用（如小红书、抖音、今日头条等）等常见的终端渠道集中发现问题，并在测试阶段修复大部分已发现的问题，系统也会获得绝佳的修改机会。为了让"英雄"发挥最高效率，Beta组员拉了一个畅连群，集结了各个模块和产品的负责人共94人，他们的责任是对群里提出的问题及时响应。此外，华为公司内部参加单框架 Beta 测试的数千人，联合华为公司外的数万人，共同组成了一个 Beta Club（Beta 俱乐部）来接受这些人提出的所有问题。

在以 Beta 测试为核心的小圈子和大圈子中，一场联合行动迅速展开。工程师在遇到难题时，会首先在大圈子 Beta Club 中寻找答案，如果问题依旧悬而未决，便会转移到小圈子的群内进行深入讨论。龚体就曾针对自由多窗的 PC 和平板电脑样式差异，以及 AI 系统入口难以寻找的问题，在群里发起了讨论，并迅速得到了回应。他几乎从清晨到深夜，不断地提出问题，平均每天提出数十至上百个问题，这些问题大多关乎消费者的"简单易用"体验，而团队几乎总能在几小时内定位问题的根源所在。

之前做双框架的时代，但凡涉及社区的问题，大家都必须找谷歌解决，结果常常耗个一年半载也搞不定，现在一周就能解决上万个问题，对工程师而言，这种效率是干安卓系统这样的合作项目时无法想象的。虽然鸿蒙在商用版本发布前很难做到十全十美，但史海谋认为"能做到九成"就值得庆贺。

如果说正式商用版的 HarmonyOS NEXT 是鸿蒙操作系统的"大考"，那么 Beta 版本就相当于一场模拟考，Beta 测试在大考面前还只是很小的目标。测试群依然不停地扩大，他们要赶在真正的商用之前，让上百万用户参与公测，让版本稳定下来，为最终的商用版做准备。

所以技术团队倒推进度，他们需要在 2024 年 3 月完成头部 200 多个应用的核心功能开发，6 月完成全量功能开发，再启动更大规模的外部 Beta 测试；到 9 月，200 多个应用要达到较好的商用水平；6 月到 9 月，他们要进行两到三轮的版本发布与体验打磨，对重点伙伴至少进行两次轮巡。

随着公测范围逐步扩大，越来越多的普通消费者开始体验鸿蒙产品。单框架鸿蒙产品因为规模大、时间短、任务重，资源和人力投入早就超出了预估的一万人规模，但徐直军依然在会上表示公司愿意再投入几千人。

9 月步步逼近，华为所有主管展示自己的工作进展时，都开始以周甚至天为单位，谈自己离 9 月底的目标还有多少距离。

压力最大的是史海谋，他已经从龚体手中接过单框架版本交付的重任，也给出了自己的承诺：2024 年 9 月 30 日前，做到鸿蒙单框架版本可用，而从现在开始到单框架商用的这段冲刺期，他需要清扫更多技术风险。离 9 月还剩小半年的时间，他几乎屏蔽了自己一切"窗外事"，专注于解决图形渲染的重负载这种细小又棘手的麻烦。

鸿蒙战队的生态工作也被分为四个步骤，一环扣一环地靠近9月底的目标。

第一步是确认意愿。客户愿意开发吗？关于鸿蒙的假消息已经在外界传得满天飞，而真实关键的信息又不可能在网上公开，代表处的人员需要在3月之前，让5000个生态伙伴中的80%甚至90%的客户理解华为为什么要搞鸿蒙，并愿意跟着华为干。确认意愿就相当于签订意向合同，接下来就可以进入执行阶段了。

第二步是确认计划。他们需要估算工作量，落实人员，确认研发版本计划。3月到6月，他们要催着客户评估工作量，把工作清单整出来，比如到底是谁帮客户干活，开发团队在哪。人到位之后，华为也好组织培训。如果要找软件公司开发，招标流程得走起来，整个开发工作得启动。

第三步是出测试版本。6月至7月，鸿蒙手机上会有2000~4000个鸿蒙原生应用，以及一个百万量级的Beta公测。虽然Beta版可能有程序错误，但它可以使用，可以见人了。很大一部分测试机会被送到政府领导、公司高管手里，如果那时发现应用还不能用，团队将会有巨大的压力，而压力反过来会促进还没有完成的开发进度。

最后一步是商业发布。9月底，上架应用，搞定全部5000个应用，让手机99.9%的时间运行在鸿蒙版本上。这意味着鸿蒙在中国市场拿到了与在美国市场相当的份额。在此之前，它必须完成两个极大的挑战：第一是让外界对华为和鸿蒙有信心，让大家觉得这件事有未来、干得成，愿意主动造势并顺势而为；第二是真的能推动外界同华为一起干。

为了达成目标，华为要求各个代表处"包干到户"，每个省的代表处要把所负责区域里的相关应用搞定。谢桂磊希望到9月，消费者最常使用的头部200个应用都能有鸿蒙版本。"中国人常用的应用都应该有鸿蒙版本，功能的丰富度还要和其他操作系统的版本一样"，这是所有华为工程师备战9月的誓言。

在这个过程中，鸿蒙生态伙伴的大颗粒需求也明显减少，特殊产品的需求略微增多，鸿蒙的完备性能力终于承受住了考验。终端云负责鸿蒙千帆会战的望岳，对9月完成任务颇有底气："至少现在所有的合作伙伴，没有人说我们是骗子，没有人说鸿蒙肯定不行，没有人说鸿蒙不重要，也没有人说坚决不做。外界绝大多数是两个态度，一种态度是没问题，坚决支持；还有一种态度是公司的年度预算期已经过了，重新走预算比较麻烦，要再去想想办法，再去申请一下。几乎没有第三种答案。"

9月25日，载入史册的鸿蒙高光时刻终于到来。来自百度、腾讯、阿里巴巴、京东、美团等上百家互联网厂商的高管齐坐在华为总部坂田基地，参加这一场备战多时的誓师大会。深圳的气候依然潮热，但再热也热不过鸿蒙开发者的热情，整个互联网圈，已经许久没有这样热闹和人心所向的时刻了。在华为代表和互联网大厂的代表们合唱了一曲《友谊地久天长》之后，媒体拿到了一系列极具热度的数据：鸿蒙生态设备数量超过了9亿台，1万个应用和元服务上架鸿蒙星河版的应用市场，开发者数量增至675万。

这是中国科技的奇迹，鸿蒙仅用了一年多的时间就完成了其他系统需要十年甚至更久才能走完的征程。但同时需要保持清醒的是，从鸿蒙的诞生到其生态的全面打响，只是迈出了万里长征的第一步。林振辉曾对单框架鸿蒙手机的实际表现抱有疑虑，但经过一个多月的使用后，他非常认可两个事实：首先，华为在如此短的时间内获得了广泛的支持，并推出了数千个应用，其中1000多个已经可以下载使用，几乎所有用户需要的应用都能在鸿蒙上找到，这是一项了不起的成就；其次，虽然手机性能还有待提升，但鸿蒙已经看到了希望的曙光。将P70双框架安卓版与单框架鸿蒙对比，后者在任何方面都不落下风，这足以证明鸿蒙在软件领域的强大竞争力。

鸿蒙的"未来已来"。从这一刻起，鸿蒙开始进入"改变未来科技生态格局"的生命轨道，中国乃至全世界的IT历史，或将分为"前鸿蒙时代"和"后鸿蒙时代"，鸿蒙也将从中国的科技主战场坚定地走向世界的主战场。

第二十三章

智能鸿蒙：让 AI 引领变革

是时候将智能手机打造成"真正智能的"手机了！

——小艺业务部

2022 年 10 月的某天，陈海波和龚体等人做工作汇报，忽然，有领导问道："海波，鸿蒙能跑在一千亿个设备上吗？"陈海波愣了一下，迅速回答："从架构设计上，我们会考虑这个事儿。但是在研发上，我们还要突破很多技术挑战、解决很多难题才能达到这个目标。"领导听后安心了一些，他接着说："你们还是要坚定不移地加强这方面的投入。"

领导们对鸿蒙系统的殷切期望和宏伟梦想，恰好与 AI 技术起飞的时刻相遇。

2022 年年底，ChatGPT 的横空出世引发全球现象级热议，标志着 AI 真正成为大众看得见、摸得着的技术。这一事件不仅释放出"AI时代已至"的强烈信号，也为鸿蒙系统的智能化追求赋予了划时代的现实意义。

AI大模型技术的崛起，使机器从简单的命令执行者逐渐转变为能够理解和预测人类需求的智能伙伴。这种转变不仅是技术上的突破，更是人机交互方式的一次重大飞跃。2023年，大语言模型、多模态理解和生成、AI Agent（智能代理）等技术热点集中爆发，共同指向了一个趋势：设备将变得越来越聪明，为用户提供越来越便捷的服务。在这一背景下，华为的小艺助手作为鸿蒙系统的重要组成部分，迎来了历史性机遇。林振辉明确提出："要把智能手机打造成'真智能'手机。"这一任务被交给了小艺业务部。

什么是"真智能"？自20世纪50年代图灵提出人工智能概念以来，AI经历了多轮热潮和寒冬，从符号主义、专家系统，到机器学习、深度神经网络，再到苹果智能语音助手Siri、亚马逊智能语音助手Alexa、在棋类游戏中打败人类的AlphaGo（阿尔法围棋），以及有着巨大参数量的GPT等突破性技术，AI始终未能在普通消费者心中形成持久的"智能"印象。传统操作系统更多扮演着"上接应用，下接设备"的角色，用户主要通过App完成任务，很少直接与操作系统交互。如果小艺只局限于这一传统框架，它可能永远只是一个呆板的工具，难以展现"真智能"的魅力。然而，如果小艺能够依托大模型技术，其智能可塑性将大幅提升。这让小艺团队坚信，鸿蒙和小艺有望实现新一轮的智能跃升。

华为在大模型技术上的探索早已开始，盘古系列大模型在面向企业业务中的应用取得了显著成效。然而，如何将 AI 技术革新应用于终端设备，实现智能升级，一度成为团队的难题。

2023 年，在鸿蒙极客马拉松竞赛中，一个大二学生向龚体请教如何利用华为的 AI 技术开发应用，龚体指导他使用应用程序编程接口 10 中的安全关联密钥工具。令人惊讶的是，这个学生仅一个下午就开发出了一款用户体验极佳的应用。这一小小成就让龚体深受启发：如果将 AI 的核心能力下沉到系统底层，利用 SDK（软件开发工具包）、应用程序编程接口、控件等多样化方式开放给第三方开发者，将大大提升开发效率和应用的交互体验。换言之，未来鸿蒙的最佳演进路径或许是先让企业开发者提高效率，率先打造出体验更优的 AI 应用。龚体一直希望鸿蒙终端能做出 120 分的优质产品，而原生智能开发方式或许能让这一目标成为可能。华为期望"鸿蒙跑在一千亿个设备上"的愿景，也将因此加速度实现。

然而，鸿蒙和小艺之间的关系却是一个复杂的命题。在系统开发初期，团队就"先做智能的鸿蒙"与"先做鸿蒙的智能"展开过激烈的讨论。是将更多的资源投入系统智能特性的指标提升上，还是将重点放在小艺智能助手的新功能上？这两者在技术和目标上并不完全重合，一旦资源分配不当，就会影响整体研发的进度。

"这不应该是个单选题，甚至不应该是个问题。"为此，小艺业务部部长贾永利提出了一个更加清晰的思路：小艺不应再像过去认为的那样只是一个语音助手应用，而应该成为鸿蒙的一部分，代表着终端全系统的 AI 能力；新一代操作系统也不仅仅是利用 AI 技术做功能上的单点优化，而应该把 AI 视为基础元素在最初就融入设计中，两者再无间隙，即"鸿蒙天生智能，小艺鸿蒙原生"。

在这一思路的指导下，2023 年，小艺 AI 的关键战略确立为"以鸿蒙原生智能为根，打造全场景智慧新体验"。

整个 AI 改造战略开始分三个层面实施，逐步推动鸿蒙系统从"操作平台"向"智能平台"蜕变。

第一个层面是对系统应用层的改造。

传统的图像语义检索一直以来都是用户体验中的痛点，尤其是在图库中进行照片搜索时，用户通常只能依赖有限的分类来查找。例如，用户输入"猫"时系统会显示所有与猫相关的照片，但用户无法按照"睡在窝里面的猫"或者"爬在树上的猫"这样的描述精确检索。贾明波带领的小艺计算机视觉开发团队，目标是将图像语义检索技术落实到手机上，进一步提升其智能化和精确性。AI 改造后的图像语义检索，可以让用户用更自然、更具体的方式描述自己想要查找的图片，而不仅仅是单纯的标签。

AI 图像语义检索，被定位为鸿蒙新机发布的新卖点之一，而实现这一技术突破的过程却充满了精度、效率、功耗等方面的挑战。最初，系统图库团队与 AI 团队在技术框架上存在明显的分歧。AI 团队不熟悉图库的底层代码，而图库团队对 AI 框架并不精通。短短三个月的攻关时间，迫使双方必须超越各自的技术领域，互相交错配合。正是这种 AI 与应用、技术与业务的深度融合，促成了图像语义检索的成功上线。

然而，图像语义检索仅仅是诸多应用AI改造的一例，紧随其后的是如何将更多的创新与大模型技术结合，以提供更加智能、个性化的体验。鸿蒙的AI团队也希望借大模型的东风，实现一次技术上的飞跃。但随之而来的是前所未有的焦虑，尤其是在面对大模型带来的变革时，许多团队成员感到自己面临着被淘汰的风险。

"我这几年在死链检测上的经验要过时了。"

"大模型直接将我研究智能摘要的博士论文变成废纸了。"

搜索开发部部长刘晓波的态度相对平和："我不是要安慰大家。你们去问问大模型'华为上市了吗？'，它可能会告诉你没有上市，也可能会告诉你华为在纽交所的上市日期，你不知道该不该相信它。基于大模型的对话应用会引爆用户对信息获取的新需求，但我们必须确保信息的时效性、真实性和准确性。"刘晓波所说的，是小艺面对大模型挑战的关键思路：如何在真实的用户信息搜索需求场景中，确保信息检索生成的质量和可靠性，也就是如何构建权威的知识问答供给生态。

2024年2月，在一次产品讨论会上，有人半开玩笑地提议，大家可以各自查一下"外地有房，在北京算二套吗？"，10分钟后，五花八门的答案呈现在大家面前。但当大家实际拨打电话咨询不同的房产中介时，得到的却是统一且准确的答案。这一发现令团队更坚信，真正有价值的答案并非信息量最大的那个，信息的精准性和权威性更为关键。如何确保用户在不同场景中都能获得最准确、最权威的信息支持，不仅是技术突破的需求，也是对社会责任的担当。

AI改造的第二个层面是将智能能力下沉到鸿蒙操作系统本身。

随着操作系统的演进，AI正逐渐成为操作系统的核心组成部分，高效地提升了系统和生态的整体智能化水平。但怎样才能算"高效"？过去，开发者往往需要从操作系统中选择一套开发工具包，集成到自己的应用中，这不仅使得应用体积不断膨胀，也降低了开发效率。这对中小规模的开发者而言无疑是个沉重的负担——在高昂的开发和维护成本下，AI功能的集成成为一项艰巨的任务。而且，不同应用中的相同功能，用户体验也参差不齐，这显然不符合"高效"的标准。

因此，从开发者和用户角度出发，开发者操作系统架构设计早期就应当着力解决这些问题。AI综合解决方案经理高光远认为，鸿蒙系统正是提高效率的新机遇。在鸿蒙系统中，AI能力不再仅是一个附加功能，还内建于操作系统的核心子系统中。开发者无须额外投入时间和资源，就能获得先进的AI功能，同时，得益于方舟UI框架所提供的AI化控件，开发效率能得到极大提升。

以文本朗读为例，传统的开发流程通常需要开发者经历多个烦琐的步骤：从文本控件提取文本，调用应用程序编程接口甚至自行开发模型，最终才能将文本转换为语音并实现播放。这一过程不仅耗时耗力且容易出错，若技术细节处理不当，还可能影响应用的性能和稳定性。鸿蒙操作系统中的AI化控件则大大简化了这一过程——开发者只需在控件中声明文本可朗读，并通过简单的接口调用，即可实现朗读功能。这个创新使得AI功能能够无缝集成到开发流程中,开发者不再需要专门的 AI 技术知识,也能轻松实现高效的应用开发。

然而,鸿蒙系统提供的不仅是一个基于 AI 的控件库,还需要综合考虑资源调度、功耗、安全性、兼容性等多方面的问题。在推动"将复杂性留给系统,将简便性呈现给开发者"的目标过程中,研发团队的每一步都充满了挑战。从最初的"这做不到,没人这么做过"的困惑,到"如果这样做,是否可能成功"的探索,再到"似乎可行,赶紧进行原型验证"的尝试,团队不断在理论与实践中打磨,终于实现了 AI 能力的融入。

AI 改造的第三个层面是推动交互方式的持续创新。

虽然人通过智能助手与设备交互早已不再是新鲜事,但大多数智能助手仍然停留在按照简单指令执行任务的层面,缺乏灵活性和深度。一个典型的例子就是询问天气或播放音乐,智能助手虽然能完成这些简单任务,但远不能算作真正的智能交互。小艺团队设想的是一种更加智能、灵活的交互方式——减少用户的烦琐操作,同时重塑用户、设备与应用之间的协作关系。

但大模型技术仍不完美,即使是业内最先进的模型,生成的内容的准确性与可靠性也常常无法满足商业化应用的高标准。面对这一挑战,小艺需要承担更多产品化的责任。智慧开发部的负责人涂丹丹与诺亚方舟实验室携手,对盘古预训练模型进行精细微调,最终为小艺打造了一个强大的"大脑"——小艺大模型。

凭借这个强大的基础模型支持,小艺的表现显著提升,尤其在多轮对话、意图澄清、复杂指令处理等场景中,用户的体验有了质的飞跃。"小艺变聪明了!"的反馈虽然让团队感到欣慰，但他们深知，这只是一个起点，真正的目标还未实现。小艺的愿景是成为用户数字世界的"代理人"，像一位真正的助理一样，能够跨应用、跨设备地完成综合性服务。比如，用户简单说一句"出去旅游"，小艺就能够根据需求自动完成车票与酒店预订等多项服务。

为了实现这一目标，AI 团队需要对小艺的架构进行全面调整。但这些调整既不能过于保守，因为这样就发挥不出大模型的全部潜力，也不能过于激进，因为大模型技术仍在快速发展，理想化的效果可能只适合演示，实际应用满足不了理想化预期。

彼时，AI Agent 正成为业界的热门研究方向。大模型自主分解任务的能力，为小艺带来了关于"超级助理"的巨大想象空间。受到阿西莫夫著名科幻小说《银河帝国》系列中机器人管家的启发，小艺架构设计部部长司宏杰想到，小艺未来可以成为用户数字世界中的"管家"，而这个管家背后将有各种领域专家的支持——这便是"1 个管家 +N 个专家"组成的 AI Agent 团队。司宏杰迅速组织架构师和大模型专家进行密集研讨和论证，最终确定了"1+N"两级代理架构：系统代理负责与用户交互，理解用户意图并执行基础任务；更复杂、专业性更强的任务，则会分配给领域代理来完成。领域代理不仅需要融入开放生态，还需与生态伙伴共同构建。这一框架的建立为小艺提供了一个长期演进的基础，确保了系统的可扩展性和灵活性。

生态是鸿蒙关键支柱之一，鸿蒙智能也必须建立在生态之上。代理架构能让小艺这样的系统级智能体感知环境并做出反应，但从用户的意图转化为具体的操作和服务，则需要一个生态接入的框架，这就是意图框架的任务。

小艺意图框架的初衷，是通过 AI 技术实现用户场景化体验、业务引流和应用能力供给的闭环协作。然而，在业务初期，小艺面临着一个严峻的挑战：如何让合作伙伴理解这个抽象且复杂的框架概念。产品经理乔登龙和团队迅速行动，深入与各个合作伙伴进行多层次沟通与改进。例如，在旅游和文化领域，乔登龙与同程旅行的合作让智慧服务场景从单纯的节日促销，扩展到了整个旅行的各个阶段。在与钉钉共同开发智能办公会议时，为了确保用户隐私安全，他们共同建立了一个需要三方授权的隐私保护机制。意图框架不仅推动了应用体验的创新，更为整个行业在隐私安全方面设立了新的标准。

"定义良好的技术规范，只是生态开放万里长征的第一步。"这是生态团队挂在嘴边的一句话。许多刚接触 AI 的开发者，不知道在哪些场景下能够应用鸿蒙的 AI 能力，甚至不了解鸿蒙系统提供了哪些 AI 能力。为了弥补这一鸿沟，团队启动了一系列开发者支持项目。首先，他们快速培养了一个专门为开发者提供解决方案的团队，将 AI 能力整合进开发者的工具箱。其次，他们举办了鸿蒙生态训练营，其实团队也有着解决开发者 AI 问题的迫切需求。短短三个月内，团队就在全国 13 个城市举办了 34 场鸿蒙生态训练营，吸引了数千家企业和上万名开发者的参与。

随着生成式 AI 技术的不断发展，产业内对 AI 终端的定义也开始出现了不同的声音。设备算力的提升，或者说设备连接上大模型，就意味着它已经具备 AI 能力吗？如果以消费者为中心，什么才算是 AI 终端的关键特征？基于技术的演进，过去、现在和未来的 AI 终端又有何区别？如何推动 AI 终端的代际演进？这些问题在业界引发了广泛的讨论，但由于缺乏统一的标准和共识，产业发展进程也因此受到阻碍。

为了促进行业共识的形成，华为与清华大学张亚勤院士的智能产业研究院团队联合编写了《AI 终端白皮书》。这份白皮书不仅详细分析了 AI 技术如何从多个维度改变设备和技术生态，还对未来应用场景的演进做出了深刻展望，同时倡议产业共同探索、制定和推动 AI 终端分级标准体系，牵引行业生态的高质量发展。

2024 年 7 月 17 日，历时两年的 543 项目迎来了新一阶段的任务——543-5，也称 543-AI 战略项目。该项目旨在为鸿蒙的原生智能提供系统性产品规划。作为总体组组长的贾永利，面对十多个按业务专项而非部门划分的专题小组，简洁明了地总结了项目运作的原则："拉通规划、方向正确，统一管理、力出一孔。"到 2025 年，集成了全新 AI 框架的鸿蒙有望迎接全民 AI 的浪潮。随着鸿蒙的不断发展，它与安卓的差距将逐渐缩小，同时聚焦人工智能与操作系统的深度整合，打破格局，未来的鸿蒙将迎来更加乐观的前景。这一切也只是开始，543-AI 战略的最终使命是将 AI 融入新一代终端设备的核心，推动鸿蒙原生智能实现跨越式发展，完成从"智能终端"向"真正的智能终端"的跃升。这不仅是华为对未来科技的洞察与引领，更是鸿蒙时代的开篇——开启了全新智能操作系统的未来。

第二十四章

三分天下有其一：NEXT 之后的 next

> 伟大的将军们，是在茫茫黑暗中，把自己的心拿出来点燃，用微光照亮队伍前行。
>
> ——克劳塞维茨《战争论》

对于华为的未来，任正非也保持着危机意识。他表示："到今天，也还不能说我们就能活下来。中国 99% 的公司是可以与美国合作的，它们没有受到制裁，它们的芯片算力比我们的高，它们能买到的东西比我们的好。在这样的条件下，未来几年我们能不能为生存活下去？不要看我们今天和大家欢聚一堂，以为我们有伟大的梦想，不是，我们还在挣扎中。"

为了挖掘鸿蒙背后的诸多故事，我的访谈记录本已经有一寸（约 3.3 厘米）之厚，访谈名单也大大超出了原计划的 50 人左右，逐渐突破 100 人。这些访谈对象涵盖了开发者、合作伙伴、用户、专家以及行业内的众多参与者。而记录本最前面的是徐直军的三幅手画图，一页一图，清晰地诠释了鸿蒙的战略方向。"三分天下有其一"是第一幅图的标题。这几幅图是2021年10月16日晚上，他在深圳万象城的星巴克画下来的。那时候，虽然单框架鸿蒙还没有正式立项，但是徐直军的心中已经有了清晰的战略规划和目标。中国市场仅仅是鸿蒙的起点；面向全球，与谷歌安卓和苹果iOS一决高下，才是鸿蒙的目标。华为一直在谋划NEXT的next。

虽然，"生态"一词在中国早已经用滥，但是真正的产业级生态在中国还是空白。没有操作系统和中央处理器等核心根技术，就无法构建真正的产业级生态。生态战略需要华为以全新的格局和视野来重新定位自身与伙伴的关系。传统的产品企业的上下游伙伴之间往往存在着主从等级秩序，而真正的生态企业与伙伴之间是一种平等的共生关系。

这种关系的建立，是鸿蒙生态建设的核心；真正的生态建设，也是华为的新课题。

鸿蒙生态不是华为的"独角戏"，而是需要千行万业的伙伴共同参与建设。徐直军在2024年9月25日的鸿蒙千帆会战誓师大会上呼吁："希望所有的应用拥有者，包括政府、企业、事业单位，都能开发鸿蒙版本，同时上到华为应用市场的鸿蒙先锋专区，并持续升级功能体验，共同打造鸿蒙原生生态，使之成为真正的移动和万物互联的操作系统。"这不仅是华为的号召，更是对所有参与者的邀请。

余承东也深有感触："单框架鸿蒙是一个新生命，正在努力成长。感谢合作伙伴、开发者们的全力投入，日夜攻关，创造了鸿蒙速度；感谢 Beta 用户的鼎力支持，反馈了百万条建议，帮助鸿蒙不断迭代版本、完善体验。鸿蒙不仅是做出来的，更是用出来的，接下来的几个月，华为将携手合作伙伴和开发者一起全力冲刺。"这不仅是华为的使命，更是所有参与者共同的责任和目标。

毫无疑问，鸿蒙的未来属于每一个人，从开发者到用户，从合作伙伴到整个行业，鸿蒙的每一步成长都离不开大家的共同推动。这是一场属于所有人的征程，而华为只是其中的引领者和推动者之一。鸿蒙的未来，需要大家携手共创。

回想 20 年前，华为在国内通信行业崭露头角，还是华为市场部主管的徐直军才开始从战略视角思考价值转移这件事。他相信，一个产业在五年的周期内一定会发生一些巨大的价值转移，华为要抓住价值转移周期，未雨绸缪，而不是等到未来才去重视和补救。他反复强调："大家一定要本着危机意识提前布局和适应，任何'今天'的不起眼都可能是未来的关键。"

然而在当时，比起价值转移这样的行业大事，华为的实力可以说是"无限弱小"，别说海外市场只在亚、非、拉徘徊，连中国市场的份额也排名靠后。虽然华为并无争世界第一的实力，但这个大胆的、前瞻性的价值转移的理念，第一次给了年轻的华为人"肆意畅想"的空间：未来，华为要争世界第一！

为了这份憧憬，华为无线领域的 15 个人和市场规划的 15 个人，曾经一起待在一个封闭的空间里，讨论未来的"第一"要干的事。那时，大家还颇显天真：既然这五年会产生巨大的改变，那其他行业也会发生巨大的改变吗？（当时）正在爆火的新浪，会不会五年后就变得不火了？华为现在不怎么样，会不会五年后变成世界第一？华为怎样才能成为世界第一？

正当大家闭门畅想成为"世界第一"时，有人当头泼来一盆冷水："五年，我们就成为世界第一了？通信产业的未来就掌握在我们华为公司，掌握在我们在座的这帮人手里了？我看你们一个两个的，都不像是能够领导这个行业的人！"

很多年后，会议的亲历者邵洋仍在回顾这盆冷水的滋味和意义。他深刻意识到能不能带领这个产业持续向前发展，让产业越来越有未来，让体验不断地提升，才是对世界第一的真正考验。某个行业发展停滞，往往在于这个行业的领导者开始停滞。华为是否具有推动和引领产业的实力？此时，华为人似乎隐约意识到，未来的愿景不是靠单打独斗就能实现的。华为的"价值转移"理念，不仅是对自身的战略指引，更是对整个产业的呼唤。

20年后的今天，相似的一幕再现。在华为畅想鸿蒙要"三分天下有其一"的前夜，也就是美国发布行政令后，陈海波对余承东说出自己内心深处的担忧："中国的移动应用已经穿'西装'了，但我们操作系统的演进还穿着'草鞋'。'草鞋'配'西装'对华为未来的科技竞争力是有影响的。"这句话一针见血地指出了中国科技"蓬勃发展"背后的最荒芜之处——根技术生态，也对华为攀登世界科技高峰面临的最大障碍吹响了冲锋的号角。

在中国的生态版图里，如果用QQ、淘宝、百度、今日头条、京东等互联网头部应用去对垒欧美舞台上的脸书、推特、谷歌、亚马逊，它们毫不逊色；但是在应用之下的根技术版图里，中国与欧美则是全然的"沙漠"与"绿洲"：欧美操作系统有iOS、安卓、Windows、Linux，中国在鸿蒙欧拉之前是空白；欧美编译器领域有四五个知名品牌，中国在华为方舟编译器之前是空白；欧美数据库领域有IBM、戴尔、甲骨文等六大巨头，中国在华为高斯数据库诞生之前是空白；欧美做编程语言的公司至少有四家，中国在华为仓颉语言之前还是空白。

然而，总有人在华为投身核心技术自主研发的征途上，将其自主创新的努力贴上"技术垄断"的标签。这种看法短视而浅薄。在地缘政治的复杂局势中，总有一只"看不见的手"阻碍着这一切。郑永年曾说，美国是"场内国家"，这正是美国资本主义模式的本性或本质：政府服从资本。2010—2024年，华为在攀登科技巅峰的路上所遭遇的阻击和付出的代价，揭示了全球科技根技术格局的错综复杂。它们盘根错节，每一条都展现了中美之间"草鞋"与"西装"式的巨大历史鸿沟，也印证了任正非多年前的洞见——中美之间将在科技领域巅峰对决。因此，分析科技战，除了我们看到的美国政府的诸多行为，还必须从美国资本这只"看不见的手"中找到完整的逻辑，只有这样我们才能理解为什么美国要对华为手机下狠手，为什么建立在美国操作系统上的中国高科技产业难以为继，也才能理解为什么鸿蒙的崛起是时代的必然。鸿蒙的意义不仅在于华为自身的发展，它还是维系整个中国高科技发展的关键，甚至关乎整个世界数字时代的安全和发展。

这不是华为单方面追求高科技的副产品，而是中国崛起不可避免的历史宿命。华为不过是一个被历史推到了前台的角色，不得不全力以赴地参与这场重塑全球科技格局的战斗。这是一场终极挑战，不可避免。鸿蒙的崛起，绝不只是华为的使命，也是中国科技产业共同的责任，是千万开发者、合作伙伴、用户以及整个社会共同推动的结果。

华为和中国科技界都在这场历史的洪流中奋力前行，只为一个共同的目标：在全球科技的舞台上赢得应有的话语权。华为在各个领域，不断通过顶级会议和顶级期刊招募大量顶尖技术人才。他们针对86个技术方向分别建立实验室，其中软件技术领域有20多个，芯片领域有10多个，硬件领域有10多个，个个都是任正非期望的能"扎到根"的关键科研方向。欧拉、鸿蒙、高斯、麒麟等一系列打前锋的种子选手，陆续从根技术研究的土壤里孵化，并不断向着"为世界提供第二种选择"的方向生长。这些成果不仅是华为技术实力的体现，更是中国科技自立自强的明证。

在鸿蒙系统问世之前，中国的产业界面临着构建国产系统生态的巨大挑战，产业链和人才链的匮乏使我们在拓展科技根技术的版图上显得捉襟见肘。技术认知的代差、不完整的全系统测试环境，以及工业实力与产业环境的不足，都让国产系统的问世显得遥不可及。然而，鸿蒙的出现为中国信息产业注入了一剂强心针，我们不仅有了自己的托底方案，更有了共建鸿蒙生态的合作伙伴和用户基础。

在教育领域，过去大学毕业生崇拜西方技术几乎成了一种常态，他们的论文往往以谷歌、微软和苹果为开篇，却很少有人对国产技术进行深入探讨。Linux 的复杂性使高校也难以独立开发一个成熟的操作系统。但鸿蒙的诞生改变了这一局面。2023 年，鸿蒙系统被正式写入中学教材，鸿蒙操作系统首席科学家陈海波撰写的《操作系统：原理与实现》也在清华大学、北京大学、中国科学院、浙江大学、上海交通大学等高校被广泛使用，这标志着中国在操作系统教育上迈出了坚实的一步。

陈海波、夏虞斌、杜东、吴明瑜、古金宇等老师积极加入教育部关键领域工程硕博士核心课程建设，推动了 OpenHarmony 课程的开设，并基于课程教学撰写了《智能终端操作系统与 OpenHarmony 实践》一书。这不仅是教材的革新，更是实验和实践教学的深化。到 2024 年，已有 305 所高校的学生积极参与了鸿蒙活动，135 所高校开设了鸿蒙校园公开课，286 家企业加入了鸿蒙生态学堂，教育部鸿蒙产学合作项目更是多达 150 项。陈海波本人更是凭借其贡献，成为 ACM SIGOPS（国际计算机学会操作系统专委会）1965 年创建以来首位来自北美地区以外的主席。他的个人经历见证了鸿蒙发展历程中多个重要历史节点，成为中国操作系统自卫反击、走向觉醒的重要注脚。他笑称，在华为工作的 8 年多时间，是他人生回忆中最有价值的部分，他的未来人生不会比这 8 年多经历的更多。

鸿蒙的崛起不仅是技术的胜利，更是教育和产业生态的一次深刻变革。它不仅为科技强国战略提供了坚实的技术支持，还将中国的 IT 历史划分为了"前鸿蒙时代"和"后鸿蒙时代"。华为和中国科技界为了在全球科技舞台上赢得应有的话语权，都在这场历史的洪流中奋力前行。

在鸿蒙诞生后的五年里，华为加大了在中国尖端领域的鸿蒙化应用。

2022 年，鸿蒙内核为智能座舱的确定性域（仪表盘等）成功替换了 QNX[①]，实现了自主可控商用落地。这一变量不仅带来了座舱"一芯多屏""流畅安全"等体验，还支持了鸿蒙智行旗下的问界、智界、享界等多款车型的智能化发展。

2023 年，大连理工航空航天学院推出了辽宁省第一颗卫星——搭载了 OpenHarmony 操作系统的大连 1 号连理卫星。同年，大连理工软件学院的 OurEDA 二队在 2023 年第六届全国水下机器人大赛中，凭借着搭载了 OpenHarmony 的 8 代机器人，以及他们在自主研发和算法升级上取得的成果，获得了最高奖项。

在 OpenHarmony "上天入海"的同时，地面上，一场由鸿蒙推动的中国智慧交通的革命方兴未艾。

2022 年 12 月 30 日，济南至潍坊高速公路——杭山东隧道建成通车。作为隧道内各类设备的控制中枢，搭载鸿蒙操作系统的控制器连接并管理着照明、通风、消防等各类机电设备。与传统隧道采用 PLC（可编程逻辑）控制器不同，搭载鸿蒙操作系统的控制器有效降低了隧道的建设和运营成本：隧道内线缆的布设成本降低了 70%；支持了灯随车动、亮度智能调节等效果的实现，大幅节约照明能耗；利用鸿蒙的自动组网、自动发现和协同等特性，实现了隧道机电设备快速巡检、智能控制等智能化管

[①] QNX 是一种商用的分布式实时操作系统。——编者注

控，大幅提高了运维巡检效率和突发事件下的应急处置能力，有效降低了设备"带病"运行的概率。

在杭山东隧道，华为成功解决了毫米波雷达多径干扰问题，实现了高精度、高可靠感知，创新性地实现了"智慧隧道解决方案""一体化路网感知方案"等场景应用落地。2023年9月1日，华为发布了超远距雷视融合解决方案，在线、实时、精准地创造出数字空间的交通平行世界，并将其广泛应用于主线道路、隧道和匝道互通等多样场景。这不仅标志着OpenHarmony在交通领域的首次成功应用，还代表了整个高速公路机电系统实现了一场标准化、自主化的技术革命。

如今，中国综合交通网已突破600万千米，建成了全球最大的高速铁路网、高速公路网和世界级港口群。鸿蒙技术在交通领域的广泛应用为中国交通的智能化发展提供了坚实的技术支撑。

短短五年，鸿蒙在中国操作系统的空白版图里，绘出了中国信心崛起的廓形与路径。鸿蒙如愿完成了"底座之战"和"体验之战"。虽有不足，但鸿蒙已经展现了它最大的历史价值：让众多的开发者甘之如饴地背负起完善国产操作系统的大任，全身心地投入这个宏大的理想。2019年5月，美国行政令刺痛了中国科技的软肋，为中国操作系统发展蒙上一层阴影，而鸿蒙终于以生命的血色做出了时代的回应。

截至2024年7月15日，筹备开发中的鸿蒙应用数量已经高达一万个。

整个鸿蒙的大部队终于集结到华为背后，也终于抵达了中国IT业最艰难的战场：生态之战！在当下，在整个鸿蒙战役的构成里，开发或许只占1%，剩下的99%几乎都在"连接"：客户的连接、伙伴的连接、消费者的连接，以及世界最前沿技术的连接。在华为终端海外销量逐年下降的趋势里，采购成本居高不下，海外生态进展微乎其微，让"连接"工作成为鸿蒙生态最难翻越的大山。

鸿蒙将支撑起操作系统"三分天下有其一"——手机将分为"iOS手机、安卓手机和鸿蒙手机"三种手机，手机应用将分为"iOS版、安卓版和鸿蒙版"三个版本，手机应用市场也将分为"App Store、Google Play和App Gallery"三个应用商店。鸿蒙不能只是中国的鸿蒙，鸿蒙需要为全球化目标进行一轮全新的解构和深层次的改革。它将通过生态的繁荣，以更大的格局、更高的层面融入世界。

从这一历史目标看，当下鸿蒙的海外服务将是举足轻重的战略目标。

然而，华为在美发展将备受挑战。美国对于外来企业的落地有很多要求：要在当地设厂、带动就业、广招员工、为公益事业做贡献等，外来企业想要在当地发展，前置条件必然是"带动当地经济发展"。这些对华为来说并不是最困难的，难的是美国骨子里"讲政治"的诉求，很多非美国企业都会劝告在美国当地工作的员工："不要参与"政治界，不要和新闻界接触。对华为人来说，这是一个非常痛苦的过程。当年加入华为时，多少人以为自己大展拳脚的时候到了，谁能想到，大家不仅要恪守"不参与，不辩驳"的相处原则，还频繁受困于政治正确的合作要求，即使有些订单华为中标了，也要接受"不慎"丢单的意外，以及

"无法再扩容"的事实。在高税收的美国干华为的销售，底薪的惨淡程度外人几乎难以想象。

杨涛，这位在华为做过17个岗位的老将，从研发到战略规划，再到终端研究，他的足迹遍布华为的每一个角落。他响应任正非的号召，将指挥所建在听得见炮声的地方，远赴欧洲，在德、法两国驻扎三年，又在美国深耕三年。在美国，他几乎走遍了所有州，对这片土地的熟悉程度不亚于自己的祖国。他曾用一个假期，每天驾车15个小时，完成了自驾穿越美国的壮举，用车轮丈量了这片土地。然而，面对美国根深蒂固的政治诉求和其对外国企业的不公正对待，他和团队虽全力以赴，却难以在这里取得应有的成就。

华为在美国的困境并非孤例。爱立信比华为更早地经历了这一切，尽管在意识形态上，爱立信没有遭受太严重的打压。

在海外市场的征战中，鸿蒙操作系统战队已经深刻体会到一个残酷的现实：在技术竞争和国内生态建设上，他们的努力总能换来硕果；然而，一旦跨越国界，那些辛勤的汗水往往付诸东流。面对这样的局势，华为必须冷静下来，进行一次更为严苛的鸿蒙出海评估。评估的结果也可能令人难以承受：鸿蒙尚缺乏完善的开发者生态，缺少广泛的海外用户基础，更缺乏与国际巨头抗衡的先进硬件。在国内高端机型供应都捉襟见肘的情况下，海外市场的拓展显得力不从心。

曾几何时，华为在海外市场上的对手只有三星和苹果，而如今，谷歌、苹果、微软、英伟达都将华为视为头号劲敌，可以说，华为已经身处全球科技巨头的集体围猎之下。初生的鸿蒙系统如何在 iOS 和安卓的夹缝中求生存，如何在这场复杂多变的围猎中谋发展，成为一个巨大的时代挑战。

鸿蒙的未来似乎只有三条道路：全面撤退、静待用户流失、积极经营以待未来反攻。鸿蒙选择了更为稳妥的策略：稳固国内市场，优化产品体验，待华为单框架机型发货量达到国内市场的一半以上时，再图海外。在安卓生态自然衰退的过程中，鸿蒙将保持基本运作，不再加大投入，同时积极研发从芯片到系统的全套设备。

或许与海外市场保持一种"平和联系"的状态，正是鸿蒙生态成熟前的最佳选择。过去，华为总是努力融入当地文化，生产符合当地人需求的产品来获取市场份额；未来，随着鸿蒙的成熟和海思芯片的持续生产，华为将拥有更多的自主权。鸿蒙更容易被那些从内心喜欢、拥抱、接受中国文化，接受微信、抖音、哔哩哔哩、支付宝服务的用户接受，而不是那些仅仅依赖西方应用的消费者。鸿蒙希望在下一个时代的科技人文价值判断上，消解中西方思维方式的差异，为全球消费者提供一个全新的、更优的选择。

鸿蒙生态的战略转型标志着一个新时代的开启。从曾经的"融入当地"到如今的"引领市场"，鸿蒙正踏上一条与安卓、苹果、微软这些商业巨头相似的道路——一条"引领市场"的竞争之路。

余承东在展望鸿蒙的全球化时跟我说："我今年（2024 年）已经 55 岁了。从 2019 年启用鸿蒙操作系统到真正走向商用我干了五年，真正把一个'无米之炊'端上了桌，虽然它还不够色香味俱全，但是我头上的白发无时无刻不在提醒我，我干成了！"他预见，未来回头看中美贸易战，对华为或许是灾难，对中国却是转机。"否则，那些隐藏在冰山之下的'致命'问题，等到五年、十年后才被发现，那才是真正的危机！"

2019—2024年，是华为未雨绸缪、蜕变的五年。未来，搭载鸿蒙系统的华为手机至少需要保持每年数千万台的产能规模，才能支撑起鸿蒙在海外的生态之战。余承东说："至少还需要一个五年，那时候我都60岁了。"

但这将是充满希望的五年，因为所有鸿蒙战队的人都坚信，只要熬过去、熬下去，迎接他们的将是一片豁然开朗。

2023年，华为凭借Mate X3和Mate X5两款手机，在阿联酋市场大放异彩，销售数据几乎超越了同档机型友商50%的份额，兑现了"只争夺消费者第二部手机"的承诺。这两款手机的辉煌战绩，让华为在迪拜的谢赫路上立起了一块2000平方米的巨型广告牌，成为华为在海外战场上取得的成果的象征。

鸿蒙团队的中国工程师在日记中写道："鸿蒙的道路正如电视剧《问苍茫》中中国革命的道路必然走向武装起义一样，是在混沌环境中多方探索后的必然选择。妥协、把希望寄托在某个美国总统的同情或美国放弃制裁是革命机会主义。鸿蒙只有不断胜利才是出路。鸿蒙的胜利不仅是华为的胜利，更是中国的胜利。鸿蒙的故事才刚刚开始，我们都是亲历者，也是贡献者！"

或许，在此情境下诞生的鸿蒙，最该被人们记住的是它非凡的突围勇气——刚入世的少年鸿蒙，把被科技围剿的至暗时刻，变成了一个全新生态时代重启生命的时刻，中国互联网和IT业从此真正有了灵魂。

鸿蒙开创的是一个时代，不仅仅是中国的鸿蒙新时代，也是全球的鸿蒙新时代。华为何以引领一个新时代？那就要把整个产业、整个社会、整个国家，带入一个全新的境界。如何告别过去，开启全新图景，鸿蒙将给出答案：一个生态不可能一夜之间走向完善，接下来，捧和喷、赞和黑，是一段时间的常态。新生态下，巨头之间利益和权力的博弈也是一部大戏。但是，诸多热闹都是插曲，皆是过程。鸿蒙进程，浩浩荡荡，大势所趋。不管如何，鸿蒙将带领中国IT业进入一个新境界，带入一个新常态。中国IT业，从无根到有根，这是一个前所未有的里程碑！

这是两个时代，两种世界，两种命运。

一个全新的鸿蒙时代，必将到来！

附 录

鸿蒙日记：我和 HarmonyOS NEXT

> 这些年，日子流水，有鸿蒙相伴，充实而满足，为鸿蒙，共赴山海！
>
> ——鸿蒙操作系统战队

从余承东上任终端 BG 的 2011 年开始，华为终端的未来就充满了不确定性，是否沿用"华为"这个品牌，是否用独立的新品牌名，都尚不明确。但是余承东"超越"的决心已经非常坚决。他曾让邵洋去搞清楚两件事：第一，终端品牌还要不要叫华为；第二，品牌的口号到底应该是什么。

邵洋在华为内部广泛调研，发现大家对于品牌名是否要叫"华为"持有不同意见。老终端的人不想让新终端品牌叫"华为"，因为运营商部门看不起他们，他们不希望被华为终端拖累。华为运营商部门的人也反对，认为华为在通信界如此厉害，而那么低端、便宜的手机配不上"华为"这个名字。海外人员和客户渠道商也反对叫华为，认为"Huawei"这个词中的"h"音，外国人是发不出来的。

邵洋曾飞去伦敦寻找最懂品牌的全球性品牌战略管理与设计公司英国博略，向当时的总裁耶斯·弗兰普顿请教了自己认为最难的两个问题。问题之一就是终端品牌的名称。耶斯·弗兰普顿的回答启示了邵洋，因为华为一直强调"华为文化"，华为消费者业务要成功，产品必须叫华为！如果终端产品不叫华为，终端就找不到它们的根在哪里。

邵洋的内心有了明确的答案——终端必须叫华为。如果不叫华为，终端就长期漂泊在外，将不知自己会漂到哪里，只有拥有共同的根，才能同时维持面向企业和面向消费者业务的兼容和成功。

邵洋继续问，一个中国公司如何成就一个国际化的品牌？耶斯·弗兰普顿回答，要与低质、低价和抄袭切割，才能成为大家喜欢和尊重的品牌。第一，华为在通信领域，网络质量是优质的。第二，华为并不走低价路线，而且有意研发高端机。第三，华为有很好的创新基因，非常重视差异化，天然不喜欢抄袭。

解决了品牌困惑之后，就剩下终端产品的口号问题了。奥美公司给出的思路是：一个伟大的品牌来自两个方向的结合，一个叫企业的真相，一个叫人的真相。如果华为能从二者中间找到一个结合点，这可能就是华为品牌的宏大理想。

最后邵洋采纳了一家英国4A（美国广告协会，全球各国的广告公司均可入会）公司的品牌口号建议：Live Smarter（更智能），只是这并没有引起华为人的共鸣。一个有着东北口音的地区部总裁说的话曾瞬间击中邵洋的内心："你讲的东西，都是建立在一种诙谐、幽默、生动的方式下的，我们一帮子华为人，本身就比较木讷，情商又不高，在海外，我们语言还不行，搞一个所谓的smart形象，怎么可能？"

华为的品牌主张没有定论，有人情急之下，说叫Make it Possible（让不可能变为可能）吧！这一提议得到了全体华为人的共鸣。因为这句话具有梦想成真的魔力，华为人多年来一直在把"不可能变成可能"，做自己以前不敢想的事，让自己变成更好的自己。

Make it Possible，是今日华为实现超越的精神力量。华为的精神，也是华为的底牌——华为手机奋斗8年，如今终于超过苹果，终端全面崛起不到10年。本该由华为一家公司传承下去的品牌精神，如今已经成为千万中国企业、千万中国人未曾宣之于口的强国梦。

鸿蒙正是承载这个强国梦的最具标志性的载体，它吸引了越来越多的年轻开发者加入。余承东曾对这些年轻开发者说，我们买了一部华为手机，可能很普通，但它象征着华为拉动的中国电子工业的崛起。

鸿蒙版本的快速迭代让大家看到了基于鸿蒙进行开发的潜力，这股潜力的蓬勃涌现，是因为其背后有一群不断进取的华为软件工程师，以及来自全社会的满怀激情、锐意进取的科技爱好者。他们可能是鸿蒙的开发者，也可能是测试者或者体验官，在鸿蒙波澜壮阔的发展历程中，他们都无愧于一个共同的身份：中国基础科技领域的贡献者。

华为有 15 万软件人员，为了加强干部管理，华为定期更新学习资料，内设严格的考试以淘汰"南郭先生"，每场考试都配有监考。黄津作为鸿蒙开放能力部部长，"一把岁数"也要参加软件资格考试、鸿蒙高级开发者认证。在鸿蒙访谈完成时，整个鸿蒙开放能力部人员已经 100% 通过了考试。

2020 年，华为有 1 万人通过了软件资格考试；2021 年，有 5 万多人通过资格考试；2024 年，所有管理者都要通过软件工程能力的认证考试，一年给四次机会，过不了就可能被调职。面对日益恶化的全球科技生态围剿，华为每一位工程师都严以律己，以积极正面的方式拉动全社会的开发者投身鸿蒙事业，因为中国操作系统生态的历史使命需要全社会共同担负。

虽然他们对鸿蒙有着无尽的担忧、彷徨、无奈、焦虑，情感复杂，但他们的目标和期待却是一致的：鸿蒙操作系统，终将璀璨星河。

2024 年，以 OpenHarmony 为底座的鸿蒙生态设备数量宣告超过了 9 亿台，陈海波说："9 亿鸿蒙设备只是起点。"龚体说："在面向万物智联时代，我们相信未来不久，基于开源鸿蒙打造的数量会达到百亿、千亿的数量规模。"

不是不到，而是时机未到，现在华为已经开始触及这个强国梦，并积极地未雨绸缪。

2024 年 3 月　　C 端年轻开发者的鸿蒙日记

张昊阳："逸校园"（SmartCampus）已经成功上架

2024 年 3 月刚刚拿到 HarmonyOS NEXT，我心情非常

激动，把玩了半天，心却凉了半截。看上去，系统还是个毛坯房，基本没什么可用功能，甚至连应用商店也没有。外面已经有很多人开始唱衰鸿蒙。诚然，生态之路非常难走，但是当我听到2024年华为开发者大会上余总宣布"整机性能提升30%、全新星盾安全架构、HarmonyOS Intelligence鸿蒙智能、Top5000应用已有1500个以上完成鸿蒙化上架……"的时候，不知不觉还是泪流满面了。

这不仅是华为抗击科技封锁的成果，也是中国人面对欺压，能够自立自强的真实写照。

在拿到HarmonyOS NEXT之后，我带着一群志同道合的伙伴迅速组建了我们的团队——MindSpire心昇，并立即投身于HarmonyOS NEXT原生软件"逸校园"的开发工作。我们的目标是将HarmonyOS NEXT的强大功能融入校园生活，为广大学子带来前所未有的便捷体验。

经过四个月的辛勤努力，我们终于迎来了成果的丰收，如今，"逸校园"已经成功上架。这款应用采用ArkTS开发，原生精致、原生易用、原生流畅、原生安全、原生智能、原生互联，证明了HarmonyOS NEXT在校园场景中的无限潜力。

孙阳：不敢跟别人说用的是华为手机

2024年3月，华为如期公布开发者预览版以及宣传片，我此时作为鸿蒙创新赛参赛选手，第一次领略了全新系统架构。这时的系统可以说是白茫茫一片的大地真干净——除了流畅的系统动效，什么都没有。浏览器无法上传图片，相机无法对焦，华为分享无法和双框架设备兼容，输入法不跟手，系统频繁卡死，甚至在充电时异常发烫。曾经遥遥领先于行业，并让许多人引以为傲的华为回归巨作 Mate 60 Pro 居然成了这个样子，我都不敢跟别人说用的是华为手机。

当然彼时还是开发者预览版的开发早期，先锋开发者对于版本质量是有预期的。经过了一次开发者预览版和三次开发者 Beta 版的迭代，终于迎来了用户 Beta 版测试。即便如此，与 HarmonyOS 4.2 版相比，仍然存在很多问题。以前的鸿蒙系统框架版本是以 AOSP 为主的，系统用户界面、系统应用、第三方应用都用 C++ 语言和 Java 语言编写，拥有丰富的三方库和三方资源支持，第三方厂商的应用代码也在安卓系统的基础上进行了很长时间的业务迭代。将系统功能和用户数字资产无缝迁移到 HarmonyOS NEXT 系统，是一个很困难的工作。

令人困惑的是，HarmonyOS 4.2 版并未停止迭代，而是在 2024 年进行了多次更新，增加了 AI 消除、AI 扩图等功能。系统应用也推出了"天生会画"这样的生产力应用。HarmonyOS NEXT 团队想要追平商用系统功能，恐怕还面临很大的挑战。

令人更加惆怅的是，安卓系统发展到今天，积累了极为丰富的第三方应用生态。以微信、QQ 为代表的头部聊天软件，以 WPS、钉钉为代表的工作效率类软件，以及众多金融软件都面临着迁移到鸿蒙系统的现实困难。

最大的考验在于海外。自从华为被美国第一轮制裁之后，华为手机在海外一落千丈，只因 GMS 无法预装在华为手机上。虽然这些年华为拼尽全力推动 HMS 生态在海外的发展，但仍无法在海外赢得广大消费者的信任。鸿蒙系统发布之后，华为在海外没有全力进行推广，而是继续采用 EMUI 的品牌名，体现了华为的信心不足。鸿蒙开发者文档英文版本更是长期没有更新，仍停留在 3.1 Beta2 上。如何在海外推广 HarmonyOS NEXT 系统，吸引海外应用适配将成为今后几年鸿蒙系统的最大难关。

2024 年 8 月

雷骏毅：时时回退，时时升级

一位使用安卓设备的同学不幸下载了名为"O 泡果奶"的恶意应用，在不明所以地授予了无障碍权限后，这个应用便不受控制地以最大音量播放音频内容。"社会性死亡感"是深刻的，宽泛权限管理导致应用有机可乘的教训也是深刻的，但我相信有种感觉比这些感觉更深刻：有些东西明明握在自己手里，人却完全无法控制的无力感。

这在我没有感觉到制裁的分量之前是难以理解的，以至于听到余承东在发布会尾声发出"在一起，就可以"的呼喊，还以为制裁只是不能使用谷歌服务，无关痛痒。

2021 年，疫情阻击战取得了阶段性胜利，街道上霓裳舞动，我也心潮澎湃。经历了长久的沉默后，华为也抛出了孤注一掷的火种：HarmonyOS。在冷嘲热讽中，在备受非议中，在首秀直播间被恶意关闭中，HarmonyOS 诞生，自称"全场景分布式操作系统"，专注于打破一个互相割裂、无法协同工作的旧世界。

我喜欢源头活水，喜欢新的开始，然世人皆知，选择了另辟蹊径，选择了人迹罕至的道路，前方的征途必定荆棘丛生。这场发布会也带来了 P50 系列延期的消息，"万象新生"的雄狮深深沉下了头颅，失去了曾经引以为傲的自研 5G 基带和处理器。

当年年底，我将原有的 iPad 换成了 MatePad Pro 12.6 并使用至今。因为其出厂便搭载了 HarmonyOS，可以与我升级之后的设备无缝协同，M-Pencil 第二代和智能键盘能够助我完成笔记和文字任务。

2023 年，无声处响起了惊雷，Mate 60 系列发布，"遥遥领先"一时间风靡全国。我曾与一位马来西亚的朋友思考"遥遥领先"要如何准确地翻译为英文，最终让我们满意的译文是"Way Way Ahead"。这部搭载自主平台的手机吸引了全世界的目光，海内外机构不约而同地纷纷自行购买手机进行评测，赞扬声不绝于耳。

不同于仅在国内发布的 Mate 60 系列，2024 年在全球发布的 Pura 70 系列显然更加吸引朋友的关注。他经常在海外论坛上发布有关华为的帖子，"华为不在，创新不在"是他的核心观点。很快，他便下单购买了一台 Pura 70，并时常向我炫耀其出色的全方位表现。

好戏登场，HarmonyOS NEXT 引爆了沉默、无趣的操作系统市场，全栈自研技术让人耳目一新。不同于现有操作系统将权限管理机制、数据的获取和使用过程完全割裂开来，让普通用户既无法理解，也无法轻易管理自己的数据，HarmonyOS NEXT 开创性地允许用户直接管理数据而不是管理权限，让用户不必牺牲便捷便能捍卫自己的基本权利。

就拿相册选择视图来说，它甚至比被誉为"隐私保护标杆"的 iOS 还要更进一步：其他系统中的相册视图更像是"部分访问权限"的授予，部分应用会出现选择两次这样的冗余步骤。为了便利，不少用户干脆授予了完全访问权限，暗自感叹"鱼和熊掌难兼得"；而在 HarmonyOS NEXT 系统中选择待上传的图片后，应用只能拿到图片背后的数据，用户的使用习惯则得以保留。

我和许多体验官都认为，如果要使用 HarmonyOS NEXT，就不得不准备一台备用机：目前的应用生态七零八落，姑且不谈海外应用，本土应用未上架的也大有存在；已上架应用功能或多或少地都有所缺失，甚至缺失的可能是某些关键功能；部分应用开发进度时快时慢，有些本就残缺不全的软件，更新日志却还在上个月……这些障碍无不消磨着每一位体验官的耐心，毕竟谁能接受自己只是因为缺乏必要软件就要被推向孤岛，和同事、朋友失联。

回退，然后又升级，然后又回退，如果有一个 HarmonyOS NEXT 回退升级奖，我定能名列前茅。两部手机的重量是如此沉重，可从精心制作的演示视频和介绍里，从认真编排的开发文档里，新世界的光芒却又是以如此可感知，以如此明亮的方式照耀着，谁都不会甘心错过。

万物皆有裂隙，那是光照进来的地方。我深以为然，并义无反顾地加入了体验官的队伍。时时回退，时时升级。

因为你拥护光，所以光拥护了你。

王季超：梦的坚持

我非常荣幸成为首批 HarmonyOS NEXT 的用户。从 2021 年 HarmonyOS 2.0 到如今的 HarmonyOS NEXT，华为这几年来的心路历程，真的是充满了挑战与坚持。从制裁开始，每一步都走得异常艰难，但华为从未放弃过。

2023 年秋，Mate 60 系列回归，让人看到了华为的坚韧与实力。在经历了 1567 天的制裁后，华为依然能够推出如此强大的旗舰手机，这背后是无数华为人的辛勤付出和不懈努力。华为 Mate 60 的发布，不仅标志着华为在高端手机市场的重新崛起，也让全球消费者重新认识了华为这个品牌。

HarmonyOS NEXT 准备商用，无疑是华为在操作系统领域迈出的又一大步。HarmonyOS NEXT 的商用，将进一步提升华为在万物互联生态中的竞争力，为用户带来更加便捷、智能的使用体验。作为华为的忠实支持者，我深感自豪和期待。

无论经历了怎样的困难，无论曾经如何伤痕累累，我们今天看到的都是那个挺立着的、存活着的、生机勃勃的华为。如果你问华为为什么会坚持下去，我想在 Mate 60 发布会上的那首《我的梦》正是华为最好的回答。因为有梦，所以出发了就不回头，所以变得执着、往前冲；因为要守护梦，所以变得勇敢，穿过黑暗，踏过边界；因为要坚持梦，所以哪怕伤痕累累，哪怕以身正道也绝不后退。如果你问华为为什么能够坚持下去，那么发布会结尾那首《光辉岁月》也同样是最好的回答。在被制裁的黑暗时期，千千万万的合作伙伴、消费者和其他支持华为的力量跟着华为一起走过。正如余总在发布会上说的一样，"同心聚力，共创新境"，华为将与各种支持华为的力量一同坚持下去，共同创造新的篇章。

陈海标：踏上取经路，比抵达灵山更重要

最初呈现在我手上的是HarmonyOS 3.0，它并不完善。iOS用户转变过来最大的不适应就是动画，鸿蒙系统当时的动画实在是不堪入目，僵硬、卡顿、丢失等问题频发。此外，当时的Mate 50 Pro在鸿蒙的加持下温控也不好。但是我十分理解，出于一些特殊原因，我们只能用"阉割版"处理器，无法完美适配是正常的。

如今，万众期待的HarmonyOS NEXT版本即将商用，这意味着华为手机彻底摆脱了安卓，在某种意义上，华为突破围剿，在操作系统上迎来了质变。作为华为终端的使用者和支持者，我积极参与了Beta版测试，并购置了一部备用机。我心里感慨万千，鸿蒙系统就像是自己的孩子，看着它慢慢长大，从咿呀学语到自立自强，一切都在这一刻得以实现，打压和制裁显得无比苍白。这也让我确信自己选择了正确的东西。

打开手机，首先映入眼帘的就是"Powered by HarmonyOS"（由鸿蒙操作系统提供技术支持）几个字，不再是千篇一律的"Powered by Android"（由安卓提供技术支持）了，这意味着我们不再需要依靠别人了。毫无疑问，这几个字对一位"花粉"，甚至一个中国人来说，有多么令人自豪。我要强调的是动画，这一点我真的很看重，现在的动画简直与之前 HarmonyOS 3.0 和 HarmonyOS 4.0 的动画天差地别，切入后台、打断动画的丝滑，以及高斯模糊、实时模糊和光效的加入，无不让其质感再上一个台阶。

我相信，只要我们坚持自己认为正确的事，不管最后成功与否，经历过这一切才是更重要的。就像《黑神话：悟空》的制作人冯骥所说的一句话："最后让你痛苦的不是远方的高山，而是鞋底的沙子。沙子是无穷无尽的，但是你想走到那座山，就得忍受这样的过程。踏上取经路，比抵达灵山更重要。"

李星延：下一步，就是未来！

2024 年，我"秘密"地成为 HarmonyOS NEXT 测试组的一员，成为用户先锋的一员，一同加入华为的战斗。很难想象，一个曾经对华为如此唾弃的我会开始与之并肩作战。而现实却远远超出了我的想象。在此之前，我做了充分的准备，将我所有应用数据都放到备用机上，我的备用机是我曾经最喜欢的品牌，如今因为系统不稳定而饱受争议。

第一个版本让我倍受打击，而接下来则是更加灾难的系统体验：在让人着迷心动的动画特效下，是一连串的功能缺失与简陋；一系列鸿蒙双框架时代拥有的各种优势功能、特性在此刻几乎全然不见。在好不容易摆脱了自己玩机史上遇到过的各种要命故障的阴影后，我居然在 HarmonyOS NEXT 系统上又体验了一把什么叫各种故障层出不穷——不稳定、不同步、不准确、不安心。系统体验与动画割裂：动画随机丢失、界面莫名的掉帧闪退、应用难以复现的闪退。如此残缺的系统，从 HarmonyOS 到 HarmonyOS NEXT，如从天到地的落差，让我几乎放弃。

　　我能理解 Beta 版是初始的版本，是从 0 到 1，然而一连串的故障轰击，以及新版本推进缓慢的问题，使我的心理防线逐渐崩溃。没有最差，只有更差；期望越高，失望越大。为什么稳定的双框架到了新架构，没有做到更流畅、更稳定，反而开起了倒车，甚至不如安卓和前代？渐渐地，我失去使用它的欲望了，我的备用机开始变成了我的主力机，因为它再不济，也是一个能用、可用的状态，至少不会无缘无故罢工，或者毫无防备地把我气笑——系统做得再漂亮却没有内容的支撑，这不是空洞的皮囊吗？华为，鸿蒙时代的实力去哪了？

　　在我开始动摇、不乐观的时候，HarmonyOS NEXT 的开发却依然在向前推动，也正是在我没有察觉的时候，不少我曾经遇到过的问题被一个又一个地修复，那些曾经的优势也开始慢慢回归。不知不觉中，华为给消费者的承诺几乎都实现了：我遇到的故障也越来越少，新上的应用越来越多，特性上架井然有序，日常的体验好像也没有那么糟糕。慢慢地，我对待新系统的态度又开始回到了以前的探索状态，一切开始朝着好的方向进行了。

或许，是我过于理想化？我开始思考，Beta测试的意义是什么。对待未知的问题，我似乎只有怀疑，而Beta测试本身就是一个不断试错的场景。HarmonyOS NEXT是为集众之长，并且解决当下主流系统痛点而诞生的，没有哪条路能一帆风顺、畅通无阻，正如人生的道路，只有不断地尝试和犯错，才能开辟新天地。

在时代和大环境的急剧变化下，华为迎来了前所未有的困境与转机，不断地迎接前方的挑战。正是在这崎岖的道路上，它开始飞速成长、蜕变，努力开拓，砥砺前行。它撕下了曾经一个又一个否定的标签，努力接过了当下重要的一棒又一棒。一个又一个"我"开始改观，慢慢从认可走向支持。

我听过太多舞台中央振奋人心的演讲，但我相信，华为背后的故事更加激昂跌宕。每一项令人心动的功能都凝聚着背后团队的艰辛，也离不开每一位奋斗者的努力。唯有坚持才能青史留名。我认为每个人都可以从中有所感悟，努力让自己变得更好、更强。

"所有疯狂过的都挂了，所有厉害过的都颓了，所有不知天高地厚的，全都变沉默了……"没有谁能一直相信夸下的海口或者画下的大饼，至少华为，至少当下，它做到了，

"NEXT",就是未来。

"两眼带刀,不肯求饶……等你摔杯为号",请诸君期盼曙光的到来!

谭添:轻舟已过万重山

当我看着手机启动页面上的"Powered by OpenHarmony",看到鸿蒙系统这几乎既定的成功时,我突然感慨起华为做系统的坎坷身世。

我第一次购买的华为旗舰机是2019年发布的P30 Pro。购买时恰逢首发期,我从此也与P系列结缘。P30 Pro用了两个技术,一个是EROFS(增强型只读文件系统),另一个是方舟编译器。P30 Pro非常流畅,当时华为的应用开启速度是世界最快的,掉帧也极少,世界上没有一台安卓手机能这么快。华为当时非常希望和谷歌合作,将这样的技术尽快合入主线,用方舟编译器去造福全世界的安卓手机用户,然后开发新的技术,在安卓平台上引领新的革命。

可惜,在号称"开放的""国际化的"平台上合作,只是一直在全球化的沃土上自强不息的华为单方面的天真幻想。就在P30系列在国内发布一个多月以后,美国将华为列入"实体清单",一举击碎了这一幻梦。安卓商业合作也直接中断,上游的半导体技术合作随时终止,海外市场也面临快速凋零的风险。虽然AOSP是开源的,但是如果脱离与谷歌的合作进行安卓平台开发,且特性无法有效合入上游,长期来看,产品在系统上的竞争力会落后。很快,与华为相关的新闻填满了新闻媒体的每一个版面和镜头，一个叫鸿蒙的项目，也就随着华为的一则商标申请被媒体挖了出来。

当然，当时的那个鸿蒙与替换安卓的项目并无关联，实际上，那个鸿蒙是"Hongmeng Kernel"，也就是今天的 HarmonyOS NEXT 里面的鸿蒙内核。但被制裁的现实还是刺激了华为，华为迅速于 2019 年 8 月 9 日召开了首届华为开发者大会。除了代表华为全新设计方向"人因工程"的 EMUI 10，华为发布了鸿蒙操作系统，这一全新的品牌与商标被定义为"全场景分布式的微内核操作系统"。鸿蒙吹响了号角，以方舟编译器这一全新的技术作为起点，渡劫的挪亚方舟就此启航。

或许在那时，鸿蒙系统的前景本身确实很光明，即便是在被制裁的 2019 年和 2020 年上半年，全球消费者对华为的热情和信任依旧让华为的销量持续攀升。华为一度登顶成为世界最大的手机厂商，而麒麟芯片一度也成为中国市场出货量最大的移动芯片品牌，5G 更是华为的招牌，真的是遥遥领先。依托着巨大用户量和自研芯片，鸿蒙明显可以成功。

2020 年 5 月 15 日，美国将向华为海思的出口限制设置为 0，美国企业不得向海思以直接或间接的形式提供任何含有美国的技术产品。2020 年 9 月 15 日，这一决议正式生效。

这时候华为才知道，华为不是坐上方舟的幸运儿，而是要经历九九八十一难、取出真正自主技术真经的"天命人"。美国是世界半导体核心技术的真正控制者，这一劫难未免太大了点。我以为，海思永远回不来了，可海思回不来，谁又能给华为的鸿蒙系统提供真正强大的硬件底座呢？

我们等来了鸿蒙系统。2021年6月2日，智能手机的鸿蒙系统——HarmonyOS 2.0正式发布，大量设备直接不限量公测升级，华为所有新设备都将使用HarmonyOS。铺天盖地的报道、全新的UX设计、全新的流畅体验、多设备强大的流转操作，鸿蒙一经诞生，就收获了极高赞誉。然而也有遗憾，系统整体的体验仍有安卓的痕迹，只能说是一个标准的大版本升级，而不是相对于EMUI与安卓的革命性替代。

更大的打击还在后面，2021年7月29日，当时余承东在P50系列发布会上不禁哽咽，骄傲的麒麟芯片被火龙替代，5G芯片也只能作为4G使用，华为似乎认输了。但是，"满天星光"的承诺在更大的黑暗中是无法被熄灭的。P50看上去更像是华为的绝唱和挽歌，在屈辱中，敌人嘲笑华为将成为一个使用火龙和AOSP生态继续勉强生存下去的平庸的终端品牌，而粉丝则十分惋惜。

我购买了P50 Pro麒麟版，并打算在华为麒麟最后的时间里"主打一个陪伴""主打一个收藏"。我曾经开玩笑地说："等我孩子看到铺天盖地的国产芯片的时候，我要告诉他这是国产高性能芯片的先烈，告诉他这是HarmonyOS，虽然和安卓很像，但仍然是突破性的尝试。"

然而外界并不知道，鸿蒙仍然在默默发展能够独立支撑生态的框架，麒麟芯片正在不为人知的角落重新跑起研发生产流程，中国的供应链正在加班加点，准备给敌人来一点"意外之喜"。"天命人"在蓄力，出手后将棒棒致命。当所有的黑暗已经慢慢过去，余承东在P60 Pro这款依然搭载高通4G机型的发布会上，展现了之前的发布会所没有的轻松和自信，他说："春暖花开，未来可期。"

2023年华为开发者大会宣布了HarmonyOS NEXT，余承东说："轻舟已过万重山。"

在零碎的、夹杂着不少恶意的讨论声中，在雷蒙多访华期间，华为低调宣布Mate 60 Pro先锋计划，全新的华为旗舰手机直接开售。这款手机有着卫星通信功能、玄武架构、亚川青配色。当大家逐渐深入了解这一神秘的手机，发现里面是全套海思套片时候，"天命人"的这一棒，便从寂静无声中响起平地惊雷。"俺老孙，回来啦。"麒麟一声吼，鸿蒙将初开。

2024年1月18日，华为召开了自己的开发者大会，宣布了HarmonyOS NEXT路线图。2024年四季度，HarmonyOS NEXT商用，并宣布了HarmonyOS NEXT中文名称——鸿蒙星河版。

距离华为被制裁也仅不过五年时间，而这五年，华为走完了世界上任何一家科技企业都走不完的路。华为有惊人的战斗力去对抗似乎不可战胜的敌人，有强大的意志去对抗不断的艰险，有坚定的用户和开发者作为支持者和后盾，去抵御宵小之辈的冷眼和嘲笑。

最近，HarmonyOS NEXT Beta版如约而至。进入系统，便是美观的UX和从未在任何设备上体验过的流畅体验。大多数熟悉的应用图标依旧摆在桌面上，点开它们，虽然大多数功能并不全面，但是已初具形态，体验基本上足够流畅、足够清爽。当然也有遗憾，由于各种进度上的原因，用户群体最大、最重要的两个应用暂时未能上架，很多人也不断纠结着回退还是升级。这恐怕是鸿蒙在取经路上的最后一难。

但等到鸿蒙正式发布，当一夜之间星河灿烂之时，我们会知道，我们的努力不会白费。所有好的体验，在华为、用户与开发者的共同努力下，未来可期。源自中国的全新生态，在经历了"九九八十一难"后，将会在各行各业迸发出无限的生机和活力，最终走向世界，成为推动行业发展的一股无比强大的力量。

梁新宇：为了更好的相遇

从 HarmonyOS 2.0 更新到 HarmonyOS 4.0，这个过程我一直都在积极参与。起初，鸿蒙系统相较于 EMUI 系统变化不大，也没有什么地方惊艳到我，我感到很平常。但 2024 年年初发布的鸿蒙操作系统，又引起了我的兴趣。

从 2024 年年初到现在，我一直在关注这方面的新闻，例如哪些应用开始开发了，哪些在进行中，哪些完成了鸿蒙应用的开发，哪些操作系统层级方面的体验得到了升级，等等。终于等到了 6 月 24 日的华为开发者大会，我有机会成为第一批升级 HarmonyOS NEXT 的幸运儿。但是，一大堆问题接踵而至。例如，手机系统层级的功能是否做全了？软件的适配情况是否完善？能否满足日常的基本使用？手机的备份问题如何处理？带着这些问题，我升级了系统，升级完我却觉得挨了当头一棒，感觉新系统特别像一个半成品，我称之为"毛坯房"。我挺失望的，但是接下来的两个月里，系统不停地完善和更新，也算是一个好消息。在体验的过程中，我也回退过几次，并不是因为对这个"毛坯房"失望透顶，而是因为一些自身原因和操作不便而回退。每次回退前，系统都会问我是否确认回退，我感觉，这是对我的留恋与不舍。我不得不短暂地离开你，但这是为了更好的相遇。

作为一个尝鲜用户，我也在积极地帮助开发者不断完善这个像"刚出生的婴儿"一样的纯国产自研系统。因为我们相信星星之火，可以燎原！

在鸿蒙概念出现后，韩乐就一直在关注国产化进程。2020年9月鸿蒙刚出开源系统时，他已上手接触鸿蒙。从 OpenHarmony 1.0 到现在 OpenHarmony 4.0，从成长计划、挑战赛，到极客马拉松、创新赛等，他基本参与了开源鸿蒙的全部成长过程，算得上是开源鸿蒙一个小小的见证者。虽然他对这些接触得太早，知识体系搭建得并不是很完善，网络上也基本没有什么资料，但他仍很高兴自己能成为鸿蒙的探索者，完整地感受鸿蒙侧重点从南向到北向的转变，而他自己的技术栈也随之不断扩充。过去，他熟悉的是嵌入式开发方向；现在，他熟悉 ArkUI，可以独立开发一些自己专属的鸿蒙应用。之所以能这么快提升，是因为 ArkTS 上手难度小，具有很强的便捷性，而且官网开发文档丰富，即便是小白也能很快入门。

周文韬喜欢摄影和旅行，他人生中第一部照相机就是用参加鸿蒙比赛获得的奖金购买的。那一年，他用照相机记录了许多美丽的风景，看过雄伟的国门，也拥抱过大海。2021年暑假，他的P30 Pro刚刚升级HarmonyOS 2.0。那时，外界有很多质疑鸿蒙的声音，他想亲自揭开鸿蒙的面纱，一睹庐山真面目。随着对鸿蒙的深入研究，他喜欢上了鸿蒙，并逐渐成为一名鸿蒙开发者。2023年，他拿到了保研资格去面试目标院校，因为拥有鸿蒙的开发经历，且获过鸿蒙大赛的奖项，他的简历格外引人注目。

周子萌带领团队完成了基于鸿蒙操作系统的飞行仪表系统，参加了2023年鸿蒙操作系统极客马拉松，并进入决赛，荣获二等奖；基于开源鸿蒙的飞行仪表系统，在2023年的开源鸿蒙创新赛中进入决赛，荣获三等奖。

董诗睿做过最疯狂的事，就是在一次开发过程中，因为最开始的架构没有设计好，修改了很久也效果不佳，一气之下他把写了半个多月的代码全删了，推倒重来。他是计算机专业的学生，特别想尝试基于鸿蒙的技术平台和人才发展平台，并和自身的专业学习和职业发展结合起来，做一些有用的、有趣的、独特的应用。他知道，一套全新技术生态的建立和繁荣，离不开开放、包容的开发者生态，所以在校园，他就加入了华为校园开发者计划。2021年下半年，他参加了校园鸿蒙技术社区，20余次的线上线下技术沙龙活动，让他和很多小伙伴一起学习和开发。在开发过程中，董诗睿运用鸿蒙一次开发多端部署的能力，极大减轻了针对不同设备适配的工作量，实现了更好的效果。

如今，离Mate 60系列的高光时刻已过去一年多，质疑鸿蒙的声音已经越来越小。终端调研了用户购买行为，发现了一个很有意思的现象：如果一个用户只买华为的手机，他的复购率大概率只有 50%，也就是有 50% 的可能性不买。但如果该用户买了华为的手机和手表，那么他的复购率就会升到 70%。如果用户买了华为的手机、手表和华为的大屏，那么他的复购率就在 90% 了。可以看出，不同的产品之间有了软件性能协同之后，可以大幅度提升品牌的用户黏性。

鸿蒙的生态发展实际上比预想中还要好。在一次敦煌举办的领袖峰会上，华为邀请了一批互联网公司的首席技术官和研发主管探讨未来。在结束了一天的会议和深入交谈后，主持人引领华为人和一众合作伙伴前往敦煌的月牙湖进行团建活动。大家围着篝火手牵手，然后冲向篝火，再冲回来，如此反复。在这一刻，华为的诸多合作伙伴，比如百度、网易、携程等互联网公司的参会人员，竟然不约而同地一起高呼"鸿蒙必胜，华为必胜"！陈晓晨目睹了这一幕，深受震撼。

"全国人民这么期待，政府如此期望，鸿蒙必须走向成功，没有其他选择！" 2025 年 2 月 8 日，春节之后徐直军召集会议，首先就是部署鸿蒙战略，加大年度业绩考核比重。当然，"鸿蒙的成功是靠大家参与，靠大家用起来的"，鸿蒙是华为推动起来的，华为也会一直担当主力。但是，鸿蒙属于越来越多的参与者，属于整个产业，属于每一位使用鸿蒙的消费者。

2025 年年初，DeepSeek 横空出世，先后在下载量、活跃用户等指标引领全球，更重要的是，DeepSeek 通过开源形成了全球部署的新格局。面对美国针对中国人工智能芯片的遏制，DeepSeek 与华为昇腾芯片全面合作，是大势所趋。这也将促使中国企业在全球生态博弈中第一次形成软硬协同的统一战线，必将产生巨大的"核聚变"。DeepSeek率先开启了全球AI应用的主流化进程，作为智能终端操作系统的鸿蒙，正是呼应了这一全新时代的需求。

　　鸿蒙的推进，是中国告别"缺芯少魂"时代最重要的事件之一，也是中国高科技造福人类的新阶段。"让鸿蒙无所不在"的鸿蒙大战，将在2025年的中国徐徐拉开帷幕。鸿蒙未来将走出国门，走向世界。

后　记

忠实记录与感同身受

　　2025年2月5日，本书书名还未敲定。此刻，DeepSeek正在成为全球新闻的热点，其热度仍在不断提升。"那我们就试试DeepSeek吧。"有人提议道。很快，答案给出来了："鸿蒙开物——终端操作系统破晓之路。"大家一致认为，这个名字比其他备选好得多。于是，几个人琢磨了大半年的书名，就此尘埃落定。

　　DeepSeek进一步为我们展示了智能时代的新可能和新图景。而作为智能时代基础性的终端操作系统，鸿蒙的重要性也在与日俱增。

　　《鸿蒙开物》的写作开启于2020年。彼时，鸿蒙已经声名远扬，举世关注。鸿蒙俨然成为时代的宠儿，成为抵御美国科技战的一个符号。但是，真正深入鸿蒙的访谈和写作，我才知道技术和产品层面的鸿蒙是如此复杂和微妙。其实，通过常识就可以知道，作为当今数字生活分布最为普遍的智能终端操作系统，鸿蒙打造的生态要走向成熟，走向全球性成功，远没有如此简单与快捷。我们见证了产品和技术研发路上的坎坷，合作伙伴的各种吐槽和失望，也见证了华为战略和研发的艰难挑战，以及走过的各种弯路和产生的各种争论。

不知不觉，访谈和写作已经历时五年，而今天这一版本出来，也仅仅是鸿蒙全新阶段的开端而已。迄今，鸿蒙的生态算是"鸿蒙之初，天地之始"，是跨越式建构整整一个生态的起点。虽然前面还有漫漫长路，还将经历无数的大战和挫折，但是鸿蒙的发展已经是大势所趋，鸿蒙的未来是确定的。因为，一个产品的成败，与技术发展的趋势、市场需求的起伏、战略的前瞻与执行力等紧密相关，更与整个产业的需求、国家发展的需求，甚至时代的需求以及与时代精神的契合度息息相关。

鸿蒙应运而生，正是因为它最为广泛、最为紧迫地满足了诸多需求。鸿蒙关乎华为的生死，至少关乎华为消费者业务的生死。鸿蒙还将承担整个中国移动互联产业生态的健康与安全，甚至未来决定全球科技产业能否开放、公平竞争，以及人类数字生活能否免受地缘政治冲击。

鸿蒙的历史，是华为操作系统的历史，跨度十多年。五年的时间里，我们深度访谈了100多位参与华为操作系统和鸿蒙的关键核心人物，近百场访谈形成近200万字的宝贵素材，而本书只是萃取了其中的一小部分。同时，我们也召开了多场鸿蒙的专家研讨会，汇集了数十位国内核心专家学者的思想。因此，我们的身份首先是记录者。本书与其说是作者的作品，不如说是诸多鸿蒙缔造者的叙事合集，也是无数人思想的汇集与融合。可以说，本书的写作过程也让我深度参与了鸿蒙的研发过程，与诸多鸿蒙的参与者一起感同身受，分享了不同阶段的成功的喜悦，也经历了过程中的很多矛盾与冲突。

我们希望鸿蒙的故事，能够真正彰显中国高科技企业全面走向全球化应有的精神气质和精神风貌，能够真正体现整个人类走向数字未来应有的时代精神。我们将会持续跟踪鸿蒙的发展进程，不断与大家分享我们努力的成果，并将更多精彩呈现给大家。

致　谢

鸿蒙是大众心目中绝对的明星，它像预言应验般的诞生，又在绝境中傲立于世。太多的人想知道，究竟是怎样的动机、怎样的决策、怎样的投入、怎样的人和事，在推动鸿蒙的历史。

作者团队绝大多数人是文科生，但他们对于生僻的技术术语会充满热情地查询、查验、讨论，努力用自然语言的逻辑去理解华为专家们在访谈口述中一带而过的简化词和省略语。华为不断分化的组织结构是庞大的，鸿蒙项目调动的"软硬芯云"等各项技术的垂直整合是复杂的，鸿蒙推动了开源这一新生事物的发展对公众来说更是陌生的，这一切构成了鸿蒙与读者之间的距离。但编辑们始终站在公众对鸿蒙的好奇心这一视角上，以解惑为主线，筛选素材，整理出鸿蒙发展的脉络。它虽然远远不足以描绘出鸿蒙的全貌，更不能代表鸿蒙立于时代的意义，但足以让鸿蒙以一种更通俗、更亲近的方式，真实呈现工程师在鸿蒙身上所倾注的情感、能力和人文精神，让读者能与鸿蒙的真实世界共鸣。

感谢行业领导、华为鸿蒙团队、开源开放原子基金会、中国科学院软件研究所和上海交通大学的各位专家、教授和朋友的鼎力支持，借由他们的亲身经历和回忆，编辑部才得以呈现鸿蒙完整的历史。感谢浙江大学传媒与国际文化学院、乌镇数字文明研究院、浙江大学国际传播研究中心、浙江大学智能媒体实验室（筹备中）等全方位的支持。

感谢访谈小组的高忆宁、任喜霞、杜运洪，他们为行业领导、华为高管、生态伙伴、学界专家的鸿蒙访谈做了大量的前期沟通和后期内容确认工作，确保了书稿内容保有新颖、独特的视角，使得整个鸿蒙访谈得以在最短的时间内快速高效地覆盖了绝大部分人，且顺利完成。也非常感谢编辑团队里的业务骨干徐玮、钟祥铭、朱晓旋、史学鹏，他们为访谈做了大量的背景调查，确保鸿蒙素材的准确性和专业性，让本书整体脉络得以清晰地呈现。同时感谢编辑部的素材小组成员王奔、李杰梅、杨海莹、李斌、乔帅杰、张沁，他们在短期内从海量的录音文件中筛选出最有价值的素材，梳理成稿，给整个编辑部提供了稳定的一手资料。非常感谢宣发小组的任喜霞、于金琳和杨晓晶，他们对接百位鸿蒙专家、鸿蒙生态伙伴与行业专家，确定了大家对素材的筛选和修订标准。

当然，最为感谢的是鸿蒙的生态伙伴，他们对于鸿蒙生态的支持是鸿蒙得以强大的真正助力。他们是鸿蒙的受益者，更是鸿蒙的施恩人。他们当中，有的曾一直追随华为，有的曾一直视华为为陌路人，但是共同经历了鸿蒙后，或许他们都将投身鸿蒙的共建工作中，在中国终端操作系统崛起时，合力点燃这第一把星星之火。